茶 通 典

茶诗典

宁波茶文化促进会　组编

张如安　编著

中国农业出版社
北京

宁波茶通典

丛书编委会

主编

姚国坤 研究员，1937年10月生，浙江余姚人，曾任中国农业科学院茶叶研究所科技开发处处长、浙江树人大学应用茶文化专业负责人、浙江农林大学茶文化学院副院长。现为中国国际茶文化研究会学术委员会副主任、中国茶叶博物馆专家委员会委员、世界茶文化学术研究会（日本注册）副会长、国际名茶协会（美国注册）专家委员会委员。曾分赴亚非多个国家构建茶文化生产体系，多次赴美国、日本、韩国、马来西亚、新加坡等国家和香港、澳门等地区进行茶及茶文化专题讲座。公开发表学术论文265篇；出版茶及茶文化著作110余部；获得国家和省部级科技进步奖4项，被家乡余姚市人大常委会授予"爱乡楷模"称号，是享受国务院政府特殊津贴专家，也是茶界特别贡献奖、终身成就奖获得者。

总序

宁波茶通典

踔厉经年，由宁波茶文化促进会编纂的《宁波茶通典》（以下简称《通典》）即将付梓，这是宁波市茶文化、茶产业、茶科技发展史上的一件大事，谨借典籍一角，是以为贺。

聚山海之灵气，纳江河之精华，宁波物宝天华，地产丰富。先贤早就留下"四明八百里，物色甲东南"的著名诗句。而茶叶则是四明大地物产中的奇葩。

"参天之木，必有其根。怀山之水，必有其源。"据史料记载，早在公元473年，宁波茶叶就借助海运优势走出国门，香飘四海。宁波茶叶之所以能名扬国内外，其根源离不开丰富的茶文化滋养。多年以来，宁波茶文化体系建设尚在不断提升之中，只一些零星散章见之于资料报端，难以形成气候。而《通典》则为宁波的茶产业补齐了板块。

《通典》是宁波市有史以来第一部以茶文化、茶产业、茶科技为内涵的茶事典籍，是一部全面叙述宁波茶历史的扛鼎之作，也是一次宁波茶产业寻根溯源、指向未来的精神之旅，它让广大读者更多地了解宁波茶产业的地位与价值；同时，也为弘扬宁波茶文化、促进茶产业、提升茶经济和对接"一带一路"提供了重要平台，对宁波茶业的创新与发展具有深远的理论价值和现实指导意义。这部著作深耕的是宁波茶事，叙述的却是中国乃至世界茶文化不可或缺的故事，更是中国与世界文化交流的纽带，事关中华优秀传统文化的传承与发展。

宁波具有得天独厚的自然条件和地理位置，举足轻重的历史文化和人文景观，确立了宁波在中国茶文化史上独特的地位和作用，尤其是在"海上丝绸之路"发展进程中，不但在古代有重大突破、重大发现、重大进展；而且在现当代中国茶文化史上，宁波更是一块不可多得的历史文化宝地，有着举足轻重的历史地位。在这部《通典》中，作者从历史的视角，用翔实而丰富的资料，上下千百年，纵横万千里，对宁波茶产业和茶文化进行了全面剖析，包括纵向断代剖析，对茶的产生原因、发展途径进行了回顾与总结；再从横向视野，指出宁波茶在历史上所处的地位和作用。这部著作通说有新解，叙事有分析，未来有指向；且文笔流畅，叙事条分缕析，论证严谨有据，内容超越时空，集茶及茶文化之大观，可谓是一本融知识性、思辨性和功能性相结合的呕心之作。

这部《通典》，诠释了上下数千年的宁波茶产业发展密码，引领你品味宁波茶文化的经典历程，倾听高山流水的茶韵，感悟天地之合的茶魂，是一部连接历史与现代，继往再开来的大作。翻阅这部著作，仿佛让我们感知到"好雨知时节，当春乃发生，随风潜入夜，润物细无声"的情景与境界。

宁波茶文化促进会成立于2003年8月，自成立以来，以繁荣茶文化、发展茶产业、促进茶经济为己任，做了许多开创性工作。2004年，由中国国际茶文化研究会、中国茶叶学会、中国茶叶流通协会、浙江省农业厅、宁波市人民政府共同举办，宁波茶文化促进会等单位组织承办的"首届中国（宁波）国际茶文化节"在宁波举行。至2020年，由宁波茶文化促进会担纲组织承办的"中国（宁波）国际茶文化节"已成功举办了九届，内容丰富多彩，有全国茶叶博览、茶学论坛、名优茶评比、宁波茶艺大赛、茶文化"五进"（进社区、进学校、进机关、进企业、进家庭）、禅茶文化展示等。如今，中国（宁波）国际茶文化节已列入宁波市人民政府的"三大节"之一，在全国茶及茶文化界产生了较大影响。2007年举办了第四届中国（宁波）国际茶文化节，在众多中外茶文化人士的助推下，成立了"东亚茶文化研究中心"。它以东亚各国茶人为主体，着力打造东亚茶文化学术研究和文化交流的平台，使宁波茶及茶文化在海内外的影响力和美誉度上了一个新的台阶。

宁波茶文化促进会既仰望天空又深耕大地，不但在促进和提升茶产业、茶文化、茶经济等方面做了许多有益工作，并取得了丰硕成果；积累了大量资料，并开展了很多学术研究。由宁波茶文化促进会公开出版的刊物《海上茶路》（原为《茶韵》）杂志，至今已连续出版60期；与此同时，还先后组织编写出版《宁波：海上茶路启航地》《科学饮茶益身心》《"茶庄园""茶旅游"暨宁波茶史茶事研讨会文集》《中华茶文化少儿读本》《新时代宁波茶文化传承与创新》《茶经印谱》《中国名茶印谱》《宁波八大名茶》等专著30余部，为进一步探究宁波茶及茶文化发展之路做了大量的铺垫工作。

宁波茶文化促进会成立至今已20年，经历了"昨夜西风凋碧树，独上高楼，望尽天涯路"的迷惘探索，经过了"衣带渐宽终不悔，为伊消得人憔悴"的拼搏奋斗，如今到了"蓦然回首，那人却在灯火阑珊处"的收获季节。编著出版《通典》既是对拼搏奋进的礼赞，也是对历史的负责，更是对未来的昭示。

遵宁波茶文化促进会托嘱，以上是为序。

宁波市人民政府副市长 杨勇

2022年11月21日于宁波

前言

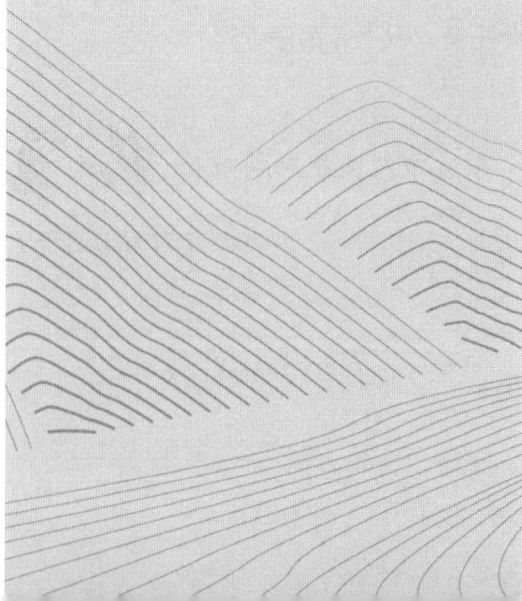

宁波是茶文化的发源地。余姚河姆渡遗址出土了约7000年前的樟科植物遗存，樟科植物叶片为最早原始茶的主要成分，是原始茶遗存。余姚田螺山遗址发现了世界上最早种植的茶树，距今约6000年。自东汉以来，宁波境内名茶辈出。历朝宁波学者对茶文化的发展所做出的贡献更是引人瞩目，如隋朝虞世南的《北堂书钞》最早提出喝茶能减肥，明代宁波文人编纂了五部茶书。但从明末清初慈溪人冯元仲《茗笈引》一文看，冯氏还对屠本畯《茗笈》做过续补。即以诗歌而论，宁波地区文教发达，诗人如雨，享有"诗窟"之誉。自宋以来，宁波文人纷纷将诗与茶联姻，咏茶蔚然成风，仅元代张可久小令有关茶事者就计50首以上，笔者历年搜集到的宁波茶诗更是超2000首。综观这些作品，内容丰富，不仅描述了茶的碾磨、汲水、拾薪、煎煮、汤色、饮器等物态层面，同时体现了饮茶的情理层面，也折射出历代的茶礼、茶俗，其中不乏意境隽永之作。

笔者曾有意识地对宁波历代文人的茶诗做过赏析，主要见于《四明茶韵》一书中的"甬人诗文茶韵长"一节。本书选录的优秀茶诗数量更多，实际记录了宁波茶文化的方方面面，读之令人肺腑流芬，齿牙添润，有飘然欲仙之感。宁波茶诗内涵丰富，有的借馈茶表达真挚的友谊，如元代邬密执理奉寄定水寺见心禅师方丈诗写道："月团三百片，好为寄卢仝。"诗中将诗僧来复比作卢仝，足见其茶癖之深。元代赴日高僧觉圆将珍贵的新茶献给日本太守，有诗云："春露亲收谷雨前，工夫磨炼味完全。不辞千里表芹意，十袭珍藏上大贤。"此诗堪称中日茶文化交流的一个案例。有的借茶来昭示人生态度，如元代任士林《短歌行》写自己蔑视官场、归隐草堂，结尾云："作书已报草堂人，日办新茶三百盏。"在好茶嗜茶中传递出作者孤傲洒脱的人生态度，与苏轼"日啖荔枝三百颗，不辞长作岭南人"异曲同工。杨守阯《和斋居人物咏·清士》，以咏物的形式，表达了士人愿执政为民的理念。王玄冰《湖楼遣兴》"紫砚乌丝字，银瓯细乳茶"，写出了令人神往的文人高雅生活，与陆游"矮纸斜行闲作草，晴窗细乳戏分茶"为近。至于本书选录的采茶歌，生活气息尤为浓郁。采茶歌是古代广泛流行于我国南方的劳动民歌，很多采茶女在一起劳作，必然要生发出她们心中的采茶歌。四明山区的采茶时节，山中总能响起与回荡着采茶女或悠扬或幽怨的采茶歌，这是她们情感生活的自然流露。余姚诸观光《采茶歌》云："露华风叶掇新枝，采采春光好采之。谁道隔花莺语滑，阿侬随口唱歌儿。"镇海张志蕙《采茶歌》云："篝灯午夜彻山阿，火候当垆费揣摩。少妇不知春事换，焙茶犹唱采茶歌。"宁海郭守民《长洋竹枝词》云："尚有布裙红小岘，香喉未了采茶歌。"鄞县杨竹生《山村竹枝词》云："最是山村风景好，夕阳处处听茶歌。"慈溪裘鸿勋《翁洲竹枝词》云："行尽斜阳人不见，满山风送采茶歌。"余姚周铿华在《采茶歌》小序中写道："越女采茶率连声合歌，而词多鄙俚，音非风骚。"可见古代越女在采茶时，常常唱起那娇若莺啭的艳曲，此起彼伏，煞是动听。可惜这些词多鄙俚的采茶曲没有流传下来，否则我们又多了一项非遗。现在流传下来的多为文人们拟作的采茶歌，内容丰富，情感浓郁，仍保留着一些原生态的生活汁液，客观上唱出了采茶女的劳动过程、生活希望和乐趣，充满了清新淳厚的乡土之气。

宁波历代茶诗不但有审美价值，亦具史料价值。比如罗适《石梁》、姚孳《石桥》以及楼光《石桥》等，是最早一批写到天台山方广寺罗汉供茶的诗歌。茶树花堪称中国古代茶叶史上的"隐士"，鲜有人识得其庐山真面目。中国最早的茶叶专著陆羽《茶经》仅以"花如白蔷薇"一笔带过。这是因为茶农为了保证茶叶的生长，每年都要采取人工方法抑制茶树花的繁殖生长，因此真正见到茶花的文人可谓少之又少。直到明万历年间鄞县籍博物学家屠本畯撰《茗笈》才说："人论茶叶之香，未知茶花之香。余往岁过友大雷山中，正值花开，童子摘以为供。幽香清越，绝自可人，惜非瓯中物耳。乃予著《瓶史月表》，以插茗花为斋中清玩。而高濂《盆史》，亦载'茗花足助玄赏'云。"但他只是用茶花作供。屠隆《茶说》云："茗花入茶，本色香味尤嘉。"用茶花窨茶叶，想法颇妙，但也不是直接泡用茶花。清代鄞县人董元晋《茗花咏》诗，写到用茶花冲泡饮用，并予以赞叹，这在古籍中难得一见，堪称空谷足音。明代许次纾在《茶疏》中说："茶不移本，植必生子。"古人认为，茶树只能以种子繁殖，而不能移栽，这被视为茶至性不移的表现。"茶不移本"，可象征爱情忠贞不移，植必多籽，可象征子孙绵延繁盛，故世代流传民间男女订婚，要以茶为礼。明代中期以前，中国种茶基本都采用种子直播的方法。清代，福建建瓯一带的农民，发明了压条繁殖茶树的方法。但清初鄞县人周齐曾却有《过黄坑，移茶植囊云》一诗，采用移植法种茶，颇为罕见。此外如戴澳《采茶歌》云："茶因再摘已惊稀，搜索空枝下手迟。莫似官租科到骨，民间无地可存皮。"此诗借采茶言政，抨击了官租的沉重。薛三省《寿闻隐鳞高士》描述了明代茶人闻龙的人生历程，对研究闻龙生平颇有参考价值。特别是清人张广埏所作《闽茶歌寄答陈叔安参军宇》长诗，将福建武夷山茶区与清朝藩属浩罕汗国之安集延茶叶市场、晋粤茶商与西洋茶贸、茶区历史与现实困境结合起来写，视野广阔，意蕴深沉，尤具重要的研究价值。还有王治本在日本所写的《造茶人索诗》诗，堪称近代中日民间茶艺交流的写照。

　　宁波历代咏茶诗数量庞大，涉及茶文化的各个层面，蕴含着丰富的茶文化因素，透溢出饮者的物质生活及精神世界。鉴于宁波历代咏茶诗的独特价值，笔者遴选出500多首作品，加以注释，期能为宁波当代茶文化建设提供深厚的历史文化资源。

张如安

2022年9月1日

目 录

宁波茶通典·茶诗典

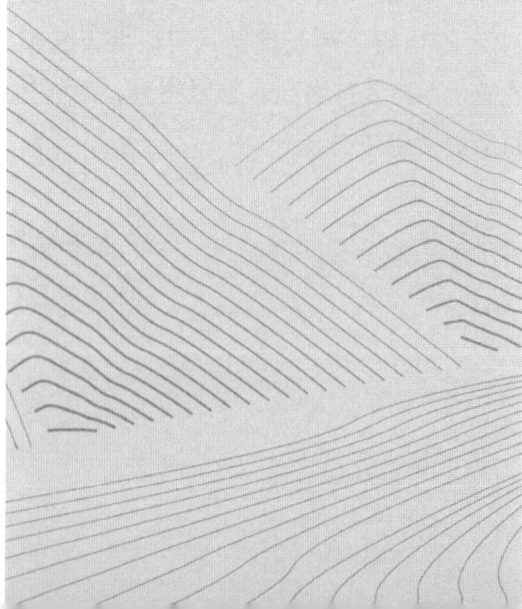

总序

前言

唐代   1

宋代   8

明代 78

积雪经旬，掘取蔬圃菜根，活火烹之，觉冷淡滋味绝胜浓鲜。

民国以来 303

饮茶歌诮崔石使君①

释皎然

越人遗我剡溪茗②，采得金牙爨金鼎③。

素瓷雪色缥沫香④，何似诸仙琼蕊浆⑤。

一饮涤昏寐⑥，情来朗爽满天地⑦。

再饮清我神，忽如飞雨洒轻尘。

三饮便得道，何须苦心破烦恼。

此物清高世莫知，世人饮酒多自欺。

愁看毕卓瓮间夜⑧，笑向陶潜篱下时⑨。

崔侯啜之意不已⑩，狂歌一曲惊人耳。

孰知茶道全尔真⑪，唯有丹丘得如此⑫。

——选自释皎然《杼山集》卷七

【作者简介】释皎然（720？—？），俗姓谢，字清昼，晚年以字行，湖州长城（今浙江长兴）人。开元末、天宝初曾应进士试未第，失意穷困，遂出家，居润州江宁长干寺。天宝九年前已受具足戒，出杭州灵隐寺律师守真之门。至德后定居湖州。著有《皎然集》（一作《杼山集》）《诗式》等。

【注释】①诮：原意是嘲讽。这里的"诮"字不是贬义，而是带有诙谐调侃之意，是调侃崔石使君饮酒不胜茶的意思。崔石：生卒年不详。据郁贤皓《唐刺史考》载，崔石可能在贞元年间任江南东道湖州刺史。使君：州郡刺史。　②遗（wèi）：赠予，送给。剡溪：曹娥江的上游。流经浙江嵊县南。宋高似孙《剡录》卷二："剡以溪有声，清川北注，下与江接。……其源有四：一自天台山北流，会于新昌，入于溪；一自婺之武义西南流经东阳，复东流，与北流之水会于南门，入于溪；其一导鄞之奉化，由沙溪西南转北，至杜潭入于溪；一自台之宁海，历三坑，西绕为三十六渡，与杜潭会，出浦口，入于溪。合四流为一，入于江。" ③金牙：指好茶。爨：原指烧火做饭，此指煮茶。金鼎：煮茶用具的美称。④缥沫：淡青色的茶水。缥，青白色，淡青。 ⑤何似：多么像。琼蕊浆：比喻茶水，极言其美。 ⑥昏寐：昏睡。 ⑦朗爽：开朗，爽快。 ⑧毕卓瓮间夜：晋吏部郎毕卓，嗜酒，常饮酒废职。曾夜入邻舍瓮间偷酒被缚。被释后又与主人宴饮于瓮侧，致醉而去。见《晋书·毕卓传》。 ⑨陶潜篱下时：东晋诗人陶潜，字渊明，好饮酒。家贫，重阳节无酒，坐宅边菊篱下，等待有人送酒来。见《宋书·隐逸传》。 ⑩崔侯：即崔石使君。侯，对大官的尊称。啜：饮。 ⑪全尔真：保全你的本性。 ⑫丹丘：传说中的仙人，亦是一位道家茶人。宋李昉《太平御览》卷八百六十七引王浮《神异记》记载：余姚人虞洪，入山采茗。遇一道士，牵三青牛，引洪至瀑布山，曰："予丹丘子也。闻子善具饮，常思见惠。山中有大茗，可以相给，祈子他日有瓯蚁之余，不相遗也。"虞洪"因立奠祀，后令家人入山，获大茗焉。"《太平御览》卷八百六十七引陶弘景《新录》云："茗茶，轻身换骨，丹丘子、黄山君服之。"皎然《饮茶歌送郑容》诗云："丹丘羽人轻玉食，采茶饮之生羽翼。"自注："《天台记》云：丹丘出大茗，服之羽化。"又《谢氏论茶》云："此丹丘之仙茶，胜乌程之御荈，不止味同露液，白况露华。"

蜀茗词

施肩吾

越碗初盛蜀茗新，薄烟轻处搅来匀①。
山僧问我将何比，欲道琼浆却畏嗔。

——选自《全唐诗》卷四百九十四

【作者简介】施肩吾，字希圣，号栖真子、华阳真人，睦州分水（今浙江桐庐）人。早存隐居之情，曾居四明山学道求仙。元和十五年（820）登进士第，后不干禄，离京东归，投老于洪州西山。诗名早著，有《施肩吾诗集》等。

【注释】①薄云：指茶汤沫饽。

四明兰若赠寂禅师①

周贺

丛木开风径，过从白昼寒。

舍深原草合，茶疾竹薪干。

夕雨生眠兴，禅心少话端②。

频来觉无事，尽日坐相看。

——选自《全唐诗》卷五百零三

【作者简介】周贺，字南卿，河南洛阳人。客南徐三年，后居庐岳为僧，法号清塞。大和末，姚合任杭州刺史，爱其诗，命还初服。晚年曾出仕。

【注释】①兰若：指寺院。梵语"阿兰若"的简称。意为寂净无苦恼烦乱之处。寂禅师：疑为鄞东天王院的创建者。闻性道述、释正苇订续《延福寺志略》卷上《纪刹》："明征士李孝谦纂志载：天王院，唐大中时禅师灵彻之徒寂公建，刺史崔琪有碑记。"下即引周贺此诗。又卷下《谱僧》云："寂律师：师系澄原律师灵澈之门人。"但《志略》一作律师，一作禅师，身份之异，未有说明，且其人是否与周贺诗题的寂禅师为同一人，亦难以考定。此题一作《题昼公院》。　②话端：禅宗和尚用来启发问题的话。

茶中杂咏·茶瓯①

皮日休

邢客与越人②，皆能造兹器。

圆似月魂堕③，轻如云魄起④。

枣花势旋眼⑤，蕍沫香沾齿⑥。

松下时一看，支公亦如此⑦。

——选自皮日休、陆龟蒙《松陵集》卷四

【作者简介】皮日休（834？—883？），字逸少，后改字袭美，襄阳竟陵（今湖北省天门市）人。早年居鹿门山，自号鹿门子、闲气居士、醉吟先生等。咸通八年（867）进士。曾官著作郎、太常博士、毗陵副使。诗文与陆龟蒙齐名。后参加黄巢农民军，为翰林学士。著有《皮子文薮》。

【注释】①茶瓯：茶碗。陆羽《茶经》卷中载："越州瓷、岳瓷皆青，青则益茶。"　②邢客：指开创邢窑的邢州人。邢州治所在今河北邢台市。邢窑窑址位于今河北邢台市所辖临城县黑城乡祁村一带，是中国白瓷生产的发源地。越人：指今浙江上虞、余姚等地从事越窑青瓷烧造的工匠。　③月魂：指月亮。这句意为：茶碗浑圆的造型犹如掉下来的月亮一般。　④云魄：云彩。　⑤这句意为：茶汤沫如枣花旋转于环池之上。　⑥蕍沫：指茶汤面上的泡沫。　⑦支公：支道林，名遁，本姓吴，陈留（今河南开封南）人，东晋名僧。

奉和鲁望四明山九题·青棂子①

皮日休

山风熟异果，应是供真仙。

味似云腴美②，形如玉脑圆③。

衔来多野鹤，落处半灵泉。

必共玄都奈④，花开不记年。

——选自《松陵集》卷五

【注释】①鲁望：陆龟蒙（？—881？），字鲁望，苏州吴县（今江苏省苏州市吴中区）人。举进士不第，一度做过湖州、苏州刺史的幕僚。后隐居江苏松江甫里，自号天随子、江湖散人、甫里先生。与皮日休齐名，人称"皮陆"。陆龟蒙曾据南雷谢遗尘所述，作四明山九题诗，皮日休有和作。青棂子：四明山果实名。 ②云腴：茶的别称。宋黄儒《品茶要录》载："借使陆羽复起，阅其金饼，味其云腴，当爽然自失矣。"一说以云腴称茶起于宋代，皮诗所说"云腴"为道家的仙药。《云笈七签》卷七十四云："又云腴之味，香甘异美。……长魂养魄，真上药也。"此录两说，以备研究。 ③玉脑：即玛瑙。 ④玄都：传说中神仙居处。柰：水果名，类似李子。一说即花红果。

横塘①

韩偓

秋寒洒背入帘霜②，凤胫灯清照洞房③。
蜀纸麝煤沾笔兴④，越瓯犀液发茶香⑤。
凤飘乱点更筹转⑥，拍送繁弦曲破长⑦。
散客出门斜月在，两眉愁思问横塘⑧。

——选自《全唐诗》卷六百八十三

【作者简介】韩偓（842—923），字致光，号致尧，晚年自号玉山樵人，唐代京兆万年（今陕西西安）人。龙纪元年（889）进士，任翰林学士、中书舍人，迁兵部侍郎、翰林承旨，参与机密，深得唐昭宗信任。后因不附朱温遭贬斥。唐亡，依闽王王审知。著有《韩内翰别集》《香奁集》。

【注释】①横塘：古堤名，三国吴筑，在今江苏南京西南秦淮河南岸。亦为百姓聚居之地。②寒：《全唐诗》校："一作风。" ③凤胫灯：制成凤凰胸颈部曲线形状的烛台。《全唐诗》校：胫，"一作颈"；清，"一作青"。④蜀纸：犹蜀笺。唐时蜀地所造各色精致华美纸张之统称。麝煤：即麝墨。含有麝香的墨，后泛指名贵香墨。笔兴：创作的意兴。《全唐诗》校：沾，"一作添"；兴，"一作媚"。 ⑤越瓯：指越窑所产青瓷茶瓯。晚唐时慈溪上林湖为越窑茶瓯（碗）最著名的产地，最有代表性的是玉璧底碗。犀液：指名贵香茶。 ⑥乱点：纷繁的点声。点是一种悬空敲击的乐器，形如小铜鼓，用于报时或合乐。更筹：古代夜间报更用的竹签。亦借指时间。　　⑦繁弦：繁杂的弦乐声。曲破：唐代大曲的第三段称破，单演此段称曲破，有歌有舞，节奏紧促。　　⑧问：《全唐诗》校："一作向。"

题兴善寺①

郑谷

寺在帝城阴，清虚胜二林②。
藓侵隋画暗，茶助越瓯深。
巢鹤和钟唳，诗僧倚锡吟。
烟莎后池水，前迹杳难寻。

——选自郑谷《云台编》卷下

【作者简介】郑谷（851？—910？），字守愚，袁州宜春（今属江西）人。屡举进士不第。唐僖宗广明二年（881），因避黄巢之乱而入蜀。光启三年（887）登进士第。官都官郎中，人称郑都官。有《云台编》。
【注释】①兴善寺：创建于晋代，初名遵善寺，隋开皇二年（582）改名大兴善寺。其故址在今西安市城南约五里的新风公园。　　②清虚：清高淡泊。二林：指庐山的东林寺和西林寺。

贡余秘色茶盏①

徐夤

捩碧融青瑞色新②，陶成先得贡吾君③。
巧剜明月染春水④，轻旋薄冰盛绿云⑤。

古镜破苔当席上⑥，嫩荷涵露别江濆⑦。

中山竹叶醅初发⑧，多病那堪中十分⑨。

——选自徐夤《徐正字诗赋》卷二

【作者简介】徐夤，字昭梦，莆田县（今莆田市城厢区）人。登乾宁进士第，授秘书省正字。依王审知，礼待简略，遂拂衣去，归隐延寿溪。著有《探龙》《钓矶》二集。

【注释】①贡余：进贡给皇帝之后余下来的。秘色：最早出自晚唐诗人陆龟蒙名篇《秘色越器》，并有"九秋风露越窑开，夺得千峰翠色来"之句。秘色最初似应指稀见的颜色，是当时赞誉越窑瓷器釉色之美，后逐渐演变成越窑釉色的专有名称。相传五代时吴越国王钱镠命令烧造瓷器专供钱氏宫廷所用，并入贡中原朝廷，庶民不得使用，故称越窑瓷为"秘色瓷"。1987年4月，考古工作者在陕西省宝鸡市扶风县法门寺塔唐代地宫中，发现13件越窑青瓷器，在记录法门寺皇室供奉器物的物帐上，这批瓷器明确记载为秘色瓷。这批"秘色瓷"除两件为青黄色外，其余釉面青碧，晶莹润泽，如湖面一般清澈碧绿，从而为鉴定秘色瓷的时代和特点提供了标准器。　②捩碧融青：形容秘色瓷青翠莹润的釉色。　③陶成：陶冶使成就。指制造成茶盏。　④剜：挖。"巧剜明月"意指茶盏如同在明月上巧妙挖制而成。　⑤轻旋：指制瓷盏时将瓷模轻轻地旋转。薄冰：指制成的茶盏似冰类玉。盛绿云：盛上的茶汤犹如绿色云彩一般。　⑥古镜破苔：形容茶盏上的冰裂纹。　⑦嫩荷：兼指茶盏的造型。晚唐时有些茶盏的口沿卷曲呈荷叶形。濆：水边。这句意为：茶盏犹如新嫩的荷叶带着露水刚从水池中摘出来一般。　⑧中山：晋张华《博物志》卷五载："刘玄石于中山酒家酤酒，酒家与千日酒，忘言其节度。归至家当醉，而家人不知，以为死也，权葬之。酒家计千日满，乃忆玄石前来酤酒，醉向醒耳。往视之，云：'元石亡来三年，已葬。'于是开棺，醉始醒。"后因以"中山"作为美酒的代称。竹叶：酒名，即竹叶青。亦泛指美酒。醅：没滤过的酒。　⑨中：酣饮、醉酒。中十分，指满怀畅饮。最后两句是说：因为多病，不能开怀畅饮新醅的美酒。言外之意是说喝茶则无妨。

酬伉上人

释遵式

鸟外清闲极①，谁能更似君。
山光晴后见，瀑响夜深闻。
拾句书幽石，收茶踏乱云②。
江头待无事，终学弃人群。

——选自宋陈起编《增广圣宋高僧诗选》后集卷中

【作者简介】释遵式（964—1032），俗姓叶，字知白，天台宁海（今属浙江）人。少投东掖山义全出家，太宗雍熙元年（984）从四明宝云义通学天台教义，尽得其秘。咸平五年（1002），归临海主东掖山。后应杭州昭庆寺请，居杭弘法。复兴故天竺寺，赐号慈云。著《净土忏法》《金光明》《观音》诸本忏仪行世，又号慈云忏主。著述今存《金园集》三卷、《天竺别集》三卷等。

【注释】①鸟外：高空。　②元方回《瀛奎律髓》卷四十七评云："中四句俱工雅。"

赠智伦弟

释遵式

溪竹拥疏帘，溪云冷不厌。

千岩唯虎伴，一讲许诗兼。

煮茗敲冰柱，看经就雪檐。

有时开静户，寒日下峰尖①。

——选自明李蓘《宋艺圃集》卷二十二

【注释】①这句话用贾岛《秋暮寄友人》诗："寒日下峰西。"

寄刘处士

释遵式

度月阻相寻，应为苦雨吟。

井浑茶味失，地润屐痕深。

鸟背长湖色①，门间古树阴。

想君慵更甚，华发昼方簪。

——选自厉鹗《宋诗纪事》卷九十一

【注释】①鸟背：指高处。

谢鲍学士惠腊茶①

释重显

丛卉乘春独让灵，建溪从此振家声②。

使君分赐深深意③，曾涤禅曹万虑清④。

——选自释重显《祖英集》卷下

【作者简介】释重显（980—1052），字隐之，俗姓李，号明觉大师，四川遂宁人。嗣法于北塔祚禅师。宋真宗天禧年间至灵隐寺，后主明州雪窦寺，长达30年，为中兴云门宗的一代宗师。著有《祖英集》《瀑泉集》《拈古集》《颂古集》。

【注释】①鲍学士：康定元年（1040）明州知州鲍亚之。腊茶：建茶的一种。宋欧阳修《归田录》卷一载："腊茶出于剑建。"　②建溪：水名。在福建，为闽江北源。其地产名茶，号建茶。因亦借指建茶。　③使君：尊称州郡长官。这里指明州知州鲍亚之。　④禅曹：禅僧。

送新茶（二首）

释重显

元化功深陆羽知①，雨前微露见枪旗②。
收来献佛余堪惜，不寄诗家复寄谁。

乘春雀舌上高名③，龙麝相资笑解醒④。
莫讶山家少为送，郑都官谓草中英⑤。

——选自释重显《祖英集》卷下

【注释】①元化：造化。天地。陆羽：（733？—804？），字鸿渐，唐复州竟陵（今湖北天门）人。唐代茶学家。撰《茶经》三卷，为世界上第一部茶叶专著。　②雨前：谷雨之前。谷雨之前采制细嫩芽尖制成的茶叶称雨前茶，因其滋味鲜浓而耐泡，为茶中上品。枪旗：茶叶嫩尖。言茶初生，一小芽如枪，一小叶如旗，故名。　③雀舌：浙东古代著名的草茶。叶梦德《避暑录话》说：草茶"其精者在嫩芽，取其初萌如雀舌者谓之枪，稍敷而为叶者谓之旗，旗非所贵，不得已取一枪一旗犹可，过是则老矣，此所以为难得也。"　④龙麝：龙涎香与麝香的并称。宋徽宗赵佶《大观茶论》："茶有真香，非龙麝可拟。"解醒：解除昏迷状态，使之清醒。　⑤郑都官：郑谷，字守愚，袁州宜春（今江西省宜春市）人。唐乾宁四年（897），郑谷超擢为都官郎中，诗家称之为郑都官。郑谷并未说过"草中英"的话，此实为郑愚或郑遨之误记，但郑愚、郑遨均未做过都官郎中之官。郑愚（一作郑遨）《茶诗》曰："嫩芽香且灵，吾谓草中英。"《祖庭事苑》卷四指出："此诗非郑谷都官也，乃五代时郑遨所作。"

谢郎给事送建茗①

释重显

陆羽仙经不易夸②，诗家珍重寄禅家③。
松根石上春光里，瀑水烹来斗百花。

——选自释重显《祖英集》卷下

【注释】①郎给事：即郎简。时郎简以右谏议大夫、给事中知扬州，徙明州。建茗：即建茶，因产于福建建溪流域而得名。　②仙经：指《茶经》。　③诗家：指郎简。禅家：指作者自己。

送山茶上知府郎给事①

释重显

谷雨前收献至公②，不争春力避芳丛。
烟开曾入深深捣③，百万枪旗在下风④。

——选自释重显《祖英集》卷下

【注释】①山茶：指山中出产的茶，非指山茶属植物。　②至公：对知府郎简的敬称。　③入：指上山采茶。捣：制茶的重要环节。陆羽《茶经》卷上《茶之造》云："晴，采之、蒸之、捣之。"　④枪旗：成品绿茶之一。由带顶芽的小叶制成。芽尖细如枪，叶开展如旗，故名。

石梁①

罗适

飞瀑断岩路，天然石似梁。

始知融结日，便作圣贤乡。

水静鱼龙乐，山灵草木香。

茶花本余事②，留迹示诸方。

——选自宋李庚《天台续集》卷中

【作者简介】罗适（1029—1101），字正之，别号赤城，浙江宁海海游马家山（今属三门县）人。治平二年（1065）进士，为桐城尉。历知泗水等五县，提点两浙、京西北录刑狱，官终朝散大夫。著有《赤城集》十卷，已佚。

【注释】①石梁：天台石梁，亦称石桥，位于天台县城北石桥山中，瀑以梁奇，梁以瀑险，势极雄奇险峻。　②茶花：亦称乳花，这里指石梁方广寺罗汉供茶。罗汉供茶以茶瓯中出现乳花闻名，应为古代"茶百戏"的一种。

送刘寺丞赴余姚① （节选）

苏轼

余姚古县亦何有，龙井白泉甘胜乳②。

千金买断顾渚春③，似与越人降日注④。

——选自苏轼《东坡全集》卷十一

【作者简介】苏轼（1037—1101），字子瞻，又字仲和，号东坡居士。四川眉山人。嘉祐二年（1057）进士。历官大理评事、殿中丞等。神宗时，因反对王安石变法，出为杭州通判。后知密州、徐州。元丰二年（1079）徙湖州，因作诗讽刺新法，被捕入狱，后贬为黄州团练副使。七年徙常州。

哲宗即位，起为翰林学士兼侍读。后出知杭州等地。哲宗亲政，贬至惠州、琼州等地。徽宗即位，以大赦北还。著有《东坡全集》等。

【注释】①刘寺丞：即刘谊。《苏诗补注》卷十八云："施氏原注前半缺，后段云：寺丞名谊，号宜翁。本集又有《送刘行甫赴任余姚》词，调寄《南柯子》，'山雨潇潇过'一首是也。行甫手写《华严经》八十一卷，故诗中有'手香新写法界观'之句。宜翁提举广西常平，上书极论新法，载国史。……湖州旧志：刘谊，字公曼，号宜翁，长兴人，治平四年进士。"苏轼此诗作于元丰二年（1079）三月。 ②龙井白泉：指余姚龙泉。③顾渚春：产于浙江省湖州市长兴县水口乡顾渚山一带的茶。以清明谷雨摘茶为最佳，故称。 ④日注：即日铸茶。产于绍兴县东南五十里的会稽山日铸岭（今属绍兴市柯桥区），为我国历史名茶之一。

和马粹老《四明杂诗》①，
聊记里俗耳十首（选一）

舒亶

莲阁红堪掣②，澜池静不流③。
梯航纷绝徼④，冠盖错中州⑤。
草市朝朝合⑥，沙城岁岁修⑦。
雨前茶更好，半属贾船收。

——选自《乾道四明图经》卷八

【作者简介】舒亶（1041—1103），字信道，号懒堂、亦乐居士，原慈溪（今余姚市大隐镇舒夹岙村）人，居于月湖。治平二年（1065）进士。历任审官院主簿，迁秦凤路提刑，提举两浙常平。后任监察御史里行，与李定同劾苏轼，是为"乌台诗案"。历判司农寺，拜给事中，权直学士院，后为御史中丞。坐罪废斥。崇宁二年（1103），出知南康军，以开边功，由直龙图阁进待制。手编《元丰圣训》三卷，《文集》百卷，皆散佚，张寿镛辑有《舒懒堂诗文存》三卷。

虎跑泉①

舒亶

一啸风从空谷生，直教平地作沧溟。

灵山不与江心比②，谁会茶仙补水经③。

——选自《两宋名贤小集》卷九十

【注释】①虎跑泉：在今鄞州区天童寺内。释德介纂《天童寺志》卷一记载："泉之利济者一曰虎跑，在西涧之滨，相传有虎跑地所出。"　②灵山：指天童山。江心：指扬子江心水，即中泠泉，泉水甘洌醇厚，特宜煎茶。唐陆羽品评天下泉水时，中泠泉名列全国第七，稍陆羽之后的唐代名士刘伯刍品尝了全国各地沏茶的水质后，将水分为七等，中泠泉依其水味和煮茶味佳为第一等，因被誉为"天下第一泉"。　③茶仙：指陆羽。元辛文房《唐才子传·陆羽》："羽嗜茶，造妙理，著《茶经》三卷。……时号'茶仙'。"水经：指泉品。

题天童

舒亶

日日青鞋踏白沙，未应泛艇即灵槎①。

雨溪清越鸣哀玉②，风蔓蜿蜒动暗蛇③。

晓润芝筺挑秀茁④，午香茶灶煮苍芽⑤。

玲珑仙客知何在⑥，千古烟霞自一家。

——选自《乾道四明图经》卷八

【注释】①灵槎：即仙槎，神话中年年八月来往于海上和天河之间的竹木筏。典出晋张华《博物志》卷十。　②清越：清脆激越。哀玉：指如玉声凄清的音响。　③风蔓：风中的藤蔓。　④筺（cuō）：一种盛物的竹器。此句意为把经晓露滋润而秀茁的芝草采选入筐中。这里的芝草似指用以滋补的高档栽培药材。　⑤茶灶：烹茶的小炉灶。苍芽：茶芽。⑥玲珑：指天童寺玲珑岩。

醉花阴·试茶

舒亶

露芽初破云腴细，玉纤纤亲试。香雪透金瓶①，无限仙风，月下人微醉。　相如消渴无佳思②，了知君此意。不信老卢郎③，花底春寒，赢得空无睡。

——选自《全宋词》

【注释】①金瓶：金属制的细颈汤瓶。　②相如：汉代文学家司马相如。消渴：中医学病名。口渴，善饥，尿多，消瘦。包括糖尿病、尿崩症等。《史记·司马相如列传》载："相如口吃而善著书，常有消渴疾。"　③卢郎：卢仝，自号玉川子，唐代范阳（今河北涿州市）人。年轻时隐居少室山，家境贫寒，用功读书，不愿仕进。卢仝喜茶，曾作《走笔谢孟谏议寄新茶》，即著名的"七碗茶"诗。

菩萨蛮·湖心寺席上赋茶词①

舒亶

　　金船满引人微醉②，红绡笼烛催归骑③。香泛雪盈杯，云龙疑梦回④。　　不辞风满腋⑤，旧是仙家客。坐得夜无眠，南窗衾枕寒。

——选自《全宋词》

【注释】①湖心寺：宁波月湖湖心岛上寿圣院的俗称。　　②金船：一种金质的盛酒器。　　③笼烛：笼灯。　　④云龙：印有龙的图案的茶饼，为宋朝的贡茶。泛指优质名茶。梦回：梦醒。　　⑤风满腋：卢仝《走笔谢孟谏议寄新茶》诗："七碗吃不得也，唯觉两腋习习清风生。"

石桥①

姚孳

　　万派铿鍧走电车②，跨岩蚴蟉玉虹斜③。
　　灵禽飞下传消息，五百瓯心结茗花④。

——选自宋李庚《天台续集》卷中

【作者简介】姚孳，字舜徒，以字行，鄞县人。神宗熙宁九年（1076）进士。哲宗元祐中补武陵令，捐资修孔子庙，督课诸士，奏课为天下第一。以荐除提举成都府路常平等事。卒于知夔州任上。有《桃花源集》。

【注释】①石桥：即天台石梁。　　②铿鍧：形容瀑布轰鸣声。　　③蚴（yòu）蟉（liào）：屈折的样子。玉虹：形容石梁。　　④五百：指五百罗汉。结茗花：指罗汉供茶。同时代鄞县楼光《石桥》诗亦有"茗碗齐开五百花"之句。

赠雷僧（三首选一）

晁说之

留官莫去且徘徊，官有白茶十二雷^①。
便觉罗川风景好^②，为渠明日更重来。

——选自晁说之《景迂生集》卷七

【作者简介】 晁说之（1059—1129），字以道，自号景迂生，济州巨野（今属山东）人，或说澶州（今河南濮阳）人。元丰五年（1082）进士。崇宁二年（1103），知定州无极县。因入元祐党籍，大观、政和（1107—1117）间谪监明州造船场，暂居桃花渡边。高宗南渡后，召为侍读，提举杭州洞霄宫。著有《景迂生集》。

【注释】 ①十二雷：作者自注："十二雷是四明茶名。"此所谓"白茶"，疑为白毫茶，而非白叶茶。据元代的《至正四明续志》，十二雷以出自慈溪车厩岙中三女山资国寺旁为绝品，冈山开寿寺旁次之，必用化安山中瀑泉水审择蒸造。由此判断，早期的十二雷白茶在制造工艺上说，是一种蒸青团茶。 ②罗川：直罗县，即今陕西富县西直罗镇。作者自注："予点四明茶云：'直罗有此茶否？'答云：'官人来则直罗有。'"此诗乃作者在直罗为官时怀念四明十二雷茶所作。

野庵分题·茶香（功字）

史浩

灵芽雨后发幽丛，剩馥先令鼻观通^①。
战退睡魔三百万，枪旗果解立奇功。

——选自史浩《鄮峰真隐漫录》卷四

【作者简介】史浩（1106—1194），字直翁，自号真隐居士，鄞县人。绍兴十五年（1145）进士，为余杭尉。历温州教授等。建王为太子，兼太子右庶子。孝宗即位，为中书舍人，迁翰林学士、知制诰，寻除参知政事。隆兴元年（1163）拜尚书右仆射、同中书门下平章时兼枢密使。淳熙五年（1178）拜右丞相。封魏国公。著有《鄮峰真隐漫录》。

【注释】①剩馥：余香。鼻观：鼻孔。指嗅觉。

画堂春·茶词

史浩

小槽春酿压香红①，良辰飞盖相从②。主人着意在金钟③，茗碗作先容。　　欲到醉乡深处，应须仗两腋香风④。献酬高兴渺无穷，归骑莫匆匆。

——选自史浩《鄮峰真隐漫录》卷四十八

【注释】①小槽：古时制酒器中的一个部件，酒由此缓缓流出。唐李贺《将进酒》诗："琉璃钟，琥珀浓，小槽酒滴真珠红。"春酿：春酒。唐王绩《赠学仙者》诗："春酿煎松叶，秋杯浸菊花。"　②飞盖：高高的车篷。借指车。　③金钟：借指酒杯。　④两腋香风：唐卢仝爱喝茶，其《走笔谢孟谏议寄新茶》诗，有"一碗喉吻润，两碗破孤闷……七碗吃不得也，唯觉两腋习习清风生"之句。后遂以"两腋风生"形容好茶饮后，人有轻逸欲飞之感。这里是指茶的清香发挥到极致，至于感到人的两腋之下似有清风在轻轻吹出，遍体舒适轻灵，飘飘欲仙。

临江仙

史浩

忆昔来时双髻小，如今云鬓堆鸦①。绿窗冉冉度年华②。秋波娇殢酒③，春笋惯分茶④。　　居士近来心绪懒，不堪老眼看花。画堂明月隔天涯。春风吹柳絮，知是落谁家。

——选自《阳春白雪》卷三

【注释】①堆鸦：形容女子头发黑而美。　②绿窗：绿色纱窗。指女子居室。　③醍（tì）酒：沉湎于酒；醉酒。　④春笋：喻女子纤润的手指。分茶：宋代煎茶之法。注汤后用箸搅茶乳，使汤水波纹幻变成种种形状。

山居三首（选一）

刘应时

行年当耳顺①，涉世尚心劳。
倦矣归三径②，皤然愧二毛③。
留诗羞茗供，为客酿松醪④。
晚照横篱落，呼儿课楚骚。

——选自刘应时《颐庵居士集》卷上

【作者简介】刘应时（1124—1195），字良佐，号颐庵居士，慈溪人，故居凫矶（今属江北区）。曾在县庠教过书，一生行踪不出浙省。遁居林下，刻意为诗，兴寄潇散，与之酬唱的有史浩、张良臣诸家。范成大至四明，亦与唱和，深赏其诗。著有《颐庵居士集》二卷。

【注释】①耳顺：六十岁的代称。　②三径：《三辅决录·逃名》云："蒋诩归乡里，荆棘塞门，舍中有三径，不出，唯求仲、羊仲从之游。"后因以指归隐者的家园。　③皤然：白的样子。多指须发。二毛：斑白的头发。　④松醪：用松肪或松花酿制的酒。

病中和蔡坚老

刘应时

老去光阴苦不多，孰堪疾病数驱磨^①。
也知溪上春光好，奈尔床头药裹何^②。
日永茶瓯频索唤^③，睡余诗眼旋揩摩^④。
客来怕说人间话，古井须知已不波^⑤。

——选自刘应时《颐庵居士集》卷下

【注释】①驱磨：折磨。　②药裹：药包，药囊。　③索唤：呼叫索取。　④揩摩：拭抹，擦拭。　⑤古井：枯竭的老井。此句谓枯竭的老井已不会再起波澜。比喻心境沉寂，不会因外界的影响而动感情。

春晚（二首选一）

刘应时

天气清和晴复阴，酴醾堆雪笋抽簪^①。
谁知老去伤春意，自把茶瓯当酒斟。

——选自刘应时《颐庵居士集》卷下

【注释】①酴醾：花名。本酒名，以花颜色似之，故取以为名。抽簪：抽芽。

颐庵口占^①

刘应时

健即观书困即眠，饭余香烬湿茶烟。

客来莫说人间话，我是清贫无事仙。

——选自刘应时《颐庵居士集》卷下

【注释】①颐庵：作者居处名。

刘应时《颐庵居士集》书影，明嘉靖刻本

余姚饭

陈造

昨暮浴上虞，今晨饭余姚。

官期有余日，我行得逍遥。

盘实剥芡芰①，羹鱼荐兰椒②。

一饱老人事，茗饮亦复聊③。

扪腹每自愧④，昔贤尚箪瓢⑤。

僧垣栖翠微⑥，金碧焕山椒⑦。

龙泓甘可茹⑧，塔铃如见招⑨。

迟留本不恶⑩，况复待晚潮。

——选自陈造《江湖长翁集》卷三

【作者简介】 陈造（1133—1203），字唐卿，自号江湖长翁，江苏高邮人。淳熙二年（1175）进士，调太平州繁昌尉。历平江府教授，知明州定海县，通判房州，权知州事等。著有《江湖长翁集》。

【注释】 ①芡：鸡头。芰（jì）：指菱。　②荐：进献。这里有配合之意。兰椒：芳香之物，用以调味。　③茗饮：饮茶。　④扪腹：抚摸腹部。多形容饱食后怡然自得的样子。　⑤箪（dān）瓢："箪食瓢饮"的省称。箪系古代盛饭的圆竹器。原意指用箪盛饭吃，用瓢舀水喝。典出《论语·雍也》："一箪食，一瓢饮，在陋巷，人不堪其忧，回也不改其乐。贤哉，回也！"后用为生活简朴，安贫乐道的典故。　⑥垣：这里代指寺院。翠微：指青山。　⑦山椒：山顶。　⑧龙泓：龙泉。　⑨塔铃：佛塔上的风铃。　⑩迟留：停留，逗留。

次韵黄文叔正言送日铸茶①

楼钥

龙图、正言年兄寄日铸贡品②，且以东坡诗中妖邪、奴隶等语为病③，使为直之④。既与佳客品尝，比平日所得者绝不同，仰叹鉴赏之精也。细观坡公《和钱安道寄惠建茶》诗，一时和韵反为双井所牵⑤。后在北方《和蒋夔寄茶》则云："沙溪北苑强分别⑥，水脚一线争谁先⑦。"又云："老妻稚子不知爱，一半已入姜盐煎。人生所遇无不可，南北嗜好知谁贤。死生祸福久不择，更论甘苦争媸妍。"则是此老初亦无定论，似不必深较。辄次前韵，聊为日铸解嘲，以资一笑。

古人养老食而酏⑧，后人既饱须啜茗。
唐称阳羡顾渚茶⑨，惠建之名犹未省。
小团花銙喬云龙⑩，竞巧争妍动天听⑪。

要之造化生万物，甘苦酸盐适其性。

古来水品多异同，茶品知谁得其正。

芽新火活善调汤，种类虽殊俱隽永。

坡翁立论亦疲当[⑫]，一贬一褒何太猛。

北苑固为天下最，未必余茶尽邪懬[⑬]。

越山日铸名最高，种在阳坡性非冷。

父老不堪痛摧抑，待以奴隶心若鲠。

草木端有地所宜，此品标奇惟一岭。

只应杂取应人须，寖使虚名成画饼[⑭]。

坡公殆未识吾真，真者如珠光自炯[⑮]。

白头拾遗辨真赝[⑯]，非是容心为乡井。

寄来双缶妙绝伦，病叟新尝信侥幸。

七碗自煎成水厄[⑰]，笑看腹似支离癭[⑱]。

——选自楼钥《攻愧集》卷五

【作者简介】 楼钥（1137—1213），字大防，旧字启伯，自号攻愧主人，鄞县（今海曙区）人。隆兴元年（1163）进士，出知温州。光宗即位，迁国子司业、太府少卿，擢起居郎中，兼权中书舍人。因反对韩侂胄专权，出知婺州，移知宁国府。庆元党禁后，乞归。开禧三年（1207）韩侂胄被诛后，启用为翰林学士，不久任吏部尚书兼翰林侍讲。嘉定二年（1209）正月，授参知政事。嘉定初同知枢密院事，进参知政事。著有《攻愧集》。

【注释】 ①黄文叔：黄度（1138—1213），字文叔，号遂初，绍兴新昌人。自幼好学，才思颖敏，文似曾巩。隆兴元年（1163）进士，历任嘉兴知县、监察御史、太常少卿兼国史院编修、礼部尚书等职。为官敢于直谏。正言：官名。宁宗即位，黄度累官右正言。　②龙图：龙图阁学士的省称。黄度曾进龙图阁学士。　③妖邪、奴隶：苏轼在《和钱安道寄惠建茶》一诗中，细数自己喝过的各地名茶，大赞建茶，对包括日铸茶在内的浙江茶不以为然，其诗云："草茶无赖空有名，高者妖邪次顽懬。……粃糠团凤友小龙，奴隶日注臣双井。"　④使为直之：让我评理，使之更为公正客观。　⑤双井：茶叶名。宋代洪州双井乡所产。欧阳修《归田录》

卷上云："腊茶出于剑、建，草茶盛于两浙。两浙之品，日注为第一。自景祐已后，洪州双井白芽渐盛，近岁制作尤精。"苏轼《寄周安孺茶》诗："未数日注卑，定知双井辱。"　⑥沙溪：建茶的一种。宋宋子安《东溪试茶录·沙溪》云："沙溪去北苑西十里，山浅土薄，茶生则叶细，芽不肥乳。"北苑：建州凤凰山所产之茶。宋沈括《梦溪补笔谈·故事》载："建茶之美者，号北苑茶。"　⑦水脚：水痕。古代斗茶多采用点茶法，茶汤不是透明的，茶汤和茶粉微粒搅拌形成丰富泡沫，盖住了茶汤。泡沫保留一段时间会散去，并露出茶汤，称为"水痕"，以先露出水痕者为负。蔡襄《茶录》记载："建安斗试，以水痕先者为负，耐久者为胜。"⑧酳（yìn）：吃东西后用酒漱口。　⑨阳羡：茶名，产于江苏宜兴，以汤清、芳香、味醇闻名。顾渚：在浙江长兴县水口乡，以产贡品紫笋茶、金沙泉而闻名于世。　⑩小团：即小龙团、小凤团。宋代作为贡品的精制茶叶。欧阳修《归田录》卷二载："茶之品莫贵于龙凤，谓之团茶。……庆历中，蔡君谟为福建路转运使，始造小片龙茶以进，其品绝精，谓之小团，凡二十饼重一斤，其价直金二两。跨（kuǎ）：同"銙"。形似带銙的一种茶，称"銙茶"。霱（yù）：彩云，古人认为祥瑞。云龙：宋熊蕃《宣和北苑贡茶录》载："北苑贡茶最盛，然前辈所录，止于庆历以上。自元丰之密云龙、绍圣之瑞云龙相继挺出，制精于旧。"　⑪天听：帝王的听闻。　⑫疲当：不当。　⑬邪懬（kuǎng）：指品质不佳。　⑭寖（qīn）：逐渐，渐渐。　⑮这句指日铸茶的外形如圆珠状而有光泽。此为今珠茶之滥觞。　⑯白头：指黄庭晚年。　⑰水厄：三国魏晋以后，渐行饮茶，其初不习饮者，戏称为"水厄"。后亦指嗜茶。《太平御览》卷八百六十七引南朝宋刘义庆《世说新语》："晋司徒长史王濛好饮茶，人至辄命饮之，士大夫皆患之。每欲往候，必云：'今日有水厄。'"　⑱支离瘿：指因大量饮茶，使腹部鼓起如瘿。

谢黄汝济教授惠建茶并惠山泉①

楼钥

几年不泛浙西船，每忆林间访惠泉②。

雅好谁如广文老③，亲携直到病夫前。

细倾琼液清如旧，更瀹云芽味始全④。

或问此为真品否，其中自有石如拳。

——选自楼钥《攻愧集》卷十

【注释】①惠山泉：位于江苏省南部无锡惠山寺附近锡惠公园。唐朝陆羽《茶经》中排列名泉20处，无锡惠山泉位居第二。　②这句追忆当年游览惠山泉之事。楼钥有《游惠山》诗云："石径萦回入翠林，廿年故步喜重寻。千山直上云扉启，万木阴中古殿深。泉水泓澄风拂拂，洞门幽杳昼沉沉。调琴瀹茗清无限，倦客忘归到夕阴。"　③广文：泛指清苦闲散的儒学教官。此指黄汝济教授。　④云芽：云雾茶。唐陈子昂《卧病家园》诗云："还丹奔日御，却老饵云芽。"

次适斋韵十绝①·出谒②

楼钥

杜门却扫寖多时③，闲傍人门亦漫为。

茶灶笔床烟浪去，自疑身是老天随④。

——选自楼钥《攻愧集》卷十二

【注释】①适斋：指汪大猷，字仲嘉，号适斋，鄞县人。楼钥仲舅。绍兴十五年（1145）进士。历官礼部员外郎，迁秘书少监，兼崇政殿说书、给事中，权刑部侍郎。出使金国，还改权吏部尚书。后知泉州，改隆兴府、江西安抚使。　②出谒：外出拜见。　③却扫：不再扫径迎客。谓闭门谢客。　④天随：天随子的省称。天随子为唐代诗人陆龟蒙的别号。《新唐书》卷一百九十六《隐逸列传·陆龟蒙》载："不喜与流俗交，虽造门不肯见。不乘马，升舟设蓬席，赍束书、茶灶、笔床、钓具往来。时谓江湖散人，或号天随子、甫里先生。"

谢吴察院惠建茶

袁燮

佳茗世所珍，声名竞驰逐。

建溪拔其萃①，余品皆臣仆。

先春撷灵芽，妙手截玄玉。

形模正而方，气韵清不俗。

故将比君子，可敬不可辱。

御史万夫特，刚肠憎软熟。

味此道之腴，清冷肺肝沃。

精新味多得，烹啜不忍独。

磊落分贡包，殷勤寄心曲。

斯时属徂暑，低头困烦溽。

一瓯瀹花乳②，精神惊满腹。

此物雪昏滞，敏妙如破竹。

谁知霜台杰③，功用更神速。

莫辞风采凛，要使班列肃④。

一朝奋孤忠，万代仰高躅⑤。

——选自袁燮《絜斋集》卷二十三

【作者简介】袁燮（1144—1224），字和叔，鄞县人。淳熙八年（1181）进士及第，调任江阴尉。迁太学正，后来历仕司封郎官，迁国子监祭酒。后为礼部侍郎，与权相史弥远争和议，被罢官回乡。著有《絜斋集》等。

【注释】①建溪：中国福建闽江北源。其地产名茶，号建茶。 ②花乳：煎茶时水面浮起的泡沫。俗名"水花"。 ③霜台：御史台的别称。御史职司弹劾，为风霜之任，故称。 ④班列：指朝廷或朝官。 ⑤高躅：指有崇高品行的人。

水茶磨

释如琰

一派滔滔直截过，机轮打动鼓风波。
就中旋下些儿子①，普与众生敌睡魔。

——选自《禅宗杂毒海》卷五

【作者简介】释如琰（1151—1225），字浙翁，宁海人，俗姓周。育王寺拙庵德光之法嗣。历住南剑州含清寺、越州能仁寺、明州光孝寺、建康蒋山、明州天童山。嘉定十一年（1218）敕住径山寺，赐号"佛心禅师"。
【注释】①些儿子：少许，一点儿。

和胡仲方抚干《白瑞香》及《黄橼》韵①

孙应时

翠锦熏笼白玉花②，几年庐阜饱烟霞③。
定知姑射同肌骨④，何必离骚借齿牙⑤。
心事早陪三友约⑥，国香今压五侯家⑦。
主人封植无多费⑧，剩乞卢仝七碗茶⑨。

——选自孙应时《烛湖集》卷十九

【作者简介】孙应时（1154—1206），字季和，自号烛湖居士，余姚人，故居在今慈溪市横河镇。早年从陆九渊学。孝宗淳熙二年（1175）进士。调台州黄岩尉，历泰州海陵丞、知严州遂安县。光宗绍熙二年（1191）应辟入宣幕。后知常熟县。有《烛湖集》。
【注释】①胡仲方：作者题下自注："仲方名榘，忠简公邦衡之孙，佳公子也。"胡榘，江西庐陵人。宝庆二年（1226）二月，以焕章阁学士、通议大夫知庆元府兼沿海制置使。抚干：安抚使干办公事的简称。胡榘曾任此官。黄橡：香橼。　　②锦熏笼：瑞香花的别名。《梦粱录》卷十八载："瑞香种颇多，大者名锦熏笼。"史浩《瑞香》载："破晓扪翠麓，获此锦熏笼。"　　③庐阜：庐山。吴曾《能改斋漫录》卷十五载："庐山瑞香花，古所未有，亦不产他处。天圣中始称传，东坡诸公，继有诗咏。岂灵草异芳，俟时乃出，故记序篇什，悉作瑞字。"　　④姑射：语出《庄子·逍遥游》："藐姑射之山，有神人居焉，肌肤若冰雪，绰约若处子。"　　⑤此句作者自注："胡有补《离骚》之句。"　　⑥三友：指松、竹、梅。俗称岁寒三友。⑦五侯：泛指权贵豪门。　　⑧封植：培植，栽培。　　⑨剩：只。

石灶

孙应时

石灶沧潭上，烹茶定几回。

舟人因记得，俗客未经来。

——选自孙应时《烛湖集》卷二十

《余姚孙境宗谱》卷首
孙应时像

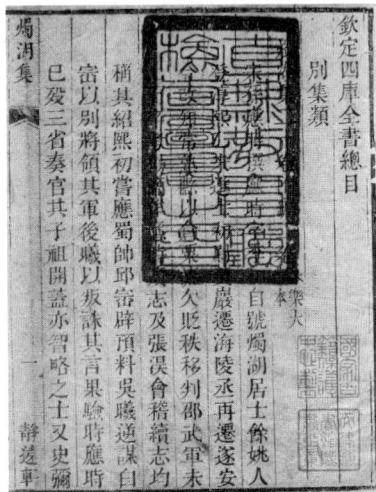

孙应时《烛湖集》书影，
清嘉庆八年静远轩刻本

琮上人以诗惠茶笋

史弥宁

解道碧云句①，三生汤惠休②。
试春辍鹰爪③，斸雨饷猫头。
梦境可容到，馋涎那复流。
舌端吾荐取，倘不负珍投。

——选自史弥宁《友林乙稿》

【作者简介】 史弥宁，字清叔，一字安卿，鄞县人。史浩之侄，史源之子。嘉定中以国子舍生莅春坊事，带阁门宣赞舍人，除忠州团练使，曾两知邵州。有《友林乙稿》。

【注释】 ①碧云句：指江淹《休上人怨别》云："日暮碧云合，佳人殊未来。"②三生：佛教语。指前生、今生、来生。汤惠休：字茂远。早年为僧，人称"惠休上人"。因善于写诗被徐湛之赏识。孝武帝刘骏命其还俗，官至扬州从事史。钟嵘《诗品》作"齐惠休上人"，可能卒于南齐初。　③鹰爪：散茶名。

啜茗

史弥宁

蓍腾午困懒吟哦①，鼎沸枪旗不厌多②。
战退睡魔三十里③，安知门外有诗魔④。

——选自史弥宁《友林乙稿》

【注释】 ①蓍腾：形容迷迷糊糊，神志不清。　②枪旗：成品绿茶之一。由带顶芽的小叶制成。芽尖细如枪，叶开展如旗，故名。　③睡魔：谓使人昏睡的魔力。比喻强烈的睡意。　④诗魔：指酷爱作诗好像着了魔一般的人。

山行即事

高翥

篮舆晴晓入山家①，独木桥低小径斜。

屋角尽悬牛蒡菜②，篱根多发马兰花③。

主人一笑先呼酒，劝客三杯便当茶。

我已经年无此乐，为怜身久在京华。

——选自高翥《菊磵集》

【作者简介】高翥（1170—1241），字九万，号菊磵，余姚上林匡堰（今属慈溪市匡堰镇）人。应试不第，弃去，转而用力于诗，师事林宪，得其句法。一生游钱塘，越金陵，浮洞庭、彭蠡，吊古今名山大川，蓄诸心胸，发于声诗，以鸣当世。晚年寓居杭州西湖。著有《菊磵集》。

高翥画像，选自《慈溪历代名人图像集》

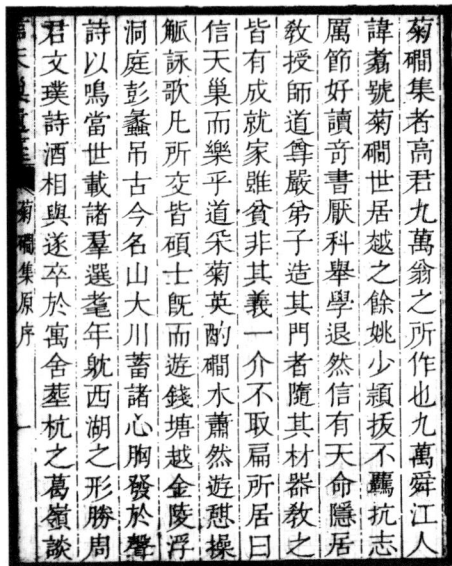

高翥《信天巢遗稿》书影，清高士奇辑刻本

育王老禅屡惠佳茗，比又携日铸为饷①，因言久则味失，师授以焙藏之法，必有以专之，笑谓非力所及，漫成拙语解嘲，录以为谢

郑清之

曾读茶经如读律，一物不备茶不出。

未论煮瀹应节度，第一收藏在坚密。

摘鲜封裹须焙芳，湿蒸为寇防侵疆。

朝屯暮蒙要微火②，九转温养如丹房③。

育王老慧老茶事，新授秘诀乃如此。

几番惠我先春芽，竭来细问茶何似。

我初谓师茶绝奇，十日之后如饮糜。

颇疑缁俗果异撰，良苦辄为居所移。

吾言未终师绝叫，为茶传法恨不早。

绮疏应合有司存④，料理如前毋草草⑤。

对师大笑面欲靴⑥，三年宰相食无鲑⑦。

长须赤脚供井臼⑧，荒寒正类山人家。

庪㢊炊尽瓶笙吼⑨，何曾敲雪春云走。

不如时扣赵州门⑩，侍者可人长摸首。

——选自郑清之《安晚堂集》卷六

【作者简介】郑清之（1176—1252），字德源，晚号安晚，鄞县人。嘉定十年（1217）进士。后因参与史弥远拥立理宗谋，获信任。绍定三年（1230）为参知政事。史弥远卒，拜右丞相兼枢密使。端平二年（1235）进左丞相。淳祐七年（1247）获准辞官。两年后复拜右丞相兼枢密使。著有《安晚堂集》。

【注释】①日铸：山名。在浙江省绍兴县（今绍兴市柯桥区）。以产茶著称，所产之茶即以"日铸"为名。　②屯、蒙：《易》之《屯》卦和《蒙》卦的并称。万物初生稚弱的样子。　③九转：道教谓丹的炼制有一至九转之别，而以九转为贵。这里用以形容焙茶。　④绮疏：指雕刻成空心花纹的窗户。应合：应和配合。司存：执掌，职掌。　⑤料理：照顾，照料。　⑥面欲靴：谓脸上皮肤差不多如同靴皮。形容满脸皱纹。⑦鲑（xié）：鱼类菜肴的总称。　⑧井臼：汲水舂米。　⑨甗（yǎn）廖（yí）：门闩。北齐颜之推《颜氏家训·书证》载："古乐府歌《百里奚词》曰：'百里奚，五羊皮。忆别时，烹伏雌，吹甗廖；今日富贵忘我为！'吹，当作炊煮之'炊'……然则当时贫困，并以门牡木作薪炊耳。"瓶笙：古时以瓶煎茶，微沸时发音如吹笙，故称。　⑩赵州：唐代高僧从谂的代称。相传赵州曾问新到的和尚曰："曾到此间？"和尚说："曾到。"赵州说："吃茶去。"又问另一个和尚，和尚说："不曾到。"赵州说："吃茶去。"院主听到后问："为甚曾到也云吃茶去，不曾到也云吃茶去？"赵州呼院主，院主应诺。赵州说："吃茶去。"赵州均以"吃茶去"一句来引导弟子领悟禅的奥义。见《五灯会元·赵州从谂禅师》。

和敬禅师茶偈（三首选二）

郑清之

饭罢茶来手接时，个中日日是真机。
建溪顾渚君休问①，冷暖如鱼只自知。

睡蛇缠绕黑甜时②，棒喝全提落钝机③。
管取一瓯先着到，三更日出有谁知。

——选自郑清之《安晚堂集》卷十一

【注释】①顾渚：山名，位于浙江省湖州市长兴县水口乡。以产紫笋茶闻名。　②睡蛇：喻烦恼困扰、心绪不宁的精神状态。黑甜：酣睡。苏轼《发广州》诗云："三杯软饱后，一枕黑甜余。"自注："俗谓睡为黑甜。"③棒喝：禅师接待初机学人，对其所问，不用言语答复，或以棒打，或以口喝，以验知其根机的利钝，叫"棒喝"。全提：完全提起宗门之纲要。

湖上口占①

郑清之

卖菂千艘底处藏②，娲天濯热卧湖光③。

山云既雨犹相逐，水草无花亦自香。

野径偏穿人借问，僧茶旋点客先尝。

翻思举世趋炎者，谁识蘋风五月凉④。

——选自郑清之《安晚堂集》卷九

【注释】①湖：指东钱湖。　②菂：茭菂，菏根。泛指水草。《至正四明续志》载："淳祐壬寅，郡守陈垲岁稔农隙行卖菂之策，随舟大小，菂之多寡，听其求售，交菂给钱。"底处：何处。　③娲天：女娲炼石补天，故称天为娲天。濯热：祛除炎热。　④蘋风：掠过蘋草之风，微风。

谢芝峰交承惠茶①

释智愚

拣芽芳字出山南，真味那容取次参。

曾向松根烹瀑雪，至今齿颊尚余甘。

——选自《虚堂和尚语录》卷七

【作者简介】释智愚（1185—1269），号虚堂，俗姓陈，象山人。为运庵普岩禅师法嗣，曾游江淮湘汉，遍历诸老宿之门。历住庆元府显孝寺、瑞岩开善寺等，宝祐四年（1256）入住阿育王山广利寺。有《虚堂和尚语录》传世。
【注释】①交承：谓前任官吏卸职移交，后任接替。

茶寄楼司令①

释智愚

暖风雀舌闹芳丛，出焙封题献至公②。
梅麓自来调鼎手③，暂时勺水听松风。

——选自《虚堂和尚语录》卷七

【注释】①楼司令：楼杖（1215—1265），字叔茂，号梅麓。鄞县人。端平中，沿江制置司干官。淳祐间知泰州军事。　②封题：物品封装妥善后，在封口处题签。　③调鼎手：调和五味之人。喻指理政治国之材。

谢茶

释智愚

一朵云生碧茶瓯，故交珍味远相投。
竹门白昼无闲客，失处谁能较赵州。

——选自《新撰贞和分类尊宿偈颂集》卷下

谢惠计院分饷新茶①

吴潜

乾坤正气清且劲，长挟春风作襟韵②。

不惟散满诗人脾，还入灵根苴苕颖③。

顾山仙人昙滞家，带春蒐摘黄金芽。

捣碎云英琢苍璧④，旋泻玉瓷浮白花。

半瓯和露沾喉吻，甘润绕肌香贯顶。

孔光贤处不脂韦⑤，长孺直时无苦梗⑥。

平生腐儒汤饼肠，不堪入饼分头纲⑦。

多君乡味裹将送⑧，谓我诗情应得尝。

分无蛾眉捧玉碗，亦乏撑肠五千卷⑨。

活火新泉点啜来⑩，俨若少阳人觌面⑪。

饮散登台嗅老香，却忆家山菊径荒。

明朝便作玉川子，两腋乘风归故乡⑫。

——选自吴潜《履斋遗集》

【作者简介】吴潜（1195—1262），字毅夫，号履斋，安徽宁国人。嘉定十年（1217）进士。淳祐十一年（1251）入为参知政事，拜右丞相兼枢密使。宝祐四年（1256）以观文殿大学士、沿海制置大使判庆元府。后改知平江府、淮东总领兼知镇江府。进工部尚书，改礼部尚书兼知临安府。著有《四明吟稿》等。
【注释】①计院：宋代三司使的地位与中书省的参知政事和枢密院的枢密使相等，因称三司为"计省"或"计院"。　②襟韵：胸怀气度。　③苕颖：泛指植物的花、穗及其茎。　④苍璧：亦称"苍龙璧"。宋代"龙团"贡茶的别称。　⑤孔光：字子夏，鲁国（今山东曲阜）人。孔子十四代孙，西汉大臣。为官严守秘密，坚持原则。曾任御史大夫、廷尉，于法律颇为擅长。因在朝中力主扶正除邪，一度罢相，后又复职。脂韦：油脂和软皮。《楚辞·卜居》载："宁廉洁正直以自清乎？将突梯滑稽，如脂如韦，以絜楹乎？"后因以"脂韦"比喻阿谀或圆滑。　⑥长孺：汲黯，字长孺，濮阳

（今河南濮阳）人。汉景帝时任太子洗马。武帝时出为东海太守，有治绩。召为主爵都尉，列于九卿。好直谏廷诤。　⑦头纲：指惊蛰前或清明前制成的首批贡茶。宋熊蕃《宣和北苑贡茶录》载："自惊蛰前兴役，浃日乃成。飞骑疾驰，不出中春，已至京师，号为头纲。"　⑧多君：犹言赞君。多，称美。　⑨撑肠：犹满腹。多喻饱学。　⑩活火：有焰的火，烈火。⑪觌面：当面，迎面，见面。　⑫两腋：卢仝《走笔谢孟谏议寄新茶》诗说喝茶到七碗，有"惟觉两腋习习清风生"之句，此化用之。

摘茶

释大观

拂曙课僮仆，烟郊动霁光。

丛丛齐脱颖，采采不盈筐。

宿露沾衣重，春风透爪香。

啜山休借助①，九地已升阳。

——选自释大观《物初剩语》卷六

【作者简介】 释大观（1201—1268），字物初，俗姓陆，鄞县人。晚依北礀禅师于南屏，十年后机语契合，遂大发明。后屡迁名刹，至坐育王道场，宗杲宗风为之一振。著有《物初剩语》。

【注释】 ①啜山：宋赵汝砺《北苑别录·开焙》载："按《建安志》：候当惊蛰，万物始萌，漕司常先三日开焙，令春夫啜山以助和气。"今俗作"喊山"。

蜡茶二首①

释大观

璧碎圭零不自珍②，乳云深瀹建溪春③。

膏油首面方谐俗④，澹赏全归我辈人。

午窗梦绪惯逢迎，杵臼惊闻隔竹声。
未啜睡魔先辟易⑤，策勋不战屈人兵⑥。

——选自释大观《物初剩语》卷七

【注释】①蜡茶：茶的一种，以其汁泛乳色，与溶蜡相似，故名。也写作腊茶。　②璧碎圭零：残缺不全的圭宝和璧玉。　③建溪春：建茶。④膏油首面：宋人造团茶，常以油膏饰其外表，使光洁鲜亮。苏轼《次韵曹辅寄壑源试焙新芽》诗云："要知冰雪心肠好，不是膏油首面新。"⑤辟（bì）易：退避，避开。　⑥策勋：记功勋于策书之上。

戏次胜叟索茶、笋韵①（二首选一）

释大观

轻诺弗偿惭季布②，嗜茶如蜜笑卢同③。
一杯遣入松声鼎，天籁非干众窍风④。

——选自释大观《物初剩语》卷七

【注释】①胜叟：宗定，字胜叟，四川潼川人。临济宗虎丘派痴绝道冲禅师法嗣。曾与大观同在北磵居简门下学法。大观曾为《定胜叟文集》作序。②季布：秦末汉初楚国人，曾做过项羽的大将，归顺西汉高祖刘邦后，担任河东太守。他以侠义闻名，重守诺言，因此人们常说："得黄金百斤，不如得季布一诺。"参见司马迁《史记·季布栾布列传》。　③卢同：即卢仝。　④众窍：众多的孔穴。

秋房楼侍郎绘寿容为四时①，日竹里煎茶，日松溪濯足，日篱边采菊，日雪坞寻梅，命余赋之各一（选一）

释大观

不放繁红到眼前，竹光苔色净相连。

沸铛忽报新芽熟，共啜春风些玉川。

——选自释大观《物初剩语》卷七

【注释】①秋房楼侍郎：楼治，字秋房，鄞县人，楼钥之子。曾任侍郎之职。

望江南·茶

吴文英

松风远，莺燕静幽坊。妆褪宫梅人倦绣，梦回春草日初长①。瓷碗试新汤。　笙歌断，情与絮悠扬。石乳飞时离凤怨②，玉纤分处露花香。人去月侵廊。

——选自吴文英《梦窗稿》

【作者简介】吴文英（1200？—1260？），字君特，号梦窗，晚年又号觉翁，四明人。一生未第，游幕终身，于苏州、杭州、越州三地居留最久，晚年一度客居越州，先后为临安守袁韶、浙东安抚使吴潜及嗣荣王赵与芮门下客。工词，有《梦窗甲乙丙丁稿》传世。
【注释】①梦回：梦醒。　②石乳：茶名。宋顾文荐《负暄杂录·建茶品第》载："又一种茶，丛生石崖，枝叶尤茂。至道初，有诏造之，别号石乳。"

天童知客①

释正忠

月团秋碾鄞江壁，蟹眼松翻万树涛②。

苦口为他门外客，可无半个齿生毛③？

——选自【日】芳泽胜弘编注《江湖风月集译注》卷下

【作者简介】释正忠，字月庭，灵隐退耕宁禅师法嗣。活动于宋末元初。
【注释】①知客：佛寺中专管接待宾客的僧人。又称典客、典宾。　②蟹眼：比喻水初沸时泛起的小气泡。宋庞元英《谈薮》载："俗以汤之未滚者为盲汤，初滚者曰蟹眼，渐大者曰鱼眼，其未滚者无眼，所语盲也。"③齿生毛：板齿（门牙）上不可能生毛，禅宗因用齿生毛来比喻不可思议的禅境。

瑞鹤仙

陈允平

故庐元负郭①。爱树色参差，湖光渺漠②。楼危万山落。俯阑干十二③，郸檐飞角④。花娇柳弱，映轻黄、浅黛依约⑤。与沙鸥、共结新盟，伴我醉眠醒酌。　萧散云根石上⑥，瀹茗松泉⑦，注书芸阁⑧。莺窥燕幕，檐外竹、囿中药。念耕烟钓雪⑨，已成活计⑩，一任风波自恶。但无心，万事由天，梦中更乐。

——选自陈允平《西麓继周集》

【作者简介】陈允平，字君衡，一字衡仲，号西麓，鄞县人。淳祐三年（1243）为余姚令，罢去，往来吴越间，并留杭甚久，放浪山水间。德祐年间，授沿海制置使参议官。至元十五年（1278），以仇家告变，被捕，因同官袁洪援救得脱。自是杜门不出，为山中楼题上"万叠云"匾额。宋亡后，征至大都，不受官放还。著有《西麓诗稿》《西麓继周集》《日湖渔唱》。

【注释】①元：同"原"。　②渺漠：广漠无际。　③阑干十二：十二曲的栏杆。　④軃（duǒ）：下垂。　⑤依约：隐约。　⑥萧散：闲散舒适。　⑦瀹茗：煮茶。　⑧芸阁：这里指书斋。　⑨耕烟钓雪：指隐居生活。　⑩活计：生计。

三月廿五日醵饮于西峰寺^①，分韵得因字

陈著

> 芒穿不借踏青晨^②，信与林泉有宿因^③。
> 忙里偶成真率会^④，醉来不省乱离身。
> 归途西岭何妨晚，吹雨南风正送春。
> 烧笋煮茶须再到，一山古意要诗人。

——选自陈著《本堂集》卷十五

【作者简介】陈著（1214—1297），字子微，号本堂，晚年号嵩溪遗耄，鄞县人。宝祐四年（1256）进士。景定元年（1260）为白鹭书院山长。景定四年（1263），除著作郎，以忤贾似道，出知嘉兴县。咸淳十年（1274），以监察御史知台州。宋亡，隐居四明山中。著有《本堂集》。

【注释】①醵饮：凑钱饮酒。西峰寺：在今奉化岩头村西南。光绪《奉化县志》卷十五《寺观下》载："西峰禅寺：县西南七十里。唐咸通九年僧卓庵建，名西峰院。宋嘉祐间真禅师重建，治平二年改圆觉院，明洪武初改今名。"　②不借：草鞋。以贱而易敝，不借于人，故名。　③宿因：佛教语。前世的因缘。　④真率会：宋司马光罢政在洛，常与故老游集，相约酒不过五行，食不过五味，号"真率会"。见宋邵伯温《闻见前录》卷十。

次韵如岳惠茶①

陈著

槐窗梦断凤团香②，松涧分来雀嘴尝③。

勾引清风发吟兴，与师意思一般长。

——选自陈著《本堂集》卷三

【注释】①如岳，号松涧，曾为奉化上乘寺主僧、慈溪赭山寺居僧。②梦断：梦醒。凤团：宋代贡茶名。用上等茶末制成团状，印有凤纹。这句是说品尝凤团茶的梦已经破灭了。 ③雀嘴：茶名。明杨守陈《宁波杂咏》云："雷惊雀嘴茶。"

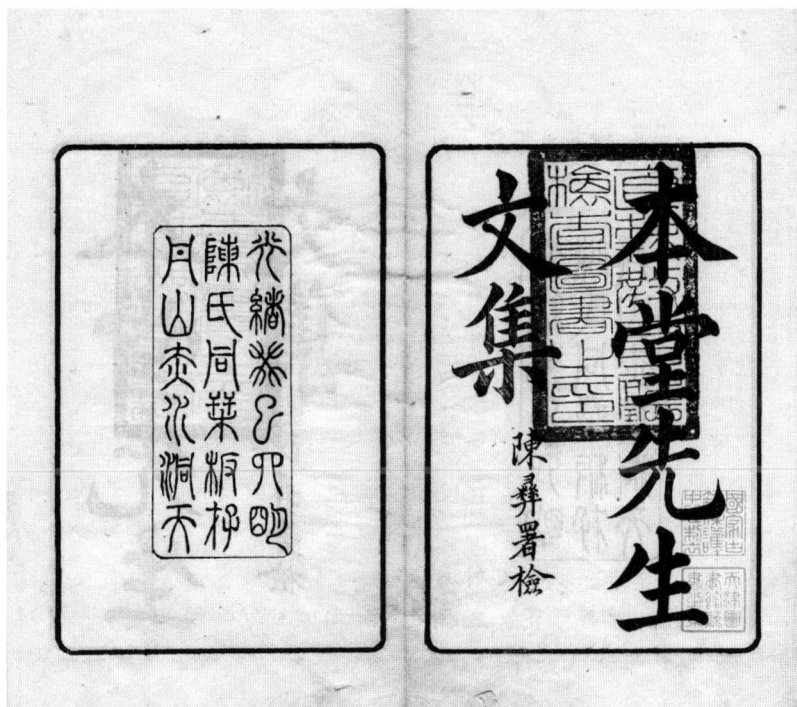

陈著《本堂先生文集》书影，清光绪十九年刻本

次韵鹿苑寺一览阁主岳松涧送茶^①

陈著

鹿苑书来字字香，满奁雀舌饷新尝。
有时独坐相思处，一顶松风午韵长。

——选自陈著《本堂集》卷三

【注释】①鹿苑寺：即上鹿苑寺，在嵊县剡源乡（今嵊州长乐镇）。陈著
《与陈监丞》书云："故主僧如岳昔于剡上鹿苑有一览阁，辱为吟八句。"
《嘉泰会稽志》卷八《寺院·嵊县》载："上鹿苑寺：在县西四十五里，寺
山自太白山来。宋元嘉七年，姚圣姑于西白山造寺，赐披云院额。会昌
废。咸通七年重建，改咸通披云院。晋天福七年，吴越改披云寺。"

次云岫惠茶^①

陈著

满啜禅林五味茶^②，清风吹散事如麻。
客中邂逅真奇绝，不比寻常贼破家^③。

——选自陈著《本堂集》卷五

【注释】①云岫：云岫，字云外，别号方岩。昌国安期乡人。从直翁德举
得度，并嗣其法。历住慈溪石门、象山、智门、天宁、天童等寺。为曹洞
宗传人。　②五味：泛指各种滋味。　③贼破家：典出黄庭坚《煎茶
赋》："寒中瘠气，莫甚于茶。或济之盐，勾贼破家，滑窍走水，又况鸡苏
之与胡麻。"意谓在上等茶中加盐等佐料，是"勾贼破家，滑窍走水"，完
全破坏了茶味。

次韵戴帅初觅茶子二首①

陈著

风流清苦自成家，要撷春香煮雪花。
知味不随鸿渐唾②，剡翁自种剡翁茶。

新诗着意不曾疏，苦觅茶栽胜索租③。
搜送坚霜千碧颗，难酬五十六明珠。

——选自陈著《本堂集》卷五

【注释】①戴帅初：戴表元，字帅初，又字曾伯，号剡源，奉化人。
②鸿渐：陆羽之字。　③茶栽：茶子。陈著此诗所写戴氏种茶，无疑是
采用了种子直播的有性繁殖方法。

似僧一宁①

陈著

邂逅交情云水间，茶瓯香鼎话清闲。
他年燕坐千峰上②，认取一山山外山。

——选自陈著《本堂集》卷六

【注释】①似：赠。一宁：作者自注："号一山。"按一山一宁（1247—
1317）系浙江临海人，得法于顽极行弥禅师。元至元二十一年（1284），
出主昌国祖印寺。至元三十一年（1294），为普陀寺住持，清谨自持，为
道俗所尊仰。大德二年（1298）以元朝使节身份赴日。　②燕坐：指
坐禅。

到永固寺访曹约斋①

陈著

本是尘埃客，夤缘到上方②。
茶尝新雨味，酒吸绿阴香。
半日清风古，百年佳话长。
悠悠一俛仰③，我欲愒斜阳。

——选自陈著《本堂集》卷八

【注释】①永固寺：在今奉化区溪口镇剡源村三石山丹霞洞下，今仅存遗址。曹约斋：作者自注："名说。"按，曹说（1221—1282），字习之，号泰宇，奉化人。经学颇有造诣。　②夤缘：攀缘。上方：指佛寺。　③俛仰：俯仰。

呈雪窦僧野翁①

陈著

雨屋又留连，回头七载前。
同游半黄土，百感两霜巅②。
睡醒茶为崇，吟清山结缘。
他年北窗下，谁复对床眠。

——选自陈著《本堂集》卷九

【注释】①野翁：炳同（1223—1302），字野翁，自号少野，浙江新昌人。景炎元年（1276）住持奉化雪窦寺。因山中多虎豹，小儿常横遭不测，师为作《驱虎行》。不久转住鄞县伏锡寺。晚年又住雪窦寺。　②霜巅：白发。

春晚课摘茶①

陈著

玉川子后是吾生②，自课园中拾晚荣。
挽雨金芒排世好，饱春翠瓣见天成③。
不烦钲鼓腾山嗷④，剩有旗枪战酒兵⑤。
凤舞赐团今绝想⑥，只凭苦硬养幽清。

——选自陈著《本堂集》卷十五

【注释】①课：督促。　②玉川子：唐代诗人卢仝喜饮茶，尝汲玉川之水煎煮，故自号玉川子。　③翠瓣：一本作"香瓣"。　④钲鼓：钲和鼓。古代行军或歌舞时用以指挥进退、动静的两种乐器。腾山嗷：即后世所称喊山之俗。参见释大观《摘茶》诗"嗷山"注。　⑤旗枪：绿茶名。由带顶芽的小叶制成。茶芽刚刚舒展成叶称旗，尚未舒展称枪，至二旗则老。参阅宋王得臣《麈史》卷中。酒兵：指酒。　⑥凤舞赐团：即"龙凤团茶"，北宋贡茶，茶饼上印有龙凤形纹饰，后渐被散茶替代。

偶成

陈著

生计何曾问有无，心安便是邵尧夫①。
挽春菜奉清饕味②，耐冻梅呈本相癯③。
闭户茶香浮雪屋，推窗山影落冰壶。
终朝幸自无他事，忽听儿童报索租。

——选自陈著《本堂集》卷十九

【注释】①邵尧夫：邵雍，字尧夫，谥号康节，北宋著名的象数论思想家。

邵雍有《心安吟》云："心安身自安，身安室自宽。心与身俱安，何事能相干。"　②挽春：争春。　③癯：瘦。

自归耕篆畦^①，见村妇有摘茶、车水、卖鱼、汲水、行馌、寄衣、舂米、种麦、泣布、卖菜者，作十妇词（选一）

舒岳祥

前垄摘茶妇，顷筐带露收。

艰辛知有课，歌笑似无愁。

照水眉谁画，簪花面不羞。

人生重容貌，那得不梳头。

——选自舒岳祥《阆风集》卷三

【作者简介】舒岳祥（1219—1298），字景薛，一字舜侯，人称阆风先生，宁海香山牌门舒人。宝祐四年（1256）进士，授奉化尉。友人陈蒙总饷金陵，聘岳祥入总幕，与商军国之政，暇则谈文讲道。后多次应荐入朝。贾似道当国，辞职回家。宋亡后，隐匿乡里。与奉化戴表元、鄞县袁桷等交往甚密。晚年潜心于诗文创作，有《阆风集》。
【注释】①篆畦：舒家宅西之小园。

夏日山居好（十首选一）

舒岳祥

夏日山居好，凉风树下生。

三茶还可瀹，二韭尚堪烹^①。

永日闲言语，平生实讲明。

半空飞赤电，燕坐不须惊②。

——选自舒岳祥《阆风集》卷四

【注释】①二韭：两道韭菜。典出《洛阳伽蓝记》卷三："（陈留侯李崇）性多俭吝，恶衣粗食，常无肉味，止有韭茹。崇客李元佑语人云：'李令公一食十八种。'人问其故，元佑曰：'二九一十八。'闻者大笑。"　　②燕坐：安坐。

昼睡

舒岳祥

生平慕睡乡，逃暑最为良。

渴爱煎茶响，饥闻煮粥香。

百年依白社①，一枕熟黄粱②。

童懒呼难动，贪眠到夕阳。

——选自舒岳祥《阆风集》卷五

【注释】①白社：指某个社团，或为白莲社的省称。　　②一枕熟黄粱：唐沈既济《枕中记》载："卢生欠伸而寤，见其身方偃于邸舍，吕翁坐其傍，主人蒸黍未熟，触类如故。生蹶然而兴，曰：'岂其梦寐也？'"后用以比喻人生虚幻。

绿阴

舒岳祥

野色蒙茸翠羽盖①，山光澹荡碧油幢②。

午烟时引煎茶灶，晓雾还沾读易窗。

隐映掷金莺点点③，分明藉玉鹭双双。

莫疑蛇动杯中影④，一笑开襟钓大江。

——选自舒岳祥《阆风集》卷六

【注释】①翠羽盖：饰以翠羽的车盖。　　②澹荡：犹骀荡。谓使人和畅。多形容春天的景物。碧油幢：青绿色的油布车帷。　　③掷金：宋祝穆《古今事文类聚后集》卷四十五《羽虫部·莺》引唐诗："莺掷金梭织柳丝。"　　④蛇动杯中影：将映在酒杯里的弓影误认为蛇，从而引起恐惧。典出汉应劭《风俗通义·世间多有见怪》："时北壁上有悬赤弩，照于杯中，其形如蛇。宣畏恶之，然不敢不饮。"

六月朔日再会，再次韵与胡氏谦避暑①

戴表元

台屋深难暑，湖林近易风。

高歌送长日，醉眼睨凉空。

雀舌纤纤碧②，鸡头淡淡红。

行藏数子别，谈笑一樽同。

——选自戴表元《剡源集》卷二十九

【作者简介】戴表元（1244—1310），字帅初，一字曾伯，晚年自号剡源先生，奉化人。咸淳中入太学，七年（1271）中进士。教授建宁府，迁临安教授。入元于大德八年（1304）以荐为信州教授。调婺州，以疾辞。著有《剡源集》。

【注释】①胡氏谦：字牧之，别号东斋，奉化人。　②雀舌：绿茶名。

拜袁越公墓①，因游定水寺②，有怀源老③

戴表元

乃翁已作飞仙去，犹得潭潭好墓田④。

老树背风深拓地，野云依海细分天。

青峰晓接鸣钟寺，玉井秋澄试茗泉⑤。

我与源公旧相识，遗言潇洒有人传。

——选自戴表元《剡源集》卷二十九

寒食^①

戴表元

寒食清明却过了，故乡风物只依然。
穷中有客分青饭^②，乱后谁坟挂白钱^③。
落魄暖春为麦地，阴沉潦雨近梅天。
闲情正尔无归宿，石鼎新芽手自煎^④。

——选自戴表元《剡源集》卷三十

【注释】①此诗作于壬午年（1282）。　　②青饭：即青精饭，也称乌米饭。　　③白钱：纸钱。　　④石鼎：陶制的烹茶用具。

四明山中十绝·茶焙^①

戴表元

山深不见焙茶人，霜日清妍树树春。
最有风情是岩水，味甘如乳色如银。

——选自戴表元《剡源集》卷三十

【注释】①茶焙：即今余姚市四明山镇茶培村。

七次韵示邻友

戴表元

杜宇冈前红树低，荼蘼坡上碧云齐。
相逢欲唱谁家曲①，未死还消几瓮齑。
山市焙开香雀舌，村祠鼓散醉豚蹄。
天晴作急修游事，休待春花落满溪。

——选自戴表元《剡源佚诗》卷四

【注释】①唱谁家曲：禅者斗机锋，常有"师唱谁家曲，宗风嗣阿谁"之问。谓你唱的是哪家的曲子，暗指念经继承的是哪家的宗派。戴诗借指邻友诗歌不知宗法哪一家。

煎茶

释觉圆

寒泉煮烂建溪春①，鼎沸松涛万壑声。
一啜清风生两腋，睡魔欲退百千兵。

金扈终日酌流霞②，何似山家苦酽茶③。
涧水松钗烹石鼎④，玻璃满泛碧桃花⑤。

——选自释觉圆《镜堂录》

【作者解释】释觉圆（1244—1306），号镜堂，西蜀（四川崇庆）人。参天童寺环溪惟一禅师，嗣其法。1279年，日僧使者到达天童山，祖元接受了时宗的招聘，带着法侄镜堂觉圆、弟子梵光一镜等航海。镜堂先后住镰仓禅兴寺、净智寺，后至圆觉寺接替大休正念任住持，并兼主建长寺，最后奉诏住京都建仁寺。后世称其法派为镜堂派，为日本禅宗二十四派之一。

【注释】①建溪春：建茶。　②金厄：金制酒器，亦为酒器之美称。　③酽茶：浓茶。　④松钗：松叶。因其双股如钗状，故名。宋周密《癸辛杂识前集·松五粒》："凡松叶皆双股，故世以为松钗。"　⑤玻璃：形容水平如镜的碧波。

茶瓢

释觉圆

葛藤窠里翻身出①，满肚含藏多少春。

硬嚗嚗兮干嚗嚗②，为人彻困没疏亲③。

——选自释觉圆《镜堂录》

【注释】①这句本意为茶瓢是由藤结出的果实。同时也有双关义。禅宗常以葛藤喻指佛经。葛藤窠里喻指纠缠在语言文句上。如元代临济宗天目明本禅师云："后代以来，宗门下不合有许多露布葛藤。往往脚未跨门，便被此一等语言引诱将去，堕在葛藤窠臼中。唤作佛法，唤作禅道，流入知解罗网中不得出头。惟益多闻，乃所知障，于道实不曾有交涉。"（《天目明本禅师杂录》）禅宗反对仅凭知解读诵佛经，力倡证悟。　②硬嚗嚗：硬得能够出声。嚗（bó）：象声词。这句本意是形容茶瓢又硬又干。同时也有双关义。禅宗常以硬嚗嚗、干嚗嚗形容禅人真正摆脱语言文字的束缚。温州江心一山了万禅师云："我辈人干嚗嚗，硬嚗嚗，净裸裸，赤洒洒。何曾有许多事。可怪陈睦州见僧入门便道现成公案，放汝三十棒。"（《增集续传灯录》卷三）又《慈受怀深禅师广录》云："说硬嚗嚗地禅，行实逼逼地事。"此处兼用杨歧方会禅师的典故。《杨歧方会和尚语录》云："杨畋提刑山下过，师出接。……师乃献茶信。杨云：'者个却不消得，有甚干嚗嚗底禅，希见示些子。'师指茶信云：'者个尚自不要，岂况干嚗嚗底禅？'"　③彻困：解除困乏。没亲疏：没有亲疏之分。这句是说茶瓢所盛之茶能助任何人解除困乏。同时也有双关义，意指真正的禅能帮助任何人解除人生的困惑。

新茶上太守①

释觉圆

春露亲收谷雨前，工夫磨炼味完全。

不辞千里表芹意②，十袭珍藏上大贤③。

——选自释觉圆《镜堂录》

【注释】①此诗作于日本，太守指日本太守。　②芹意：谦词，微薄的情意。　③十袭：同什袭，把物品一层又一层地包裹起来，以示珍贵。

短歌行①

任士林

道路痴儿长梦饭②，我亦时蒙客推挽③。

五年浪为安石出④，伐树归来布衫短⑤。

博士春风洒墨花⑥，吹我长鬛登前阪⑦。

风高阪峻眼神寒，帖耳依然舐空栈。

作书已报草堂人，日办新茶三百盏⑧。

——选自明抄本《诗渊》第4004页

【作者简介】任士林（1253—1309），字叔实，号松乡，奉化人。大德间教谕上虞，后讲道会稽，授徒钱塘。至大元年（1308），中枢左丞郝天挺以事至杭，闻士林名，举之行省，任安定书院山长。不久得疾，卒于杭州客舍。著有《松乡集》。

【注释】①短歌行：《乐府·相和歌·平调曲》的乐曲名，因其声调短促，故名。多为宴会上唱的乐曲。　②痴儿：俗言庸夫俗子。梦饭：苏轼《次韵孔毅甫久旱已而甚雨三首》诗云："饥人忽梦饭甑溢，梦中一饱百忧失。"赵次公注："梦饱事出佛书。黄鲁直亦云：'饥人常梦饱，病人常梦医。'"　③推挽：比喻引进、荐举。　④安石：东晋谢安之字。《晋书·谢安传》载："中丞高崧戏之曰：'卿累违朝旨，高卧东山，诸人每相与言：安石不肯出，将如苍生何？苍生今亦将如卿何？'"　⑤伐树：《史记·孔子世家》载："孔子去曹适宋，与弟子习礼大树下。"宋司马桓魋欲杀孔子，拔其树。孔子去。"拔树"后皆作"伐树"。《列子·杨朱》载："孔子明帝王之道，应时君之聘，伐树于宋，削迹于卫。"伐树削迹意为砍去树木，削掉踪迹。比喻正派的人受到权贵者的畏忌而不见容于世，面临危险和威胁。　⑥博士：学官名。洒墨花：挥毫。　⑦长鬣：代指马匹。阪：山坡。　⑧办：置备。

寄贤佐楼俌

杜国英

懒居盘谷喜居尘，只为穷吟雪满颠。

门巷绿阴浓泼地，家园紫笋直参天。

楝花风起鱼先熟①，梅子雨寒蚕未眠。

何日东湖湖上去②，笔床茶灶共游船。

——选自《永乐大典》卷一万四千三百八十三

【作者简介】杜国英（1260—1331），字臣杰，鄞县人。元初曾官从仕郎等，擅诗，著有《东洲诗集》。

【注释】①楝花风：二十四番花信风之一，时当暮春。　②东湖：指鄞县东钱湖。元戴良《二灵山房记》载："鄞之名山水，不可以一二数，而东湖为最奇。东湖之名山水，不可以一二数，而二灵为最奇。"清全祖望《万金湖铭》云："甬东七十二溪之水会于横溪，而以其泄入江流也，潴之为湖，其名曰万金湖，亦曰钱湖，言其利之重也。其支则有所谓南湖、沧湖、梅湖之属。唐人谓之西湖，宋人谓之东湖，说者以为前此县治置于江东则西之，其后迁于江西则东之。"清李暾《修东钱湖议》云："鄞治东三十余里，有湖曰东湖。"

送赵君佐茶使

袁桷

淮南食茗如食粥，清晓烹烟出茅屋。

生来不识太官羊①，翁媪相看夸不足。

连纲贡余知几春②，排樯接缆来仪真③。

莫言此物常苦饥，船中估客肉常肥④。

——选自袁桷《清容居士集》卷六

【作者简介】袁桷（1266—1327），字伯长，自号清容居士，鄞县人。少为丽泽书院山长。大德初，荐为翰林国史院检阅官，历集贤直学士、侍讲学士。泰定初辞官家居。著有《清容居士集》《延祐四明志》等。

【注释】①太官：秦有太官令、丞，属少府。两汉因之。掌皇帝膳食及燕享之事。北魏时太官掌百官之馔，属光禄卿。北齐、隋、唐因之。宋代以后，皇帝膳食归尚食局，太官只掌祭物。　②连纲：旧时成批运输货物的组织曰纲，其运输船只或队伍连绵不断，称之"连纲"。　③仪真：即今江苏扬州之仪征市。　④估客：即行商。

煮茶图·山泽居

袁桷

石窗山樵晋公子①，独鹤萧萧烟竹里。

月湖一顷碧琉璃，高筑虚堂水中沚。

堂深六月生凉秋，万柄风摇红旖旎。

遵南更有山泽居②，四面晴峰插天倚。

忆昔玉门豪盛时③，甲族丁黄总朱紫④。

晓趋黄阁袖香尘⑤，俯首脂韦希嶲美⑥。

一官远去长安门，德色欣欣对妻子。

岂如高怀脱荣辱，妙出清言洗纨绮。

郡符一试不挂意⑦，岸帻看云卧林墅⑧。

平生嗜茗茗有癖，古井汲泉和石髓⑨。

风回翠碾落晴花，汤响云铛窈珠蕊。

齿寒意冷复三咽，万事无言归坎止⑩。

何人丹青悟天巧，落笔毫茫研妙理。

黄粱初炊梦未古，旧事凄零谁复纪。

展图缥眇忆遗踪，玉佩珊珊响秋水⑪。

——选自袁桷《清容居士集》卷七

【注释】①石窗山樵：史文卿自号。史文卿，鄞县人，史弥正之后，曾知处州。　②遵：循着，沿着。　③玉门：豪门。史氏祖上号称"一门三宰相，四世两封王"，故云。　④甲族：世家大族。丁黄：指人口。宋岳珂《金佗续编》卷二十六载："丁黄数十万，皆自岳枢相恩德保全之所由出。"朱紫：谓红色、紫色官服。古代高级官员的服色或服饰。⑤黄阁：指宰相官署。　⑥嶲美：当即"隽美"，犹优美。　⑦郡符：郡太守的符玺。郡符一试，指参加府学之试。　⑧岸帻：推起头巾，露出前额。形容态度洒脱，或衣着简率不拘。　⑨石髓：即石钟乳。⑩坎止：谓遇险而止。语本《汉书·贾谊传》载："乘流则逝，得坎则止；纵躯委命，不私与己。"　⑪珊珊：形容衣裙玉珮的声音。

春阴

袁桷

寂寂春阴半，南来未识花。

故乡忆寒食，细雨摘新茶。

物色供诗句，风沙入鬓华。

山林元未改，客路独乌纱^①。

——选自袁桷《清容居士集》卷九

远客三丰，亲友简绝^①，
独开元邻僧以书、茗相寄^②

袁桷

廿载神京汗漫游^③，玉堂深处得无愁^④。

随龙北上迷三伏^⑤，送雁南归忆九秋。

亲友共嫌疏问信，律师屡约劝归休。

南湖日出西湖月^⑥，应许明年共泛舟。

——选自袁桷《清容居士集》卷十二

【注释】①简绝：隔绝，属于问询。　②开元：甬上寺名。《宝庆四明志》卷十一"十方律院六"下云："开元寺：鄞县南二里，唐开元二十八年建，以纪年名。"后亦称五台开元寺。袁桷《延祐四明志》卷十六载："五台开元寺……皇朝至元二十六年复火，今起盖渐完。"此诗所云"开元邻僧"当即开元奎律师。袁桷《寄开元奎律师二首》之一云："开元古坛主，老至律精严。洗钵鱼游水，开门鹤入帘。拾薪供茗具，滴露写经签。已悟如来意，看花不用拈。"　③神京：帝都，首都。这里指大都。汗漫：形容漫游之远。　④玉堂：官署名。宋以后翰林院称玉堂。延祐元年（1314），袁桷任翰林国史院检阅官。　⑤随龙北上：指袁桷自延祐元年以来四次扈跸上都开平府（位于今内蒙古自治区锡林郭勒盟正蓝旗上都河镇东北20千米处，地处滦河上游闪电河北岸水草丰美的金莲川草原上）。三伏：《鄞西高桥章氏宗谱》卷四《岁时风俗志·三伏》云："夏至日起第三庚为初伏，第四庚为中伏，立秋后初庚为末伏。"　⑥南湖：此指日湖，为开元寺所在地。清陈定观《留鹤仙馆序》载："日湖偏于城南，故一名南湖。"西湖：指月湖。同治《鄞县志》卷五《山川下·湖》"月湖"条云："在城东南隅曰日湖，久湮，仅如污泽。独西隅存焉，曰月湖，又曰西湖。"

商隐长老以余归①，喜溢翰墨，愧叹之余，次韵以谢

袁桷

少年学道恶加鞭，掩息支颐绝语言②。
玉几老禅曾对坐③，茶瓯如雪闭寮门④。

——选自袁桷《清容居士集》卷十三

【注释】①商隐长老：释起予，号商隐，育王横川如珙禅师法嗣。住四明车厩呑开寿寺、丈亭甘露寺。与袁桷多有唱和。　②支颐：以手托下巴。③玉几：山名，在阿育王寺前，故用以代指阿育王寺。　④寮门：僧舍之门。

育王长老见惠茶瓜，次韵奉答（三首选一）

袁桷

迸石春芽宝所藏，枯松手拾许深烹。
能令星斗珠玑绽，要使江山锦绣张。

——选自袁桷《清容居士集》卷十三

次韵继学途中竹枝词^①（十首选一）

袁桷

山后天寒不识花，家家高晒芍药芽^②。
南客初来未谙俗，下马入门犹索茶。

——选自袁桷《清容居士集》卷十五

【注释】①继学：王士熙，字继学，东平人。时官待制，与虞集、袁桷时相唱和。此组诗作者收入《开平第三集》，据其自序，则为至治元年（1321）四月与东平王士熙扈跸开平的途中所作。　②芍药芽：蒙古人习惯采摘草原芍药嫩芽，晒干以泡茶，称作"滦京琼芽"。

【黄钟】人月圆·山中书事

张可久

兴亡千古繁华梦，诗眼倦天涯^①。孔林乔木^②，吴宫蔓草，楚庙寒鸦^③。　数间茅舍，藏书万卷，投老村家。山中何事，松花酿酒，春水煎茶。

——选自吕薇芬、杨镰《张可久集校注》

【作者简介】张可久（1270？—1350？），原名久可，字可久，号小山，庆元（今宁波）人。至大、延祐间长期生活在杭州，与贯云石等优游湖山间。后任绍兴路吏，历衢州、婺州路吏，后至元年间在桐庐典史任上。至正初，改徽州松源监税。至正九年（1349），在昆山任幕僚，出入于顾瑛玉山草堂。以散曲闻名，有《苏堤渔唱》《小山乐府》等传世。

【注释】①诗眼：诗人的赏鉴能力、观察力。　②孔林：孔子的墓地。
③楚庙：楚宫的宗庙。

【南吕】四块玉·乐闲

张可久

远是非，寻潇洒。地暖江南燕宜家，人闲水北春无价。一品茶，五色瓜^①，四季花。

——选自《张可久集校注》

【注释】①五色瓜：即东陵瓜。汉初有召（邵）平，本秦东陵侯，秦亡，为民，种瓜于长安城东青门，故称。南朝梁任昉《述异记》卷下载："吴桓王（指孙策，谥号桓王）时，会稽生五色瓜。吴中有五色瓜，岁时充贡献。"

【中吕】上小楼·春思（十五首选一）

张可久

东风酒家，西施堪画。打令续麻^①，撅竹分茶^②，傍柳随花^③。不上马，手厮把^④，传情罗帕^⑤，小红楼断桥直下。

——选自吕薇芬、杨镰《张可久集校注》

【注释】①打令：或为行酒令。续麻："顶真续麻"的简称。古时酒令、诗、词、曲中的一种修辞格式。前句末字即作为后句首字，递接而下。②撅竹：博戏名。颠动竹筒使筒中某支竹签首先跌出，视签上标志以决胜负。元关汉卿《一枝花·不伏老》套曲云："愿朱颜不改常依旧，花中消遣，酒内忘忧。分茶撅竹，打马藏阄。"　③傍柳随花：春天依倚花草柳树而游乐。　④手厮把：手拉着手。厮，相互。　⑤罗帕：丝织方巾。旧时女子既作随身用品，又作佩戴饰物。

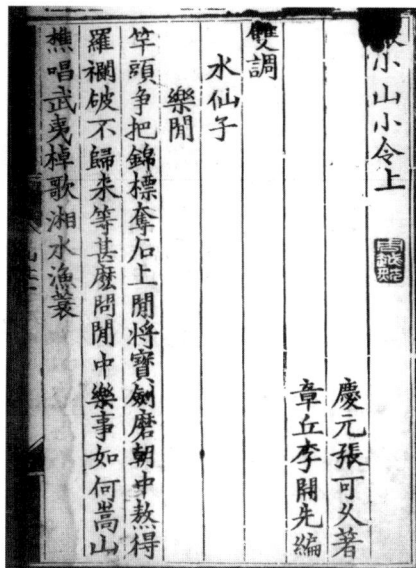

明嘉靖刻本李开先编《张小山小令》书影

【中吕】红绣鞋·山中

张可久

黄叶青烟丹灶，曲阑明月诗巢，绿波亭下小红桥。老梅盘鹤膝，新柳舞蛮腰①，嫩茶舒凤爪。

——选自吕薇芬、杨镰《张可久集校注》

【注释】①蛮腰：典出唐孟棨《本事诗·事感》："白尚书（白居易）姬人樊素善歌，妓人小蛮善舞。尝为诗曰：'樱桃樊素口，杨柳小蛮腰。'"

【商调】梧叶儿·雪中

张可久

乘兴诗人棹①，新烹学士茶②，风味属谁家？瓦甓悬冰箸③，天风起玉沙，海树放银花。愁压拥蓝关去马④。

——选自吕微芬、杨镰《张可久集校注》

【注释】①乘兴诗人棹：用晋王子猷雪夜乘兴访戴逵的典故。事见《世说新语·方正》。　②学士茶：宋代学士陶榖以雪水烹茶，曾问新得党太尉家姬："党家是否会如此烹茶？"姬曰："彼粗人，安得有此？但能销金账下，浅酌低唱，饮羊羔美酒耳！"事见明陈继儒《辟寒部》卷一。③瓦甓：屋檐。冰箸：冰条。五代王仁裕《开元天宝遗事·冰箸》："冬至日大雪，至午雪霁有晴色，因寒所结檐溜皆为冰条。"　④蓝关：陕西省的关隘，位于蓝田县东南。唐韩愈《左迁至蓝关示侄孙湘》诗："云横秦岭家何在，雪拥蓝关马不前。"

【越调·寨儿令】次韵

张可久

你见么？我愁他，青门几年不种瓜①。世味嚼蜡，尘事抟沙②，聚散树头鸦。自休官清煞陶家③，为调羹俗了梅花④。饮一杯金谷酒⑤，分七碗玉川茶。嗏⑥，不强如坐三日县官衙？

——选自吕薇芬、杨镰《张可久集校注》

【注释】①青门：在长安城东。用邵平种东陵瓜典。　②抟沙：捏沙成团。比喻聚而易散。　③陶家：指陶渊明。　④调羹：《尚书·说命下》载："若作和羹，尔惟盐梅。"后因以"调羹"喻治理国家政事。　⑤金谷酒：

指豪侈的酒宴。　　⑥嗟：叹词。

赠史信叟^①

袁士元

夜凉有客过村舍，月下呼儿急煮茶。
英气尚余公子态，长书欲献帝王家^②。
江山惯历轻千里，经史贪看饱五车。
露坐剧谈过夜半，一时清兴浩无涯。

——选自袁士元《书林外集》卷二

【作者简介】 袁士元（1302—1360？），字彦章，鄞县人。历任西湖书院山长、鄮山书院山长。后以危素之荐，出为平江路儒学教授，召授翰林国史院检阅官，不赴。筑城西别墅，种菊数百枝，自号菊村学者。所著有《书林外集》七卷。

【注释】 ①史信叟：史屋伯，字信甫，史芳卿之子，鄞县人。史信叟疑即其人。袁士元又有《赠史信叟》诗云："闻君力学几穷年，斗酒能赋诗百篇。家乘手编期继志，道书自注欲希仙。昼凉醉坐松边石，月落闲调石上弦。闻说梅湖风景好，何时携酒到吟边。"从诗中可考见其为人。　　②长书：古代上公侯的书信。宋赵昇《朝野类要·文书》载："万言书，上进天子之书也。若上公侯，则名之曰长书。"

夏日山居

袁士元

疏帘拂拂飔南熏，睡起茶春隔岸闻^①。

蚕老已收松上雪，麦黄初涨垄头云。

【注释】①茶舂：将饼茶舂成粉末。

题城西书舍次韵

袁士元

自笑茅茨多野意，水边栽柳翠成堆。

鹤因无恙老犹健，燕若有情贫亦来。

曲径斜穿花影入，小池低傍竹阴开。

故人有意能相访，细啜茶瓯当酒杯。

　　　　　　　——选自袁士元《书林外集》卷七

山居

释楚俊

幽居无出野僧家，白屋三间护紫霞①。

临涧掬泉闲漱幽，傍篱拾竹自煎茶。

黑猿抱子坐闻法②，青鹿呼群跪献花。

寄语世途尘俗客，淡中滋味实堪夸。

　　　　　　　——选自《明极楚俊遗稿》

【作者简介】释楚俊（1262—1336），俗姓黄，字明极，庆元路昌国县（今浙江舟山市）人，嗣法于临济宗松源系的虎岩净伏，先后住持金陵的奉圣寺及庆元的瑞岩、普慈二寺。天历二年（1329），他在天童寺任首座，应邀与梵仙赴日，历住建长、南禅、建仁等寺，受到醍醐天皇的优遇，赐给"佛日焰慧禅师"之号。建武元年（1334），当释楚俊住在南禅寺时，曾奉敕以该寺为天下第一山，位在五山之上。他的法系称为"明极派"。

【注释】①白屋：茅屋。　②闻法：听闻佛的教法。

献新茶于府位①

释楚俊

采撷枪旗旋制成，光浮瓯面雪花轻。
莫分曾到未曾到②，一啜从教两腋轻③。

——选自《明极楚俊遗稿》

【注释】①府位：系日本的行政长官。　②曾到未曾到：《五灯会元》载：赵州从谂禅师问新来僧人："曾到此间否？"答曰："曾到。"师曰："吃茶去。"又问一新来僧人，僧曰："不曾到。"师曰："吃茶去。"后院主问禅师："为何曾到也云吃茶去，不曾到也云吃茶去？"师召院主，主应诺，师曰："吃茶去。"　③两腋轻：出自唐卢仝《走笔谢孟谏议寄新茶》："七碗吃不得也，唯觉两腋习习清风生。"

谢中浦相公惠茶

释楚俊

建溪雀舌香何美①，阳羡金芽味颇佳②。
木匣盛来梅尾物③，碧云白雪更浮花。

——选自《明极楚俊遗稿》

【注释】①建溪：福建水名，其地产茶。　②阳羡：今江苏宜兴，所产名茶，汤清味醇，叶底幼嫩，色绿黄亮。　③梅尾：今日本宇治。宋代日僧荣西禅师分别于乾道四年（1168）和淳熙十四年（1187）两次登临天台山，除了学习佛学教理之外，对天台山种茶、制茶、饮茶习俗作了深入的考察，回国时带回天台山茶种，播于肥前（今佐贺县）的脊振山、博多的安国山、京都的梅尾山。梅尾物，即指梅尾山产的茶叶。

小龙团送袁伯长①

贡奎

金井泉深荐碗香②，百年槐国梦沧凉③。
殷勤为赠维摩病④，不是囊中别试方。

——选自贡奎《云林集》卷六

【作者简介】贡奎（1269—1329），字仲章，号云林，安徽宣城人。大德六年（1302）谒选赴京师，授太常奉礼郎。大德九年十一月除翰林国史院编修官。至大元年（1308）转翰林应奉。在京期间与袁桷多有唱和。著有《云林集》。

【注释】①小龙团：龙凤团，又名小龙团。北宋时蔡襄制茶为圆饼形，上印龙凤图案，岁贡皇帝饮用。袁伯长：袁桷，字伯长，鄞县人。　②金井：井栏上有金碧辉煌雕饰的井。　③槐国：唐李公佐所著传奇《南柯太守传》中虚构的国家，该传奇写淳于棼在古槐树下饮酒，醉后入梦，梦后感悟的经历。沧凉：寒凉，寒冷。　④维摩病：《维摩经·文殊师利问疾品》载：佛在毗耶离城庵摩罗园，城中五百长者子至佛所请说法时，居士维摩诘故意称病不往。佛遣舍利弗及文殊师利等问疾。文殊问："居士是疾何所因起？"维摩诘答曰："一切众生病，是故我病；若一切众生得不病者，则我病灭。"这里指袁桷生病。

次韵谢竺仙惠茶①

[日] 释慧广

玉川子家堪与语②，当时谏议有斯举③。
年头忽得建溪春④，知出武夷最深处。
华线斜封来，足献王公去。
草木严寒冻未芽，拂雪摘得鹰爪夸⑤。
暑雪吹香激松籁⑥，瓶浪涵清贮井花⑦。
原一盏开开睡眼，二子神通得梦见⑧。
争如我从蓬莱仙⑨，一啜春风宽气岸。

——选自释慧广《东归集》

【作者简介】释慧广（1273—1335），号天岸，日本国武藏比企郡（今琦玉县）人。日本弘安八年（1285），参于渡日高僧无学祖元门下，后为高峰显日所印可。日本元亨四年（即元泰定元年，1324），与物外可什等一同随商船入元，曾游历了庆元的天童山、大慈山。后拜于金陵保宁寺古林清茂的"金刚幢下"修禅，泰定三年（1326）认识竺仙梵仙。天历二年（1329），天岸慧广等成功劝说明极楚俊、竺仙梵仙等，一起回到日本。著有《东归集》。

【注释】①竺仙：元高僧，名梵仙（1293—1349），字竺仙，号来来禅子、寂胜幢、思归叟，俗姓徐，象山人。嗣法于临济宗松源系的古林清茂。曾主婺州云黄山，1329年赴日弘法，先后任净智、南禅、建长诸寺的住持。竺仙梵仙的法系称为"竺仙派"，弟子有椿庭梅寿、大年法延、云梦裔泽等。 ②玉川子：卢仝之号。 ③谏议：官名，即谏议大夫。唐人孟简于元和四年（809）拜谏议大夫，曾寄新茶给卢仝。此诗开头两句指唐代诗人卢仝作《走笔谢孟谏议寄新茶》诗。 ④建溪春：即建茶。⑤鹰爪：嫩茶。因其状如鹰爪，故称。 ⑥暑：疑为"皙"字。皙，白色。 ⑦井花：即井花水，清晨初汲的水。 ⑧二子：指孟简和卢仝。⑨争：同"怎"。

从雪窗上人觅茶^①

李孝光

蔗浆金碗定何物，啜茗哦诗正自佳^②。
忽忆绿阴堂上坐，婆罗花影满南阶^③。

——选自李孝光《五峰集》卷八

【作者简介】李孝光（1285—1350），字季和，号五峰狂客，温州乐清人。隐居于雁荡山五峰下，远来受学者甚众。至正四年（1344），诏征隐士，以秘书监著作郎召，应诏赴京。至正七年（1347），升文林郎、秘书监丞。著有《五峰集》。

【注释】①雪窗上人：释悟光（1292—1357），字公实，号雪窗，四川新都人。至正十五年（1355）至十七年（1357）为鄞县天童寺住持。　②啜茗：喝茶。哦诗：吟诗。　③婆罗花：即优昙婆罗花。佛教以为优昙开花是佛的瑞应，称为祥瑞花。

渔家傲（选一）

释梵琦

听说娑婆无量苦^①，茶盐坑冶仓场务^②。损折课程遭棰楚^③。陪官府，倾家买产输儿女。　口体将何充粒缕，飘蓬未有栖迟所。苛政酷于蛇与虎，争容诉？劝君莫犯雷霆怒。

——选自释梵琦《西斋净土诗》卷三

【作者简介】释梵琦（1296—1370），字楚石，俗姓朱，象山人。泰定帝时，曾奉宣政院命开堂说法。在近50年间，于江浙一带住持过六处寺院，晚居海盐天宁寺西偏，自号西斋老人。至正七年（1347），帝师赐号"佛日普照慧辩禅师"。明洪武元年（1368）和二年，奉诏参加蒋山法会，朱元璋称其为"本朝第一流宗师"。著有《净土诗》《慈氏上生偈》《北游集》《凤山集》《西斋集》，又有和《天台三圣诗》《永明寿禅师山居诗》《陶潜诗》《林逋诗》总若干卷。弟子编有《楚石禅师语录》二十卷。

【注释】①娑婆：即娑婆世界，系释迦牟尼所教化的三千大千世界的总称。　②坑冶：唐宋以来称金属矿藏的开采与冶炼。　③课程：按税率交纳的赋税。

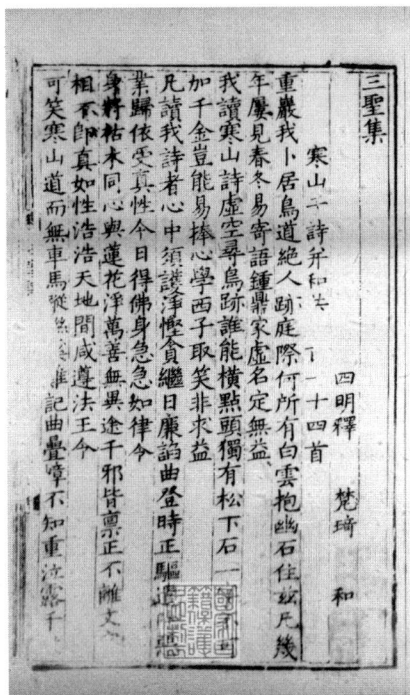

释梵琦《和三圣集》书影，元刻本

和层层山水秀

释梵琦

地僻无人到，苔深一径微。
松间缚茅屋，竹上挂蒲衣①。
静看青山朵，闲拈白拂枝。
焚香作茗事，此外更何为。

——选自释梵琦《和寒山诗》

【注释】①蒲衣：用蒲草编的衣服。

和三月蚕犹小

释梵琦

五月南塘陆，芙蓉正作花。
朱门荫杨柳，绿水鸣虾蟆①。
冷浸金盆果，浓煎石鼎茶②。
此中可避暑，修竹绕百家。

——选自释梵琦《和寒山诗》

【注释】①虾蟆：同蛤蟆。　　②石鼎：陶制的烹茶用具。

和无事闲快活

释梵琦

无穷山水乐，不染利名人。
松竹深深处，云霞片片新。
炉中拨芋火，月下转茶轮①。
昔作红颜客，今为白首人。

——选自释梵琦《和寒山子诗》

【注释】①转茶轮：即用茶碾碾茶。

宿水车田舍^①

曹文晦

水车山前溪月白，去年曾作寒夜客。
主翁团坐竹炉红，老姥烧茶多喜色。
今年又宿邻西家，柴门临水竹交加。
眼前风物总如旧，只有疏篱梅未花。
平生到处多清兴，聊对沙鸥发新咏。
明年强健又重来，沙鸥笑我胡为哉。

——选自顾嗣立《元诗选二集》卷十九

【作者简介】曹文晦（1296—1360），字伯辉，天台人。鄞县令许广大聘为儒学教授，辞不赴。筑室读书，自号新山道人。著有《新山集》。
【注释】①水车：位于今宁海县城东南约5千米处，南濒水车港，为古时三门湾海口要塞。

梅花庄为张式夏赋^①

廼贤

处士山庄浙水涯，一林寒玉映窗纱。
诗成稚子能题竹，酒熟邻翁约看花。
雪夜叩门非俗客，月明吹笛是谁家。
肯招白鹤山前住^②，石鼎春泉看煮茶。

——选自廼贤《金台集》卷二

【作者简介】廼贤（1309—1368？），字易之，号紫云山人，别号河朔外史。色目葛逻禄人。葛逻禄译成汉语，意为马，故又名马易之。一说取汉姓马，与葛逻禄无关。生于河南南阳，后定居鄞县。曾任东湖书院山长、国史院编修等职。元亡前夕，参桑哥实里军幕。著有《金台集》。

【注释】①张式良：鄞县人。建鄞江书院之张式良（一作"艮"）当即其人。②白鹤山：在鄞县望春（今属海曙区）一带。

送澄上人游浙东（二首选一）

成廷珪

浙水东边寺，禅房处处佳。
千崖无虎豹，二月已莺花。
晓饭天童笋，春泉雪窦茶。
烦询梦堂叟[①]，面壁几年华。

——选自成廷珪《居竹轩诗集》卷二

【作者简介】成廷珪，字原常，一字原章，又字礼执，江苏扬州人。早年自题住所为"居竹轩"。晚年遭世乱，避居吴中。至正末卒于华亭，年七十余。著有《居竹轩诗集》。

【注释】①梦堂：释昙噩（1285—1373），字无梦，亦号梦堂，慈溪王氏子。自幼聪明好学，少年时即通经史，尤擅于辞章。至奉化长芦寺出家，受读天台、贤首、慈恩诸宗之文，昼夜研磨，常常废寝忘食。元叟行端住持灵隐寺，昙噩为掌内记。至元初出主庆元宝圣寺，迁鄞县开寿寺、台之国清寺。

日本能满院藏陆仲渊绢本《罗汉图》之碾茶烹茶局部

四明西山资教寺①

刘仁本

双锦亭台隐翠微，新篁乍脱锦褓衣②。

湖田万顷青山绕，野水孤村白鸟飞。

老柏未枯青尚在，黄梅正熟雨初肥。

衲僧煮茗供清话，玉乳泉头汲绠归③。

——选自刘仁本《羽庭集》卷三

【作者简介】刘仁本（1308？—1367），字德元，号羽庭，浙江天台人。以乙科进士，历温州路总管，至正十九年（1359）任江浙行省左右司郎中。方国珍据温、台，刘仁本入方幕，后被朱元璋捕获杀害。今传有《羽庭集》六卷。

【注释】①资教寺：位于今宁波市海曙区高桥镇石塘山南，创建于五代周显德元年（954）。题下作者原注："耆德柏庭上人所住，有袁文清公纪石。"按袁文清公，即袁桷。　②锦褓衣：束儿衣，因新笋壳似小儿锦褓，故云。　③汲绠：汲水用的绳子。作者原注："地有玉乳泉。"

过慈溪县①

刘仁本

山县得名因董孝②，官中事简不成衙。

慈湖人祀杨夫子③，东寺僧居阚泽家④。

四野烽烟多斥堠⑤，一川雨露自桑麻。

海滨土瘠无常贡，范帅遗殃独赋茶⑥。

——选自刘仁本《羽庭集》卷三

【注释】①慈溪人陈恭（1320—1375）有《答刘羽庭过慈溪》诗："陌头细雨湿杨花，屋外游蜂闹晚衙。日照朱旛来五马，风传碧树静千家。才华自昔雄南镇，世事如今甚乱麻。肯借余波苏涸辙，未应遗害独官茶。"见清郑辰等《四明志征》第五册。　　②山县得名因董孝：慈溪县因东汉董黯"母慈子孝"而得名。　　③杨夫子：杨简（1141—1226），字敬仲，号慈湖，慈溪人。南宋心学家。以宝谟阁学士、太中大夫的身份辞官，告归后筑室德润湖（更名慈湖），世称慈湖先生。　　④东寺僧居阚泽家：慈湖畔普济寺之地本是三国时吴太子太傅阚泽私宅，后捐舍建寺。　　⑤斥堠：用以瞭望敌情的土堡。　　⑥范帅：范文虎，南宋殿前副都指挥使，后任元朝的两浙大都督、中书右丞。其在慈溪车厩岙访得佳茗产地，设茶局采制上贡。

龙山水竹居①

刘仁本

爱此幽居水竹成，玲珑楼阁绕蓬瀛。

琅玕影浸玻璃碧②，鸾凤飞来玉雪清。

煮茗不劳僧汲井，截筒还有客吹笙③。

我来倚槛题诗处，万籁风生月正明。

——选自刘仁本《羽庭集》卷四

【注释】①龙山：上福龙山，又名蜀山。在今余姚市丈亭镇西南姚江北边。龙山之麓有永乐寺，主僧为法匡正宗禅师。乌斯道《水竹居记》云："龙山之麓有永乐寺，寺有僧室，扁曰水竹居，盖指堂禅师所居之地也。"②琅玕：翠竹的美称。　　③截筒：元梁益《诗传旁通》卷二："黄帝命伶伦取嶰谷之竹截筒吹律。"此用其典。

宴荷亭①

刘仁本

新秋水木散清华②，倪氏池亭小似槎③。

宾客倚栏看芡藕，主人隔竹唤茶瓜。

百壶酒尽乌纱堕，四坐诗成白雪夸④。

喜有山僧来入社，远公遗爱在莲花⑤。

——选自刘仁本《羽庭集》卷四

【注释】①荷亭：刘仁本《羽庭集》卷一有《六月四日宴倪仲权荷亭》诗，知荷亭为甬上倪仲权家的池亭。　②水木散清华：化用晋谢混《游西池》诗："景昃鸣禽集，水木湛清华。"　③槎：木筏。　④白雪：指阳春白雪。比喻高雅。　⑤远公：即东晋僧人慧远。慧远于庐山东林寺，同慧永、慧持和刘遗民、雷次宗等结社，精修念佛三昧，誓愿往生西方净土，又掘池植白莲，故称白莲社。见晋无名氏《莲社高贤传》。

慈溪东皋茶亭诗①

刘仁本

试问东皋老万回②，道傍筑室为谁开。

登程客已吃茶去，渡水人从彼岸来。

——选自刘仁本《羽庭集》卷四

【注释】①东皋：指东皋寺。《光绪慈溪县志》卷四十一记载："县东南二里。宋淳祐十一年僧智恭建，名东皋精舍。咸淳四年赐福昌寺额。元至元十七年毁，僧思缉重建，复名东皋寺，定成丛林。"元戴良《重建东皋福昌寺记》载："逮国朝至正丁酉闰月，寺以灾毁。大师之七世孙思缉方主是席，……谋诸徒弟文述、法孙一源，克丕耆旧，如标行成，相与掇拾余烬，广拓故基。首建库堂，为居者之出纳，次建茶亭，为行者之栖息。"
②万回：原为唐朝僧人，俗姓张，虢州阌乡人。相传为佛国谪贬东土教化阌乡的菩萨。这里借指僧人。

恶诗一首奉寄见心和尚大禅师

夏孟仁

令人长忆双峰寺^①，春树重重隔春云。
古井冽泉林下净，空山鸣鹤夜深闻。
看花曳杖哦新句，对佛翻经燎宝薰。
遥忆此时山茗熟，月团三百许君分^②。

——选自释来复《淡游集》

【作者简介】夏孟仁，字思衷，浙江永嘉（今温州）人。曾任慈溪县尹。
【注释】①双峰：山名，在今慈溪市鸣鹤镇。来复禅师（即题中的见心大禅师）住持的定水寺即在双峰山下。　②月团：团茶的一种。唐卢仝《走笔谢孟谏议寄新茶》诗云："开缄宛见谏议面，手阅月团三百片。"

满上人归定水寺，谩赋五言四绝，
奉寄见心禅师方丈（四首选一）

邬密执理

自作江南客，长思浙水船。
月团三百片，好为寄卢仝。

——选自释来复《淡游集》

【作者简介】邬密执理，字本初，河西人。长期隐居于贺兰山，至正初以晦迹丘园，诏为集贤待制，迁行枢密院金书。后寓居吴中，居室名听雪斋。

涵虚馆访章复彦不值①

乌斯道

春风奈此玉人何？贺监宅前春水多。
茶灶笔床天上坐，酒船花担镜中过。
紫骝何处嘶晴日②，白鸟当门弄碧波。
更爱小桥杨柳外，石阑闲倚听渔歌③。

——选自乌斯道《春草斋集》卷四

【作者简介】乌斯道（1314—1390），字继善，号春草，原慈溪（今江北区慈城镇）人。入明，征为石龙县令。洪武八年（1375）改为永新令。坐事调戍定远，寻放还。善诗文书画，著有《秋吟稿》《春草斋集》。
【注释】①不值：不逢。此诗题下原注："馆在月湖中，贺知章宅也。"涵虚馆：在宁波城内月湖中。明黄润玉《宁波府简要志》卷三《邮驿志·馆驿》云："四明驿：府治西南二里十步月湖中。本唐贺知章读书处故地，宋置涵虚馆，为迎送宾客之所。至元十三年，改置水马站，分南北二馆，中通桥路。"　②紫骝：古骏马名。　③石阑：石栏杆。

重过上林井亭感旧①

宋禧

二十年前向此过，凉亭寒井慰奔波。

当时未觉青山好，此日重来白发多。

投辖几人怀往事②，煎茶何处听清歌。

路傍野老能迎客，树下幽居奈尔何。

——选自宋禧《庸庵集》卷四

【作者简介】宋禧（1312—1376），原名玄禧，后改名禧，字无逸，号庸庵，余姚人。至正十年（1350）举浙江省试。补繁昌教谕，很快辞归，授徒自给。明洪武初，召修《元史》，其中《外国传》自《高丽》以下皆出其手，书成不受职。洪武三年（1370）受命典福建乡试。著有《庸庵集》三十卷。

【注释】①上林：乡名，即今慈溪市之上林。　②投辖：《汉书·陈遵传》载："遵耆酒，每大饮，宾客满堂，辄关门，取客车辖投井中，虽有急，终不得去。"辖，车轴两端的键。后以"投辖"指殷勤留客。

三月廿七夜与诸友宿孙尚质书舍①

宋禧

白头病叟归乡里，杖履清游及暮春。

连夜城南随处宿，五更灯下有谁嗔。

穿花送茗呼童子，隔屋闻鸡报主人。

莫怪闲情太真率，去年辛苦在风尘。

——选自宋禧《庸庵集》卷五

【注释】①三月廿七夜：余姚小黄山观佛灯的日子。宋禧《与诸友宿城南即事》诗序云："吾邑东门外五里许有岱岳行祠，在小黄山，俗传三月廿七夜其神出而还，恒有火光，若列炬，自诸丛祠出送岳神还，明灭聚散云雾间，不可胜数者，是其征也。每岁邑人候而观之以为常。今年其夕，周原信、孙尚质、范德梓、郭廷羽、赵自立、张与权、陈子范辈要予宿南门外，初不知观所谓神灯者。"光绪《余姚县志》卷五"岁时"云："（三月）二十七夜，观东岳神镫（灯）。"

贺溪即事四首为倪立道赋①（选一）

宋禧

倪氏书楼北，清溪曲曲流。

主人能好客，酿酒续茶瓯。

——选自宋禧《庸庵集》卷八

【注释】①贺溪：即今余姚市梁弄镇贺溪村。倪氏家族聚居于此。

忆江南（二首选一）

袁珙

江南诗客每思归，燕子来时乌笋肥①。

雀舌茶烹消午困②，蔷薇花散袭人衣。

——选自袁珙《柳庄集》

【作者简介】袁珙（1335—1410），字廷玉，号柳庄居士，鄞县人，居鄞城西（今属海曙区）人。以精于相术而参与政事，亦能以诗鸣于时，著有《柳庄集》。

【注释】①乌笋：一种小竹笋，用以制作"脚骨笋"。康熙《定海县志》卷十一"笋"条云："又一种乌竹所萌，名乌笋，味道更胜于诸笋，他郡无是，唯绍及宁有之。"宁波歌谣《十二月歌》有"四月拗乌笋"之语。　②雀舌：浙东古代著名的草茶。叶梦德《避暑录话》载：草茶"其精者在嫩芽，取其初萌如雀舌者谓之枪，稍敷而为叶者谓之旗，旗非所贵，不得已取一枪一旗犹可，过是则老矣，此所以为难得也。"

《西门袁氏家乘》中的袁珙像

用前人韵道出鄱阳感兴①

郑真

鲛门岛外近仙家②，夜月林深唤煮茶。
千里宦游江海阔，晚香频忆满篱花。

——选自郑真《荥阳外史集》卷九十

【注释】①鄱阳：江西饶州府辖县。　②鲛门岛：即镇海口蛟门山。即今浙江省宁波市东北甬江口外柱门岛。宋《宝庆四明志》卷十八定海县记鲛门山在"县东四十里。一名嘉门山。其山环锁海口，出鲛门则大洋也"。郑真《虚白轩记》云："予往年尝客东海鲛门岛上，溟波际天，一瞬千里，秋高气清，明月满空，若玉轮金镜，清光透澈，毛发森竦。"

次沈克恭郊行

李本

君家栎社市，一径过桥斜。
架束新收画，盆移旧种花。
茶香留客语，酿熟许人赊。
佳句时能寄，高情老未涯。

——选自胡文学《甬上耆旧诗》卷四

【作者简介】李本，字孝谦，鄞县人。洪武初，以弱冠代父囚，至都门服劳役，一年后得赦免而归。晚年起为郡志总裁，书成而卒。编纂《四明文献录》，著有《中林集》等。

隐者诗

杨起哲

茅次盖屋竹编笆，隐向南村鬓渐华。
黍熟涂田新酿酒，泉香石鼎旋烹茶。
功名好是蕉中鹿^①，富贵何如陌上花。
尽日掩门无客到，卧看松竹护烟霞。

——选自《镜川杨氏宗谱》卷十九

【作者简介】杨起哲，字彦卿，号式中，鄞县镜川（今海曙区石碶街道栎社）人。能诗，著有《式斋稿》。
【注释】①蕉中鹿：《列子·周穆王》载："郑人有薪于野者，遇骇鹿，御而击之，毙之。恐人见之也，遽而藏诸隍中，覆之以蕉，不胜其喜。俄而遗其所藏之处，遂以为梦焉。"蕉，通"樵"。后以"蕉鹿"指梦幻。

耕隐轩为胡拱辰作

杨范

年来力穑是生涯^①，任尔萧萧发半华。
负郭有田都种稻^②，绕门无地不栽花。
一犁雨足春无耒，数叶烟生晓煮茶。
骥子读书功益进^③，未应终作老田家。

——选自胡文学《甬上耆旧诗》卷四

【作者简介】杨范（1375—1452），字九畴，自号栖芸，晚更号思诚叟，鄞县镜川（今海曙区石碶街道栎社）人。遭受家难，授徒里中。著有《栖芸稿》《咏物百诗》等。

【注释】①力穑：努力耕作。　②负郭有田：指近郊良田。典出《史记·苏秦列传》："苏秦喟然叹曰：'此一人之身，富贵则亲戚畏惧之，贫贱则轻易之，况众人乎！且使我有雒阳负郭田二顷，吾岂能佩六国相印乎！'"司马贞索隐："负者，背也，枕也。近城之地，沃润流泽，最为膏腴，故曰'负郭'也。"　③骥子：指胡拱辰所生的英俊儿子。

游翠岩禅院^①（二首选一）

胡庚

肩舆迢递入烟霞^②，老衲新烹谷雨茶。
满地白云堆竹笋，四檐红日晒松花。
麒麟远近先贤冢^③，轮奂巍峨故友家^④。

欲学苏公留玉佩⑤，国恩未已又披麻⑥。

——选自《桃源乡志》卷七

【作者简介】胡庚，字文刚，鄞县人。洪武中荐授本县训导，后调四川安岳县，在官历二十余年。归里后逍遥于山川间，寓物写兴，自称为"乾坤一腐儒"。著有《云屋集》。

【注释】①翠岩禅院：即翠山寺，位于今鄞州区横街镇。　②肩舆：轿子。　③麒麟：指墓葬前的石像生。　④轮奂：高大华美。嵬峨：高大雄伟。　⑤苏公：指苏秦。《史记》卷六十九《苏秦列传》云："苏秦喟然叹曰：'此一人之身，富贵则亲戚畏惧之，贫贱则轻易之，况众人乎！且使我有雒阳负郭田二顷，吾岂能佩六国相印乎！'"　⑥披麻：披麻戴孝。指服重孝。

次韵写怀送叔贞之成都十七首①（选一）

方孝孺

密叶丛篁噪晚鸦，荒村百里两三家。

疲民采拾供租税，犹恐傍人议榷茶②。

——选自方孝孺《逊志斋集》卷二十四

【作者简介】方孝孺（1357—1402），字希直，又字希古，号逊志，人称正学先生，宁海人。洪武二十五年（1392）任汉中府教授，深为蜀献王赏识，聘为世子师。洪武三十一年（1398），建文帝即位，召孝孺入京，任为翰林侍讲学士。次年，值文渊阁，助建文帝推行新政。建文四年（1402）六月，燕王朱棣举兵攻入南京，方孝孺不肯为朱棣起草登基诏书，被灭十族。有《逊志斋集》传世。

【注释】①此题下有小序云："乙亥新春，出城东，偶作十七诗，同游诸友从而和之，因亦次韵，以写所怀。会叔贞之成都，书以识别。诗中所云司户孙者，即叔贞也。"乙亥，即洪武二十八年（1395）。叔贞：姓郑，宁海人，方孝孺学生。方孝孺《答林嘉猷》云："昔在乡间，嗜学之士妄见推让，挟策而游吾门者无虚席焉，尤以得吾子与郑叔贞为喜。" ②榷茶：官府对茶叶实行征税、管制、专卖的措施，起始于唐。

客至

方孝孺

竹里烹茶费屡呼，携壶沽酒绕村无。
同餐麦饭无难色，风概知非浅丈夫①。

——选自方孝孺《逊志斋集》卷二十四

【注释】①风概：风度气概。

游育王寺

张得中

萍迹江湖兴未赊，乘闲又到梵王家①。
浮图飞影连苍霭②，舍利腾光映彩霞。
鳌载奇峰横玉几，龙蟠圣水漾金沙③。
老僧爱客留清话，竹榻平分自煮茶。

——选自《明州阿育王山志》卷十

【作者简介】张得中，字大本，鄞县人。永乐二年（1404）登进士第，授刑部主事，改江宁知县，以廉能称。与修《永乐大典》。所著有《江村吟稿》《思牧斋集》。
【注释】①梵王家：指佛寺。 ②浮图：即浮屠，指塔。 ③龙蟠圣水：指灵鳗井。金沙：即金沙井，在阿育之寺内，离妙喜泉半里许。

登东山①

黄永言

短杖拄烟霞，山伧野趣嘉。

拾樵炊麦饭，汲水煮芽茶。

春去花无主，巢成燕有家。

坐深归路晚，风飐角巾斜②。

——选自耿宗道编《临山卫志》卷四

【作者简介】黄永言，明代余姚临山卫人，逸士。
【注释】①东山：在今余姚临山、泗门两镇。　②飐：飘动。角巾：方巾，有棱角的头巾。为古代隐士冠饰。

和大理卿蔡公锡咏物诗①·煮茶铛

黄润玉

勺泉虽匪鼎烹材，曾遇轩辕道士来②。

冶铸得方身不漏，坚刚为质劫难灰。

时看水火功初试，便悟阴阳气渐回。

千古清风玉川子，对伊那看醉金杯。

——选自《南山黄先生家传集》卷十四

【作者简介】黄润玉（1389—1477），字孟清，晚称南山先生，鄞县人。永乐十八年（1420）应顺天乡试，中举人。授江西建昌府学训导。宣德间荐为交阯道监察御史。正统元年（1436）巡抚湖广，不久因杨士奇推荐而任广西按察司佥事，提督学政。因得罪权贵，降为安徽含山知县。著有《海涵万象录》《宁波府简要志》等。

【注释】①蔡公锡：蔡锡，字廷予，鄞县人。明永乐举人，曾任泉州知府，后历官大理寺卿，出抚湖广。黄润玉于正统元年（1436）巡抚湖广，此诗即为是时所作。　②轩辕道士：衡山道人，全名轩辕弥明。唐宪宗元和七年（812）入长安，与刘师复、侯喜作《石鼎联句》诗，韩愈在《石鼎联句诗序》中说其熟悉阴阳道术。

分司种茗①

黄润玉

岁月逢寅日在申，窗前培土种先春②。
条风蓓蕾才呈秀，谷雨枪旗又荐新③。
小蕊开时香喷雪，茸芽辗处翠生尘。
舌眼鼻观清无比，色相看来更可人。

——选自《南山黄先生家传集》卷十四

【注释】①分司：中央之官分在外省的部门。此诗为黄润玉于正统元年（1436）巡抚湖广时所作。　②先春：指茶。卢仝《走笔谢孟谏议寄新茶》诗云："仁风暗结珠琲瓃，先春抽出黄金芽。"　③荐新：古代祭祀礼仪，用时令新物祭祀祖宗神灵。《仪礼·既夕礼》载："朔月若荐新，则不馈于下室。"

谢成教授矩惠茶食①

黄润玉

六十年前到古杭，百家市上九茶坊。
凤团撮泡多珍果②，膏饮调和尽异香。
满口消饧酥沁饼，沿牙结蜡蜜流肪。

缄题喜睹今犹昔③，绝胜冰壶送蔗浆。

——选自《南山黄先生家传集》卷十七

【注释】①成教授矩：成矩，江苏苏州人，正统中曾官宁波儒学教授，曾为县西望春桥所立《重修宋石将军庙碑》书丹。此诗作于安徽含山知县任上。　②凤团：宋代贡茶名。用上等茶末制成团状，印有凤纹。撮泡：《通俗编·饮食》引《禅寄笔谈》："杭俗用细茗置瓯，以沸汤点之，名为撮泡。"　③缄题：指信函的封题。亦指书信。

冬笋①

黄润玉

猫竹先冬早迸芽，穿苔劚得价偏赊。
胸中且勿论淇渭②，玉版醝琼小试茶③。

——选自《南山黄先生传家集》卷七

【注释】①此诗作于作者在湖广为官时。　②淇渭：淇园和渭川，皆为古代盛产竹子之地。淇园为古代卫国园林名，在今河南省淇县西北。《史记·河渠书》云："是时东郡烧草，以故薪柴少，而下淇园之竹以为楗。"裴骃集解引晋灼曰："淇园，卫之苑也，多竹筱。"《史记·货殖列传》云："齐鲁千亩桑麻；渭川千亩竹。……此其人皆与千户侯等。"　③醝（cuó）：盐。醝琼，指盐笋。

城西行馆为仲子朴题①

戴浩

我常驻此馆繁华，独爱园林景最佳。

锦绣花香沉几席，琅玕竹色透窗纱②。

消闲日饮黄花酒，解困时烹紫笋茶。

独坐清幽无个事，望穷眼界数归鸦。

——选自《四明桃源戴氏家乘》卷十二

【作者简介】戴浩（1391—1483），字彦广，号默庵，鄞县古林（今属海曙区）人。永乐庚子（1420）举人。宣德间通判东昌，继为永州通判。景泰初，改为巩昌通判。天顺元年（1457），循例致仕。著有《默庵诗稿》。

【注释】①城西行馆：作者自注："馆在水浮桥。"按，水浮桥在今海曙区永寿巷。　　②琅玕：翠竹的美称。

九 日

钱 奂

带雨零沽酒半觞，西风萧瑟动宫商。

篱前对菊醒醒坐，竹下煎茶款款尝。

高兴独嫌山不近，闲情犹喜日偏长。

明年此际开怀抱，移傍云崖结草堂。

——选自胡文学《甬上耆旧诗》卷十三

【作者简介】钱奂（1409—？），字文焕，号纳斋，鄞县江东（今属鄞州区）人。正统元年（1436）进士。授户科给事中，出为广西布政司参政。天顺三年（1459），以课绩第一，升湖广左布政使。

宿普香室①

夏时正

诗思清人睡不成，弹棋啜茗坐深更。
洗空两耳浮华事，满屋松声与水声。

——选自《明州阿育王山志》卷十

【作者简介】夏时正（1412—1499），字季爵，晚年自号留余道人。今镇海区人，少时随父居杭州。正统十年（1445）进士，授刑部主事。天顺元年（1457）为大理寺丞。成化五年（1469）任南京大理寺卿。引退后居杭州孤山西湖书院，常回故乡镇海小住。有《留余稿》等。
【注释】①普香室：在阿育王寺内。

题延庆寺画竹①（四首选二）

金湜

行到山门似到家，相逢不必具袈裟。
谁知七月秋风里，香茗新烹荐笋茶。

湖上禅房对竹开，雨余新水绿生苔。
入门听得茶童语，昨日题诗客又来。

——选自胡文学等《甬上耆旧诗》卷五

【作者简介】金湜（1414—1494），字本清，号太瘦生，晚号朽木居士。正统六年（1441）举人，入太学，以善书授中书舍人，待诏文华殿，升太仆寺卿。天顺八年（1464）二月出使朝鲜，归国后遂请致仕，屡征不起，家居三十年。与里中耆旧结为高年诗社。著有《东藩纪行录》一卷。
【注释】①延庆寺：天台宗祖庭，在今宁波市海曙区。

和斋居人物咏·清士（锡茶壶也）

杨守阯

容仪修饰色通明，出处曾占既济亨①。
玉乳先春资吐纳，真铅伏火抱澄泓②。
襟怀倾倒卢仝碗，风韵和鸣子晋笙③。
若遇提撕从鼎鼐④，也输涓滴润苍生。

——选自杨守阯《碧川诗选》卷六

【作者简介】杨守阯（1436—1512），字惟立，号碧川。成化十四年（1478）中乡试第一（解元），登进士第，授翰林院编修。弘治元年（1488）参与编修《宪宗实录》，任经筵讲官。弘治四年（1491），迁左谕德。弘治八年，升任翰林院侍讲学士。弘治十二年任南京吏部右侍郎，十三年摄南京兵部事。弘治十五年，任《大明会典》副总裁。升为吏部右侍郎。正德元年（1506）他以年迈要求退休，不待批准，就弃官回家，诏加尚书致仕。著有《碧川文选》《碧川诗选》。

【注释】①既济亨：既济为《易》卦名，离下坎上。《易·既济》载："既济，亨，小利贞，初吉终乱。"孔颖达疏："济者，济渡之名，既者，皆尽之称。万事皆济，故以既济为名。"　②真铅：这里指锡。　③子晋笙：刘向《列仙传》卷上《王子乔》载："王子乔者，周灵王太子晋也。好吹笙，作凤鸣。"　④提撕：提携。鼎鼐：鼎和鼐。古代两种烹饪器具。亦喻指宰相等执政大臣。

薄暮散步

魏偶

学寮寂寂倚林坰①，半隐先生养性灵。

好客未来同瀹茗，残经已了自开扃。

紫萍断处水偏碧，白鹭飞边山更青。

远契羲皇千载上②，为迎新月步中庭。

——选自胡文学《甬上耆旧诗》卷六

【作者简介】魏偶（1438—1518），字达卿，别号云松，鄞县人。为将家子，弃武弁而习儒，以文章名世。成化二十二年（1486）获乡试第一，授江西赣州石城训导，一时奉为人师。弘治初以秩满告归，里中诸名公卿若屠滽、杨守随俱深相推重。归田二十余年，与耆旧诸公所相倡和。著有《云松诗略》等。

【注释】①学寮：学舍。林坰：郊野。　　②羲皇：即伏羲氏。唐杜甫《醉时歌》云："先生有道出羲皇，先生有才过屈宋。"

过汤山①

王淮

万壑闲云一草堂，流泉曲曲绕门墙。

种来修竹原无数，扫尽残花剩有香。

晚对翠屏开药室，夜留玄鹤伴松房。

山空寂寂无人到，茗碗香炉对石床。

——选自光绪《慈溪县志》卷六

宁波杂咏

杨守陈

山颠带海涯，竹树映千麻。
雪挹猫儿笋①，雷惊雀嘴茶②。
瑞香金作叶③，茉莉玉为葩。
六月杨梅熟，城西烂紫霞。

——选自胡文学《甬上耆旧诗》卷八

暮春即事

董琳

远山云出千重岫，流水声归半掩柴。

我法于今输我拙，人情非古任人乖。

午风柳絮轻飘雪，夜雨苔花斜上阶。

烧笋煮茶浇睡癖，青烟细细飏幽斋。

——选自胡文学《甬上耆旧诗》卷四

【作者简介】董琳（1427—1476），字廷瑞，鄞县城中（今属海曙区）人。景泰五年（1454）进士，官至监察御史。成化元年，升江西按察使佥事。七年，起补山东，分巡济南。

谢惠炭

张鈇

炎天忽辱乌金惠[①]，为惜穷儒骨相寒。

昨夜竹炉汤沸处，自开封裹试龙团[②]。

——选自张鈇《碧溪诗集》卷六

【作者简介】张鈇（1446？—1523），字子威，号碧溪，慈溪人。博学强记，综贯经史百家。再试场屋不利，遂放弃八股科举之文，而专学古人之道，攻古人文章。为人狷介，不肯有求于人，平时常以为人修叙谱牒为生。著有《郊外农谈》三卷、《碧溪集》六卷、《烬余抄存》四卷、《咏史百绝稿》《南皋诗话》。

【注释】①辱：谦词，表示客套。乌金：比喻炭。　②龙团：宋代贡茶名。饼状，上有龙纹，故称。这句作者自注："杭友有寄龙井茶者，至是始取烹之。"

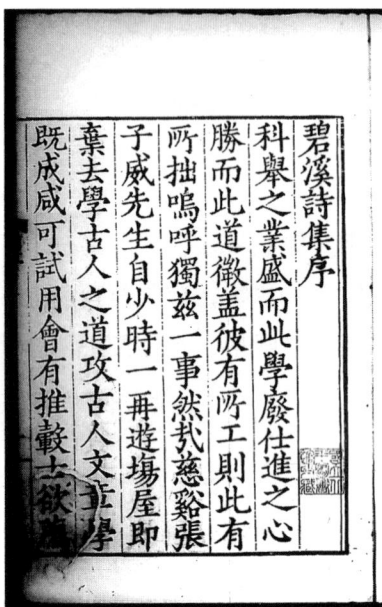

张铁《碧溪诗集》书影，中国国家图书馆藏嘉靖刻本

悦茶

张琦

齑汁雪中无此美，悦茶孤梦绕铛飞。

直寻阳羡山头路①，春月生时负担归。

——选自张琦《白斋诗集》卷三

【作者简介】张琦（1450—1530），字君玉，鄞县江东（今属鄞州区）人。弘治十二年（1499）进士，授南大理评事，历升寺副正。正德十年（1515）知兴化府，人称"文章太守"。升左参政致仕，归二十年，唯以林泉云鸟为乐，操行廉白，家无遗财，人号为"白斋先生"。著有《白斋诗集》等。

【注释】①阳羡：江苏宜兴的古称。以产茶闻名。

闲居十二首（选二）

张琦

一缕晨香入眼青，猛然援笔注茶经。
儿童阶下管闲事，来报邻翁醉已醒。

门前小雨罨轻埃，江上晴山带薄雷。
我鹤比凡高一格，茶烟生处却飞来。

——选自张琦《白斋诗集》卷三

溪船

张琦

家业计多少，茶铛及钓钩。
横行烟月里，谁敢犯虚舟。

——选自胡文学《甬上耆旧诗》卷七

静斋

张琦

此中动静互为根，四壁虚斋万象存。
茶灶不烟春火伏，鸟鸣竹响正开门。

——选自胡文学《甬上耆旧诗》卷七

见怀留别韵（两首选一）

谢迁

头上凉飔透白纶^①，药笼频检识君臣^②。

行吟尽日无佳句，梦想终宵有故人。

松坞昼长茶灶熟，秫田秋稔酒篘新^③。

闲来偶试湖边屐，雨后蘋香水没津。

——选自谢迁《归田稿》卷六

【作者简介】谢迁（1449—1531），字于乔，号木斋，余姚泗门人。成化进士第一，授修撰。弘治八年（1495），入内阁参与机务，寻加兵部尚书，兼东阁大学士。武宗即位，请诛刘瑾不纳，遂致仕归。后反为刘瑾、焦芳所诬，追夺诰命及所赐。及瑾诛，复职致仕。嘉靖六年（1527），起为内阁大学士，居数月，仍以老辞归。有《归田稿》。

【注释】①凉飔：凉风。　②君臣：指君臣佐使，中医的组方原则，亦可指中药处方中的各味药的不同作用。　③篘（chōu）：用竹编成的滤酒器具。

湖庄小集次雪湖韵二首^①（选一）

谢迁

摆脱尘羁且共游^②，茶铛钓具满船头。

浮名久负湖山胜，懒性真便水竹幽。

风约浮萍双鲤出，雨深腐草乱萤流。

扣舷一曲聊乘兴，惊起波心几白鸥。

——选自谢迁《归田稿》卷七

【注释】①雪湖：冯兰之号。　②尘羁：尘事的束缚。

新茶馈雪湖，辱佳咏，次韵奉答

谢迁

春芽采采众芳前，一掬何当诧屑然。
烹鼎荐添文武火，分瓶遥试玉珠泉。
味轻湛露凭消酒①，香谢昌阳笑引年②。
惭愧题缄聊问讯③，扣门惊动日高眠。

——选自谢迁《归田稿》卷七

【注释】①湛露：浓重的露水。　②昌阳：菖蒲别名。韩愈《进学解》载：
"是所谓诘匠氏之不以杙为楹，而訾医师以昌阳引年，欲进其豨苓也。"按，
南朝梁陶弘景《名医别录》认为昌阳、昌蒲是二物，自韩愈谓"昌阳引年"
后，作为一物，其后宋代《圣济总录》即承其说，以昌阳为昌蒲别名。《吕
氏春秋》谓冬至后五十七日，昌蒲始生。据此，昌蒲得名昌阳，以其得阳气
而昌盛。　③题缄：在书信函件封皮上题写受件人姓名、官衔。

睡起偶成仍前韵

谢迁

睡觉前楹忽见山，清风多在绿阴间。
蜂粘花粉时穿牖，鹤避茶烟每闯关。
雉堞斜连林外麓①，蜃楼高起海西湾。
晚凉徐步溪边蹊②，牛背斜阳一笛还。

——选自谢迁《归田稿》卷七

再慰木斋

冯兰

榻前双屧想登山，老态颓然鹤共闲。

五色分明看渐得，几篇狼籍券能还。

拟抛药物笼丹杞①，兼爱溪流枕碧湾。

花雾一帘人境静，茗余还试鹧鸪斑②。

——选自谢迁辑《湖山唱和》卷一

【作者简介】冯兰，字佩之，号雪湖，余姚人。成化五年（1469）进士，选庶吉士。仕至江西提学副使。谢迁致仕归，与冯兰晚缔姻盟，两人往还雪、汝两湖间，唱和无虚日，正德九年（1514）遂有合集《湖山唱和》。另著有《雪湖集》。

【注释】①丹杞：枸杞。②鹧鸪斑：茶盏名。因有鹧鸪斑点的花纹，故称。关于建窑鹧鸪斑盏的记载最早见于陶毂《清异录》载："闽中造盏，花纹鹧鸪斑点，试茶家珍之。"

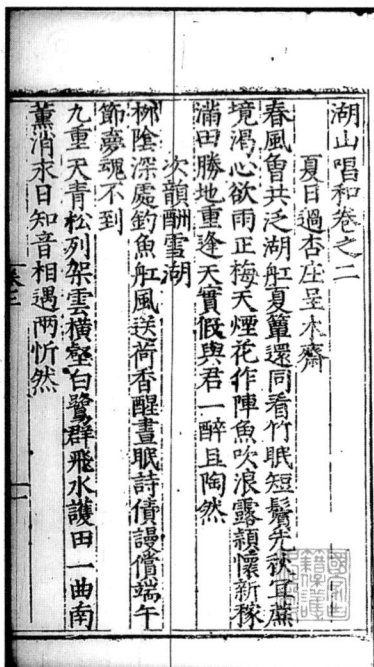

谢迁辑《湖山唱和》书影，国家图书馆藏本

次联句韵二首答木斋^①（选一）

冯兰

历涧缘崖杖履清，残年风景入嘉平^②。

观梅东阁余诗兴，对酒南山不世情。

寒汲清泠供雪茗，香分钉饾荐霜橙^③。

更于何处看奇绝，月出沧波海气明。

——选自谢迁辑《湖山唱和》卷一

【注释】①冯兰此诗，谢迁有答诗《叠前韵酬雪湖》云："两湖流水接天清，十里湖堤入望平。诗札往还如索债，岁华更代总忘情。酒须家酿多载秫，果杂村柈或荐橙。石鼎一篇殊未已，春宵灯烛待弥明。" ②嘉平：腊月的别称。 ③钉饾：即饾钉。将食品堆叠在盘中，摆设出来。

田园（六首选一）

杨鉴

天垂太白近诗家，学圃高人富物华。

醉把金钱林下菊^①，吟烹玉乳雨前茶^②。

惊乌绕树号新月，倦鸟投林带落霞。

尘世不知清隐味，直教金谷变莺花。

——选自杨鉴《秋泉先生遗稿》

【作者简介】杨鉴，号秋水，余姚开原乡双桥杨家（今属余姚市泗门镇镇南村）人。杨抚之父。夙有隐逸之操，放迹湖海，颇有诗名。曾客京师，不欲得官，和陶见志。有《秋泉先生遗稿》。

【注释】①金钱：黄菊，又名金钱菊。　　②玉乳：茶面上的白沫。宋秦观《满庭芳·茶词》云："轻淘起，香生玉乳，雪溅紫瓯圆。"

鉴湖漫兴①（三首选一）

李堂

燃竹烹新茗，炊烟手汲清。
味应消病渴②，功已破愁城③。

——选自李堂《堇山文集》卷三

【作者简介】李堂（1462—1524），字时升，学者称为堇山先生，鄞县孝闻街（今属海曙区）人。成化二十三年（1487）登进士，弘治十五年（1502）升应天府府丞。正德四年（1509）陟南京光禄寺卿，改南京都察院、左佥都御史，升工部右侍郎。后因病罢归，在赤堇山边筑堇山田舍。著有《堇山文集》。

【注释】①鉴湖：浙江绍兴有鉴湖，宁波月湖别名鉴湖，从李堂诗中看不出所指为何地。李堂家住宁波城内孝闻街，距月湖仅两三里地，故其所咏鉴湖最有可能指月湖。　　②病渴：原指患消渴症。这里取其字面意义，指解除口渴之症。　　③愁城：指愁苦的境地。

煎茶诗和赵侍御韵二首

李堂

齿漱清芬耳入虚，烹煎声沸梦回初。
香团自昔夸龙凤，汤眼分明验蟹鱼①。
炉出彩烟云细细，碗浮花蕊雪疏疏。
通灵自是仙家种，待试奇功白发余。

青泄溪山早摘春，缄封粟粒赠诗人^②。

品因卢陆尤增价^③，咏入苏黄更脱陈^④。

石鼎松风博物色，新泉活火见精神。

先驱每为清风骨，静里琴书觉最亲。

——选自李堂《堇山文集》卷五

【注释】①蟹鱼：蟹眼和鱼眼。 ②缄封：封闭，封口。粟粒：苏轼《荔支叹》诗云："君不见，武夷溪边粟粒芽，前丁后蔡相笼加。" ③卢陆：卢仝和陆羽。 ④苏黄：苏轼和黄庭坚。

溪山春暮二首呈魏云松先生^①（选一）

李堂

闲坐溪头看落霞，飞来片片点晴沙。

春归不了莺花梦，节去还留燕子家。

稚女攀桑收野茧，老人烧竹焙山茶。

小堂面面流寒玉，风景依稀似若耶^②。

——选自李堂《堇山文集》卷五

【注释】①魏云松：魏偁，号云松。 ②若耶：溪名，在浙江省绍兴市南。

睡起

黄元釜

风自南来坐北堂，一声长啸百忧忘。

贫居我亦非无乐，病间谁能不有忙。

午帐蝶翻春草梦^①，浅塘鱼戏夏莲香。

苦茗呼汲寒泉煮，七碗何须待客尝。

——选自《竹桥黄氏宗谱》卷十三

【作者简介】 黄元釜（1480—？），字汝用，号丁山，余姚黄竹浦人。从学于王阳明，能守师说。

【注释】 ①春草梦：典出《南史·谢方明传》："（谢方明）子惠连，年十岁能属文，族兄灵运嘉赏之，云：'每有篇章，对惠连辄得佳语。'尝于永嘉西堂思诗，竟日不就，忽梦见惠连，即得'池塘生春草'，大以为工。常云：'此语有神功，非吾语也。'"

值雨

华爱

黑云将雨至，晚去宿谁家。

远溜奔崖白，惊飙逗竹斜^①。

主人初具榻，稚子旋烹茶。

自爱身沾湿，犹看带紫霞。

——选自胡文学《甬上耆旧诗》卷十一

【作者简介】 华爱（1491—1533），字仁卿，号石窗，鄞县人。正德九年（1514）进士。授南京刑部主事，历官郎中。嘉靖时官桂林知府，以直被劾归。

【注释】 ①惊飙：突发的暴风，狂风。

醉茗

倪宗正

闻醉饮茗醒，未闻饮茗醉。

若人号醉茗，此意岂无谓。

置身樽罍间，糟粕填胸胃。

人醉百秽生，君醉乃涤秽。

清晨瀹玉瓶^①，雪鼎浥新翠。

龙团百和余，清芬郁兰桂。

耻与桑落伍，价压金陵贵。

一碗复一碗，便觉睡魔退。

七碗不辞频，长吸东溟费。

捧来犹不辞，病渴若未饫。

卢仝量全窄，虚此谏议惠^②。

百窍津液生，舌底九江味。

颓然纱帽斜，坦腹收春媚。

悠悠何有乡，问我默不对。

千日唤不醒，梦揉梅花碎。

——选自倪宗正《倪小野先生全集》卷三

【作者简介】倪宗正（1471—1537），字本端，号小野，余姚北城（今属余
姚市阳明街道）人。弘治十八年（1505）进士，选翰林院庶吉士。以忤刘
瑾，出为太仓知州。瑾诛，入为兵部武选司员外郎，迁礼部主客司郎中。
以谏武宗南巡，受廷杖，出为南雄知府。有《倪小野先生全集》。

【注释】①玉瓶：瓷瓶的美称。　②谏议：孟谏议，生平不详。谏议，朝
廷言官名。

《历代名人绣像选》中的倪宗正遗像

天童寺

陆铨

溪转峰回翠霭新，诸天楼阁傍星辰[1]。

深山笋熟人如市，梵户茶香客自频。

龛烛能留长夜月，天花不断四时春。

共来物外舒尘缚[2]，莫厌披襟与岸巾。

——选自胡文学《甬上耆旧诗》卷九

【作者简介】陆铨（1492—1542），字选之，号石溪，鄞县人。嘉靖二年（1523）进士，除刑部主事。嘉靖三年（1524），与弟编修钺争大礼，并诏系狱被杖。后以才推典十三司，改武库员外郎，转礼部仪制郎。为权贵张璁所忌，出为福建按察使，摄海道。迁河南参政、广西按察使，嘉靖十八年（1539）升广东右布政使。以内艰归，卒于家。所著有《石溪集》。

【注释】①诸天：佛教语，指神界的众神位。　②尘缚：在人世间所受到的种种束缚。

步至郊园，邻人有以新茗馈遗者

杨德遵

步转水田郁，人来竹径凉。

当池蒲正绿，隔岸柳偏长。

斗雀趋丛薄①，啼莺近小堂。

比邻何雅意，新茗送余尝。

——选自胡文学《甬上耆旧诗》卷三十

【作者简介】杨德遵，字公路，鄞县镜川（今海曙区石碶街道栎社）人。好园居，善作诗，与徐时进交游。著有《雄飞集》。

【注释】①斗雀：雀性好斗，故名。丛薄：丛生的草木。

采茶女

孙堪

两两道傍女，盈盈娇畏人。

枝头摘新茗，纤手白粼粼①。

露拂青衫曙，颜凝紫雾春。

花前忽长叹，脉脉坐伤神。

——选自孙堪《孙孝子文集》卷十一

【作者简介】孙堪（1482—1553），字伯子，号志健，余姚孙家境（今属慈溪横河）人。为诸生，能文，有膂力，善骑射。正德十四年（1519），孙堪听说父亲孙燧被害，率两弟孙墀、孙升挟刀赴南昌。正好宸濠已被王守仁所擒，即扶柩归乡。孙堪由于过分悲伤，竟聩双耳，率弟庐墓蔬食3年，又墨衰3年，史称三孝子。承父荫，为锦衣千户。嘉靖五年（1526）中武会试第一，擢署都督同知。嘉靖二十二年（1543），升任都督佥事，管前军都督府事。著有《孙孝子集》。

【注释】①粼粼：形容肤色白洁。

送余子华归省^①

孙承恩

诏许宁亲去^②，争看太史归^③。
春深花雾重，寒退柳风微。
越岭茶堪摘，姚江鳜正肥。
因君动余兴，夜夜梦班衣^④。

——选自明孙承恩《文简集》卷十五

【作者简介】孙承恩（1485—1565），字贞甫，号毅斋，松江（今属上海市）人。正德六年（1511）进士，授编修，官至礼部尚书，兼掌詹事府，嘉靖三十二年（1553）斋宫设醮，以不肯遵旨穿道士服，罢职归。谥文简。著有《文简集》等。

【注释】①余子华：余本（1480—1529），字子华，鄞县人。正德六年（1511）进士，授编修。 ②宁亲：省亲。 ③太史：明代称翰林为太史。 ④班衣：即斑衣。指相传老莱子为戏娱其亲所穿的彩衣。

夜宿杖锡①

徐爱

飞锡开山旧有名②，林深草舍路今生。

岩溪万叠尽围寺，雷雨一番初放晴。

石溜冷冷侵夜枕，风蝉历历动秋声。

梦魂回与尘寰隔，煮茗焚香僧亦清。

——选自徐爱《横山遗集》卷上

【作者简介】徐爱（1487—1517），字曰仁，号横山，余姚横河马堰（今划归慈溪）人。正德二年（1507）在山阴师从王守仁，为王门最早的弟子之一。次年举进士。正德七年升南京兵部车驾清吏司员外郎。正德十年升南京工部都水司郎中。有《横山遗集》。

【注释】①杖锡：村名，今属海曙区章水镇。　②飞锡开山：指仗锡寺的创建。黄宗羲《四明山志》卷二"仗锡延胜寺"条云："唐龙纪元年，由石霜下长、政二僧肇基。天祐三年，吴越王赐金额。十传逮宋之天圣四年，修己自太白山来主寺事，人奉之为第一代祖。……《宁波志》云：'唐龙纪元年，天童山纪禅师飞锡至此建立。'按，天童修己为谷隐聪之法嗣，宋天圣间人。经始于龙纪者，自是僧长，悬隔异代，乃牵合为一，失其实矣。"

登上塔

丰坊

火发茶香归钵净①，风传竹韵过窗虚。

杖头探得金沙窟②，寂寂灵源本自如。

——选自《明州阿育王山志》卷十

【作者简介】丰坊（1492—1563），字人叔、存礼，更名道生，更字人翁，号南禺外史，鄞县人。嘉靖二年（1523）进士，授吏部主事，改南考功主事。嘉靖六年坐事谪同知通州，罢归，益自诞放，晚年卒于僧舍。著有《万卷楼遗集》等。

【注释】①火发茶：指寒食时采摘的茶。　　②金沙窟：即金沙井，在阿育王寺内，离妙喜泉半里许。

赠悦茶翁

张时彻

吴门白羽客，来往五湖槎。

素发垂肩短，青山入梦赊。

旧炉频煮月，碧碗细餐霞。

阳羡春如许，飞腾兴未涯。

——选自张时彻《芝园定集》卷九

【作者简介】张时彻（1500—1577），字维静，号东沙，又号九一，鄞县布政张家潭人。嘉靖二年（1523）进士，授南京膳部主事等职。嘉靖十年，升任江西按察副使，督学政。嘉靖十二年，任山东临清兵备副使，累迁山东右布政使。嘉靖二十年，丁父忧，期满，赴湖广任职，迁河南为左布政使。嘉靖二十五年，官右副都御史，巡抚四川。嘉靖三十三年，任南京兵部尚书，次年以倭寇直逼南京城下，被勒归休。著有《芝园定集》等。

采茶女

黄尚质

女伴乌椎髻①，携筐去采茶。

归来笑相指，都插杜鹃花。

——选自黄宗羲编《姚江逸诗》卷十一

【作者简介】黄尚质（1504—1577），字子殷，号墨泉，一号醒泉，余姚黄竹浦人。嘉靖二十八年（1549）举人，知河南息县事，迁河北景州知府，主修董仲舒书院、周亚夫祠，六年后自免归，筑室乌胆山，读书赋诗。工山水，兼善人物。用笔古雅，不落蹊径。工画菊，尤精傅色。著有《青园录》，诗近千首，后裔孙黄宗羲删存其十分之一，编为《景州诗集》。
【注释】①椎髻：一撮之髻，其形如椎。

同孙石窗雨溪散步白云寺①

黄尚质

古寺云林迥，溪流石径斜。
满篱斑竹笋，半壁紫藤花。
市远难沽酒，僧贫足办茶。
相看坐良久，襟袖起青霞。

——选自《竹桥黄氏宗谱》卷十三

【注释】①白云寺：在余姚梁弄镇东南一千米的白云山上。五代后晋开运二年（945）建白云院，宋治平三年（1066）改名白云教寺，南宋孝宗年间重建。

睡起

黄尚质

睡起展围屏，山窗晚更清。

鹤行梧叶径，雀聚豆叶棚。

满地流云气，平阑射月明。

何妨凭石几，闲听煮茶声。

——选自《竹桥黄氏宗谱》卷十三

有客

黄尚质

寻常有客过山塘，淡若僧家趣味长。

野鸟助谈花供笑，一杯清茗一炉香。

——选自《竹桥黄氏宗谱》卷十三

夏日访云江渔者不值三首（选一）

黄尚质

石室红葵花自明，主人何处索诗盟。

清厨畜得春茶在，剪发家童亦解烹。

——选自《竹桥黄氏宗谱》卷十三

盛暑集众乐园

黄尚质

酷暑无从避，相邀宰相家①。

山台依密竹，水阁照青沙。

风堕秋前叶，人簪醉后花。

谩夸河朔饮②，输却老僧茶③。

——选自《竹桥黄氏宗谱》卷十三

【注释】①宰相家：考黄尚质有《三月三日集吕春卿大观轩得箫字》诗，与吕家子弟有交往，则此诗中的宰相家指宰相吕本之家。《竹桥黄氏宗谱》卷十一《列传·醒泉公》云："嘉靖辛酉，吕文安忧归，与黄醒泉相唱和，当花对酒，登山临水，无日无之。"吕本（1504—1587）为余姚县城人，嘉靖二十八年（1549）四十六岁入内阁，嘉靖四十年时因母亲亡故，丁忧归，之后不复出仕，卒谥文安。　　②谩夸：空自夸赞。河朔饮：《初学记》卷三引三国魏曹丕《典论》："大驾都许，使光禄大夫刘松北镇袁绍军，与绍子弟日共宴饮，常以三伏之际，昼夜酣饮，极醉，至于无知。云以避一时之暑，故河朔有避暑饮。"　　③作者自注："寺僧供杖锡山茶极佳。"

烹茶次张龙峰韵

黄尚质

睡起西窗意澹然，自烹春茗试分泉。

已知功业如残梦，若与烟霞有夙缘。

洒洒清风还竹院，融融迟日正花天①。

道人既得闲滋味，城市山林总是仙。

——选自《竹桥黄氏宗谱》卷十三

【注释】①迟日：《诗经·豳风·七月》："春日迟迟。"后以"迟日"指春日。

初夏归山中

黄尚质

一月春山别，归来石室尘。
草深迷后院，竹长过西邻。
稚犬能嗥客，驯禽不避人。
呼童煮新茗，自整旧纶巾。

——选自《竹桥黄氏宗谱》卷十三

初夏望春庄漫兴四首（选一）

范钦

白鹤山前村径，青槐树里人家。
过客但寻旧社，呼儿旋煮新茶。

——选自范钦《天一阁集》卷十六

【作者简介】范钦（1505—1585），字尧卿，号东明，鄞县人。嘉靖十一年（1532）进士，历任随州知州、兵部员外郎、袁州知州等职。嘉靖末建天一阁藏书楼。著有《天一阁集》。

尝新茶

杨文俪

越茗怜新摘，烹来满碗春。

清香人共嗜，嫩蕊味偏真。

雀舌应堪拟，龙团未足珍。

江南第一品，岁岁贡枫宸^①。

———选自杨文俪《孙夫人集》

【作者简介】杨文俪（1515—1584），浙江杭州人，工部员外郎杨应獬女，孙升（今慈溪横河人）继室，封夫人。教子有方，又好诗词声律，有《孙夫人集》传世。

【注释】①枫宸：宫殿。宸，北辰所居，指帝王的殿庭。汉代宫廷多植枫树，故有此称。

茶瓶

沈明臣

半壁卷飞涛，寒江忽移此。

正当酒渴时，一杯漱吾齿。

———选自沈明臣《丰对楼诗选》卷二十二

【作者简介】沈明臣（1518—1595），字嘉则，鄞县栎社沈家人。嘉万之际著名的布衣作家。嘉靖三十四年（1555），客胡宗宪幕，参与抗倭斗争，以智策诗才备受优遇。胡宗宪系狱后，沈明臣到处替胡鸣冤叫屈。胡宗宪死后，沈明臣挟策囊书，沦落江湖，遍游江浙闽粤各地。晚年倦游归里，盘桓于栎社丰对楼自家的书斋中，吟啸著述，老死家园。乡亲推之为"栎社长"，宗人奉之为"句章公"，学者则称之为"嘉则先生"。今传有《丰对楼诗选》。

客次有怀中林诸胜二十首①（选一）

沈明臣

桃浦青林路转，莼湖里港云连。
昨日钓丝风卷，明朝茶灶鸥眠。

——选自沈明臣《丰对楼诗选》卷二十五

【注释】①中林：在沈明臣家乡栎社。

去家三十里而近者它山也，其泉从四明山中来，甘冽不让惠泉①，用以煎茶，吾郡当称第一。闲居令家僮以船载之，家僮乃以赝水应，戏作一首

沈明臣

泉到它山百里长，赝将沙港取来尝②。
煎茶羞作陆桑苎③，品水难欺李赞皇④。
若使阿獠终远到⑤，始怜杜仆信为良。
竹炉活火空相待，纵领松风愿不偿。

——选自沈明臣《丰对楼诗选》卷三十四

【注释】①惠泉：即无锡惠山泉。　②沙港：其地离它山堰半里余，即今海曙区洞桥镇沙港村一带。　③陆桑苎：唐代陆羽号桑苎翁。　④李赞皇：唐代李德裕，赵郡赞皇（今河北赞皇县）人。李德裕烹茶时专好惠山泉，不惜派人千里迢迢专程赶往无锡，以取泉水，时人谓之"水递"。

⑤阿獠：指杜甫仆人獠奴阿段。杜甫《示獠奴阿段》诗谓獠奴能寻源修筒引水而至。

四月望后始得朱溪新茗^①，因分贻郑朗^②，系以长津

四月望后始得朱溪新茗^①，
因分贻郑朗^②，系以长津

沈明臣

海国今年气未融，一春多雨病山农。
到来新茗时全过，分去余甘手自封。
消渴最怜君卧久，提携无奈使难逢。
一杯乍许金茎露，好挹天泉对古松。

——选自沈明臣《丰对楼诗选》卷三十四

【注释】①朱溪：一作珠溪，在今象山贤庠镇，其地所出之茶称珠山茶。明万历《象山县志》记载："茶出朱溪者佳。" ②郑朗：叶太叔，字郑朗，鄞县人。沈明臣诗弟子。

余醉归，适白正夫以江水煮天池茶见饷^①

沈明臣

春茗江波手自煎，饷余归自酒垆边。
就床七碗风生腋，听雨高楼一夜眠。

——选自沈明臣《丰对楼诗选》卷三十八

【注释】①天池茶：产于苏州天池上。《遵生八笺》卷十一《茶泉类·论茶品》云："若天池茶，在谷雨前收细芽，炒得法者，青翠芳馨，嗅亦消渴。"

八月廿八日早过惠山取泉绝句

沈明臣

挐舟取水白云边，一注清泠湿紫烟。
绿满天池阳羡碧，始知桑苎少茶缘。

——选自沈明臣《丰对楼诗选》卷三十九

梅花水①

沈明臣

石隙迸出水，清香号梅花。
较之轻重它水别，惜未携煮天池茶。

——选自沈明臣《丰对楼诗选》卷四十二

【注释】①梅花水：《江南通志》卷十一《舆地志·山川一·江宁一府》：
"梅花水：在府治北观音门内，兴善寺源，自石罅中出。"又卷四十三《舆
地志·寺观一·江宁一府》："崇化寺：在府古高峰院，与嘉善寺相连，明
正统间重建，赐额。崖下有泉沸起，水面若散花，故名梅花水。"

神霄宫少憩

吕时

羽人出茶瓜①，坐我冥筌里②。
日午碧树根，黄鹤一呼起。

——选自吕时《甬东山人稿》卷三

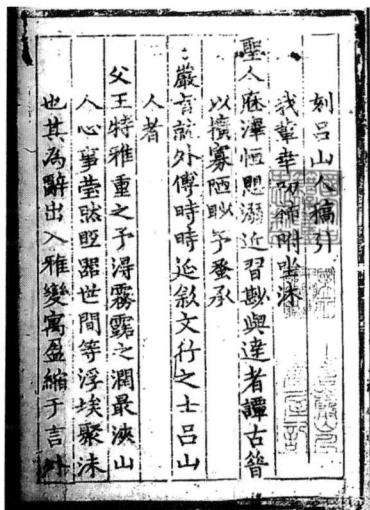

吕时《甬东山人稿》书影，国家图书馆藏明万历刻本

闲户

应枭

闭户松鳞老，临渠竹粉香。
偶然来野衲，小语及空王①。
日永修茶具，年衰订睡方。
穷山浑自了，焉敢傲羲皇。

——选自《甬上耆旧诗》卷二十四

题醉茶轩（二首选一）

余寅

何事堪排老崛强，津津紫笋可禁当①。
鸠坑欲报雷时节②，赢得镏伶镵里肠③。

——选自余寅《农丈人集》卷五

【作者简介】余寅（1531—1605），本字君房，晚年改字僧杲，学者称汉城
先生，鄞县人。及壮益喜读秦汉以前书，倡为古文。凡为名诸生二十余
年，孝廉十二年。直至万历庚辰（1580）始举进士，官水曹郎，迁礼部员
外郎。上《正风俗》十事。以按察副使视学陕西，迁左参政，改山东。以
忤时乞归，起福建，再乞休，加太常少卿，致仕。归田以后所辑《农丈人
文集》二十卷、《诗集》八卷，另著有《宦游历纪》八卷等。
【注释】①禁当：承受。　②鸠坑：今浙江省淳安县鸠坑乡。据《严陵
志》等记载，淳安茶旧产鸠坑者佳，唐时称贡物，宋朝罢贡。　③镏伶：
即刘伶，竹林七贤之一。镵里肠：指酒肠。

病中有人见遗杞羹、蜜糕、佳茗，
诗以代谢①

万达甫

一卧经秋夏，频烦问寂寥。
糕分良友惠，羹出故园调。
厌此尘膻久，因之宿疾消。
仙芽有奇馥②，更可涤烦焦。

——选自万达甫《皆非集》卷上

【作者简介】万达甫（1532—1630），字仲章，号纯斋，鄞县人，故居新街（今属海曙区），万表之子。袭官督漕，历迁广东参将，解组归里，读书西溪墓舍。著有《皆非集》。
【注释】①杞羹：枸杞羹。　　②仙芽：指茶叶。

谢友人遗吴茗

万达甫

仙茗何处至，采自吴山幽。

且试清泉汲，无烦外物求。

入铛灵液沸，举盏野香浮。

顿使风生腋，因君忆故丘。

——选自万达甫《皆非集》卷上

入溪隐

沈一贯

匝眷转诸峰①，芬菲出桂丛。

天光翠微尽，地脉小溪通。

夜谷深藏物，春茶稍税公。

竹鸡啼暮雨，松鼠堕秋风。

久坐疑疏网②，新来似凿空③。

不须寻夏里④，已入小空同⑤。

——选自沈一贯《喙鸣诗集》卷十

【作者简介】沈一贯（1537—1615），字肩吾，又字不疑、子唯，号蛟门，鄞县枥社人。隆庆二年（1568）进士，选为庶吉士，授检讨。历官吏部左侍郎等职，升任尚书兼东阁大学士，参与机务。万历三十四年（1606）告退，家居十年而卒。赠太傅，谥文恭。著有《嗥鸣诗集》《嗥鸣文集》等。

【注释】①匼沓：纷杂繁多。　②疏网：指宽大的法律。　③凿空：原指开通道路，这里指进入另一世界。　④夏里：汉夏黄公隐居夏里。⑤小空同：即小崆峒。

龙井茶歌^①

屠隆

山通海眼蟠龙脉，神物蜿蟺此真宅^②。

飞泉喷沫走白虹，万古灵源长不息。

琤琮时谐琴筑声^③，澄泓冷浸玻璃色^④。

令人对此清心魂，一漱如饮甘露液。

吾闻龙女参灵山^⑤，岂是如来八功德^⑥。

此山秀结复产茶，谷雨霢霂抽仙芽^⑦。

香胜旃檀华严界^⑧，味同沆瀣上清家^⑨。

雀舌龙团亦浪说，顾渚阳羡讵须夸。

摘来片片通灵窍，啜处泠泠馨齿牙。

玉川何妨尽七碗，赵州借此演三车^⑩。

采取龙井茶，还烹龙井水。

文武每将火候传^⑪，调停暗合金丹理^⑫。

茶经水品两足佳，可惜陆羽未知此^⑬。

山人酒后酣觥觯^⑭，陶然万事归虚空^⑮。

一杯入口宿酲解^⑯，耳畔飒飒来松风。

即此便是清凉国，谁同饮者陇西公^⑰。

——选自《屠隆集》第十二册

【作者简介】屠隆（1542—1605），字长卿，一字纬真，号赤水、由拳山人、鸿苞居士等，鄞县人，祖居今江北区桃花渡北，迁居城内（今海曙区）。万历五年（1577）进士，历知颍上、青浦知县，颇有政绩。升为礼部主事，历至郎中。为俞显卿诬陷，罢职归，遨游吴越。著有《由拳集》《白榆集》《栖真馆集》等。

【注释】①龙井茶：龙井旧名龙泓，位于西湖之西翁家山的西北麓，也就是现在的龙井村。龙井系一圆形的泉池，大旱不涸，古人以为此泉与海相通。龙井茶得名于龙井产于浙江杭州西湖龙井村一带，系中国著名绿茶之一，有色绿、香郁、味甘、形美的特点。屠隆《考槃余事·茶说》云："龙井，不过十数亩。外此有茶，似皆不及，大抵天开龙泓美泉，山灵特生佳茗，以副之耳。山中仅有一二家，炒法甚妙。近有山僧焙者亦妙。真者天池不能及也。"屠隆所作此诗后有落款："万历甲午秋七月，赤水洞天居士屠纬真书。"万历甲午，即公元1594年。2004年，在杭州龙井寺旧址附近发掘出屠隆手书的《龙井茶歌》古碑。　②蜿蟺（dàn）：屈曲盘旋的样子。　③琮琤：形容流水的声音。筑：古代弦乐器，形似琴，有十三弦。　④澄泓：水清而深。　⑤龙女：观音菩萨身边的女童龙女，是"二十诸天"中第十九天之婆竭罗龙王的女儿，聪明伶俐，八岁时偶听文殊菩萨在龙宫说《法华经》，豁然觉悟，通达佛法，发菩提心，逐去灵鹫山礼拜佛陀，以人身成就菩萨。灵山：印度佛教圣地灵鹫山的简称。⑥八功德：即八功德水，亦称八定水。《阿弥陀经》云："极乐国土有七宝池，八功德水充满其中。"佛教谓西方极乐世界浴池中具有八种功德之水，即澄清、清冷、甘美、轻软、润泽、安和、除饥渴、长养诸根。同时，包围须弥山之七内海，亦有八定水充满其中，具有甘、冷、软、轻、清净、无臭、沐浴清香、用之不伤体八特质。　⑦霡（mài）霂（mù）：小雨。　⑧旃檀：又名檀香、白檀，香味醇和，历久弥香，素有"香料之王"之美誉。华严界：指佛界。　⑨沆瀣：夜间的水气，露水。旧谓仙人所饮。屈原的《楚辞·远游》云："餐六气而饮沆瀣兮，漱正阳而含朝霞。"王逸注："《凌阳子明经》言：春食朝霞……冬饮沆瀣。沆瀣者，北方夜半气也。"上清家：奉行上清道者自称上清家，声称修行得道可以升入"上清天"。　⑩赵州：参见释楚俊《献新茶于府位》诗注。三车：佛教语。喻三乘。谓以羊车喻声闻乘（小乘），以鹿车喻缘觉乘（中乘），以牛车喻菩萨乘（大乘）。见《法华经·譬喻品》。　⑪文武：犹言温猛。⑫金丹：古代方士炼金石为丹药，认为服之可以长生不老。　⑬陆羽未知此：陆羽《茶经》有杭州天竺、灵隐二寺产茶的记载，龙井之名始于宋代，故云"陆羽未知此"。　⑭甍（méng）甋（tóng）：毛松的样子。⑮陶然：闲适欢乐的样子。　⑯宿醒：前夜喝酒而病醉未醒。　⑰陇西公：似为屠隆的李姓朋友。

怀田叔六首① （选一）

屠隆

大海白烟铺，群鸥下可呼。
携舟临岸曲，引客坐城一隅。
娇女嗔花落，儿童说岁除②。
空中何所有，茶灶与香炉。

——选自屠隆《白榆集》卷四

【注释】①田叔：屠本畯之字。　②岁除：一年的最后一天。

山居杂兴四十首 （选一）

屠隆

手摇青磬礼空王①，银烛金炉爇异香。
煮茗小嗔童子慢，开门为扫落花忙。

——选自屠隆《白榆集》卷八

【注释】①空王：佛的尊称。佛说世界一切皆空，故称"空王"。

南雷八首访汪长文作①（选一）

屠隆

临溪开茗园，锄笠破云根②。

桂树堪招隐③，桃源况结婚④。

久参齐物理，未与世人言。

便欲携茶灶，依君住鹿门⑤。

——选自屠隆《栖真馆集》卷四

【注释】①汪长文：汪礼约，字长文，鄞县大雷（今属海曙区）人，工诗。南雷，即汪氏家族的居所。沈明臣《四明山游记》载："大雷尖一曰南雷，此正谢居士隐处。前汪氏居，盖借是名耳。" ②锄笠：锄头和斗笠。云根：山石。 ③桂树：出自淮南小山《招隐士》诗："桂树丛生兮山之幽，偃蹇连蜷兮枝相缭。……攀援桂枝兮聊淹留，王孙游兮不归。"④桃源：南雷旧属桃源乡。这里亦切桃花源典。 ⑤鹿门：即鹿门山，在湖北省襄阳区。《高士传》中云后汉庞德公携妻子登鹿门山，采药不返。后指隐士所居之地。

乞史晋伯新茶二首①

孙鑛

姚茗论精品，佳园独占春。

黄拳露里嫩，绿焙雨前新。

倦眼翻书涩，枯肠构句贫。

愿分芳鼎味，一醒渴乡人。

逸味曾经啜，于今已十年。

解醒宁我独，斗美竞谁先。

净几初闲日，虚窗暂霁天。

此时倾一碗，应觉兴悠然。

——选自孙鑛《月峰先生居业次编》卷一

【作者简介】孙鑛（1543—1613），字文融，号月峰，余姚人。隆庆举人，万历二年（1574）会试第一，殿试成二甲第四名进士。著有《坡公食饮录》《居业编》等。

【注释】①史伯晋：史元炁，字伯晋，号循庵，余姚人。郡庠生。

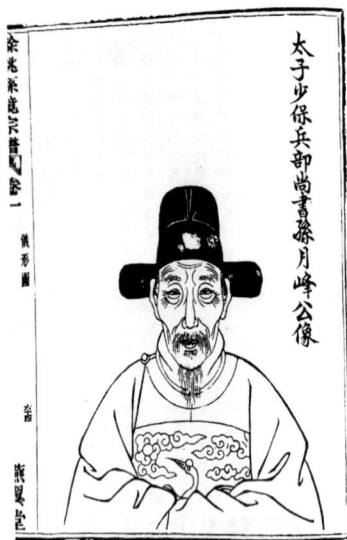

《余姚孙境宗谱》中孙鑛像

葛公旦饷后山茶①

孙鑛

正拟搜千卷，徐看绽百花。

忽惊霞外使，分惠雨前茶。

扫砌风初定，侵檐日未斜。

旋移铜灶至，欹坐试纤芽。

——选自孙鑛《月峰先生居业次编》卷一

【注释】①葛公旦：葛晓，字公旦，又字云岳，号樵史，浙江上虞人。少以恩荫让叔祖父枭，深受里人称赞。长善诗文，工书法。万历间县令徐待聘聘其修县志。有《徐徐集》传世。

史叔让馈园茶兼鱼羹①，诗以为谢

孙鑛

嘉鱼来海上，香茗产篱边。
入釜烹调适，盈篮采造鲜。
玉鳞迎箸脆，雪乳泛瓯圆。
昆季情何厚，珍奇惠我偏。
佐餐愁易尽，惜味每亲煎。
吴客空思脍②，茶山试品泉。

——选自孙鑛《月峰先生居业次编》卷一

【注释】①史叔让：名元勋，字叔让，号虚庵，余姚人。郡庠生。　　②吴客：指张翰。这句典出《世说新语·识鉴》："张季鹰辟齐王东曹掾，在洛，见秋风起，因思吴中菰菜羹、鲈鱼脍，曰：'人生贵得适意尔，何能羁宦数千里以要名爵。'遂命驾便归。俄而齐王败，时人皆谓为见机。"《晋书·张翰传》作："翰因见秋风起，乃思吴中菰菜、莼羹、鲈鱼脍。"

题汪长文茗园①

杨承鲲

主人复何事，闭户南雷曲②。
日出松影长，照见阳崖绿③。
千峰雪欲尽，涧底泉如玉。
窗暖花欲然④，沙晴茗全蓐⑤。
拄杖倚霜根，移铛煮寒渌。
微吟岭云落，孤啸哀猨续。

回视尘网间⑥，生涯何局促。

——选自杨承鲲《西清阁诗草》

【作者简介】杨承鲲（1550—1589），字伯翼，鄞县人，父美益自镜川迁居南湖桂芳桥（今属海曙区）。以太学生北上，作《蓟门行》，一日名满京师。因不堪应酬，病百余日即谢归。居里中，布袍芒屩，翛然逸尘。城外老龙湾西建有小筑翛园。有《西清阁诗草》四卷、《碣石编》二卷传世。

【注释】①此诗作于万历十四年（1586）。　②南雷：汪氏所居之地。③阳崖：向阳的山崖。　④然：通"燃"。　⑤蓐：原意为陈草复生，此指茶叶发芽。　⑥尘网：旧谓人在世间受到种种束缚，如鱼在网，故称尘网。

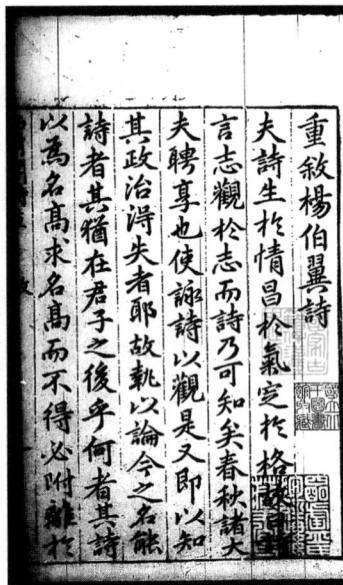

杨承鲲《西清阁诗草》书影，明万历刻本

长春圃十绝句①（选一）

杨承鲲

芦叶风干酒乍醒，起来闲步白蘋汀②。
从他万顷鹅胕绿，不换床头雀舌青。

——选自杨承鲲《西清阁诗草》

【注释】①长春圃：同治《鄞县志》卷六十四《古迹四》："长春圃：杨御史美益少子少海建，在甬水西，隔岸即柳亭庵。"此诗作于万历十一年（1583）。　②白蘋：蘋为水草名，叶浮水面，夏秋开小白花，故称白蘋。

喜吴少君至^①（四首选一）

闻龙

品水疏茶兴不孤，爱君清癖世间无。
茅堂萧寂如僧舍，坐对寒松到日晡^②。

——选自闻龙《行药吟》

【作者简介】闻龙（1551—1631），谱名继龙，字隐鳞，一字仲连，晚号飞遁翁，鄞县人，出生于宁波城内马衙街（今属海曙区）。善诗书，崇祯时举贤良方正，坚辞不就。著有《茶笺》《行药吟》等。
【注释】①吴少君：吴孺子，字少君，浙江金华人。以黄冠游吴楚间。所著有《吴少君集》，沈明臣等为序。　②日晡：日落。

溪上同少君煮茗

闻龙

寒渌呼童煮^①，仙茅荐客尝^②。
看疑山翠映，啜作豆花香。
自是清泠味，偏宜野逸肠。
会当生羽翰^③，何用乞琼浆^④。

——选自闻龙《行药吟》

【注释】①寒渌：清冷之水。　②仙茅：植物名。原生西域，粗细有筋，或如笔管，有节文理。唐开元元年（713）婆罗门僧进此药，其子因又名婆罗门参。分布于我国东南至西南部。《嘉定赤城志》卷三十六云："仙茅：一名香茅，出天台洞天宫者最胜。传云，千斤乳石不及一斤仙茅，言其功力也。"　③羽翰：翅膀。鲍照《咏双燕诗二首》云："双燕戏云崖，羽翰始差池。" ④琼浆：传说中神仙饮的仙水。

与诸君啜茗

闻龙

霄汉君思旧①，山林我固穷。

行藏千里隔②，胶漆两人同。

荆玉良终售③，阴符困愈工④。

公车奏对日⑤，遥想气成虹。

——选自闻龙《行药吟》

【注释】①霄汉：喻指京都。 ②行藏：出处或行止。 ③荆玉：荆山之玉，即和氏璧。比喻美质贤才。 ④阴符：古代军中的一种秘密通信方法。此处指古兵书《阴符经》，亦可泛指兵书。 ⑤公车：汉代以公家车马递送应征的人，后因以"公车"为举人应试的代称。奏对：臣属当面回答皇帝提出的问题。

元日

闻龙

羸躯罢应接，高卧答佳辰。

茗碗生幽兴，椒觞思故人①。

有年风日好②，无事岁华新。

偶向溪边坐，千峰映角巾③。

——选自闻龙《行药吟》

【注释】①椒觞：椒浆酒。　　②有年：丰年。　　③角巾：有棱角的头巾。

煮茶吟

冯嘉言

睡起不自好，渴想官茶味。

莫论紫香茸，漫擘龙团细。

活火煮素涛，瓦铛燃野穑^①。

但觉雨声喧，谁知茶鼎沸。

一啜洗烦襟，何妨来癖肺。

未觉灞桥驴^②，倏尔发诗思。

——选自冯嘉言《十菊山人雪心草》卷一

【作者简介】冯嘉言，字国华，号十菊山人，慈溪县（今江北区慈城镇）人。嘉靖末诸生，应举不利，遂卜居东岭后马家山以老。卒年70余。著有《十菊山人雪心草》四卷。

【注释】①穑（jì）：指割下来的农作物的秆。　　②灞桥驴：《韵府群玉》记载："孟浩然尝于灞水，冒雪骑驴寻梅花，曰：'吾诗思在风雪中驴子背上'。"

携尊访山中故人

冯嘉言

东风吹散步，拄杖叩扉时。

石鼎烹新酿，山茶剪嫩旗^①。

投闲供野兴，扶醉写清诗。

共有烟霞想，相携话故知。

——选自冯嘉言《十菊山人雪心草》卷一

【注释】①旗：茶展开的芽。

尝茶

冯嘉言

乘露摘新茎，瓦铛旋煮成。
含黄春味足，泛绿晚香清。
谩说鸦山胜①，还传雀舌名。
鹿门多病容②，一醉解余醒。

——选自冯嘉言《十菊山人雪心草》卷二

【注释】①鸦山：指雅山茶。雅山，在今安徽省郎溪县南。产茶，俗传鸦衔茶子而生，故称。唐郑谷《峡中尝茶》诗云："吴僧漫说鸦山好，蜀叟休夸鸟嘴香。"　②鹿门：庞德公归隐之所，借指隐士。

山中漫兴（八首选一）

冯嘉言

竹杖长闲处处苔，养疴数日不曾来①。
可人餐菊清诗兴，野老烹茶当酒杯。
山月梦回千里共，烟霞坐对一尊开。
醉眠芳草垂杨底，蓬岛神仙有是哉。

——选自冯嘉言《十菊山人雪心草》卷三

闺丽咏·雪水烹茶

管樬

漫云玉液与金芽，味淡香清不竞华。

手濯冰纱融白色，心投乳水灭虚花①。

争春香并梅花过，斗饮诗兼柳絮夸②。

自是珍膏嫌俗面，非关寒素袭陶家。

——选自全祖望编《续甬上耆旧诗》卷十九

【作者简介】管樬，字无棘，号雪鸿，鄞县人，由西皋迁南湖。明诸生，在万历、天启间有盛名，甬上社集无不参与。著有《云屯吟稿》。

【注释】①虚花：虚幻不实。　②柳絮：化用东晋女诗人谢道韫典故。《世说新语·言语》记载叔父谢安下雪天召集众子侄论文义，俄而雪骤，安问："白雪纷纷何所似也？"安侄谢朗答："撒盐空中差可拟。"道韫答："未若柳絮因风起。"谢安大为称赏。

半岭庵①

薛三省

桐岩阻且深②，仄径缘高岑③。

蜿蜒循曲涧，倏升倏载沉。

中岭藏旧刹，四塞岩岖嵚④。

井窥通霄汉，昼日长阴阴。

背庵负青嶂，琢削错璆琳⑤。

怪树横著壁，纷缀缨与簪。

蓝水泻幽谷，泠泠发清音。

涓涓涧底流，石室奏清琴。

倦憩足卧游，爽然豁我襟。

僧来庵前山，撷茗珍于琛。

汲涧煮新绿，三啜清尘心⑥。

——选自薛三省《天谷山人诗集》卷四

【作者简介】 薛三省（1558—1634），字鲁叔，别字天谷，定海县城（今属镇海区）人。万历二十九年（1601）进士。为庶吉士，授检讨，继充东宫讲官。天启三年（1623）后历任礼部右侍郎兼侍读学士、经筵讲官、《神宗实录》副总裁、礼部左侍郎、吏部左侍郎。后升礼部尚书，上疏言政事缺失，触怒魏忠贤，遂乞休归。崇祯元年（1628）授南京礼部尚书兼翰林学士，辞不赴。著有《春秋辨疑》《天谷山人诗集》等。

【注释】 ①半岭庵：在桐岩岭，旧属宁海县。　②桐岩：岭名。位于今临海与三门交界处，高"三十六丈"。旧属宁海县，明朝洪武间在此设桐岩驿。《嘉定赤城志》卷二十二"宁海"下云："桐岩岭：在县西南一百二十里。旧路由狼坑、县渚、海游，靖康后军书警急，遂取道于此，民至今便之。"　③高岑：高山。　④四塞：四面蔽塞。岖嵚：形容山势峻险。⑤璆（qiú）琳：泛指美玉。　⑥句末作者自注："时茶初芽。"

寿闻隐鳞高士①

薛三省

明山石窗窥天孙②，明水石砚开地文。

日月两湖鉴一曲③，比肩千载谁与分。

自昔狂客有贺监④，于今高士有隐鳞。

贺监黄冠归来晚⑤，隐鳞白裌从前身⑥。

出处志行各不同⑦，风流映带名胜均。

君家大宰启后昆⑧，谁更皎皎出风尘。

蚤厌轻肥晚乐贫⑨，言可市兮行可尊。

里中宗师推荀陈⑩，十五采笔志干云⑪，

二十横经最纷纶⑫。

十年不遇弃书去，寄兴啸傲称诗人。

律宗工部不厌细⑬，致兼王李每日新⑭。

此时诗匠杨与沈⑮，一沉一豪各不群。

更有长卿诗自雄⑯，天马腾空步绝尘。

谁复退藏坐进此，专气抱一吾道存⑰。

片楮人间重尺璧⑱，君亦只字珠玑珍。

千锥万杵不惜日⑲，不压元白纸不伸⑳。

诗成犹恐结业重㉑，逃影绝迹转空轮。

至性𧮰来合大道㉒，不借讲律锄贪嗔。

似戒似惠还似定，掇来皮毛皆逼真。

会得真时缘靡假，倾廪饭僧饥自吞。

宁可含笑涴俗秃㉓，不肯投足时贵门。

街巷车马空纷纷，身那得见名但闻。

逃名深藏鉴之涯，邂逅逢君颜玉华。

问君何术养丹砂，朝夕煨炉唯煮茶。

饮少却笑尊生家㉔，手补千金方更赊㉕。

贺监八十辞集贤㉖，赐得鉴湖许几年。

遥望会稽呼谪仙㉗，至今令名人争传。

君傍湖西老自童，杖履来往只湖东。

吾家千仞诗最工㉘，相视莫逆玉相攻。

湖中佳兴四时同，互挟日月招天风。

此意考槃矢弗言㉙，冥栖何事学逃禅㉚。

万构攫宁一瞥然㉛，胡不翩翩列追仙，

况复诗名结大年。

吁嗟乎！谁数大椿岁八千³²。

——选自薛三省《天谷山人诗集》卷六

【注释】①闻隐鳞：茶学家闻龙，字隐鳞。　　②石窗：即四窗岩。位于今余姚市华山乡东南大俞顶上。天孙：星名。即织女星。　　③鉴：鉴湖。宁波城区月湖有逸老堂，纪念归隐鉴湖一曲的贺知章，故月湖亦称鉴湖。明黄润玉《宁波府简要志》卷一："月湖：即鉴湖，在城武康乡。"明陈民俊《日月湖竹枝词》自注："湖在城中，以有贺公祠，亦题曰鉴湖一曲。"　　④狂客：唐贺知章自号"四明狂客"。贺监：唐贺知章尝官秘书监，晚年自号秘书外监，故称。　　⑤黄冠：道士之冠。亦借指道士。天宝三载（744），贺知章上疏请度为道士，求还乡里，乃舍本乡宅为观，上许之。　　⑥白袷：旧时平民的服装。这里借指无功名的士人。　　⑦志行：志向和操行。　　⑧大宰：官名。《左传·隐公十一年》载："羽父请杀桓公，将以求大宰。"孔颖达疏："《周礼》：天子六卿，天官为大宰。诸侯则并六为三而兼职焉。"古以天官为大宰，后世亦称吏部为天官。君家大宰指吏部尚书闻渊。　　⑨蚤：通"早"。轻肥："轻裘肥马"的略语。　　⑩荀陈：东汉荀淑、陈寔皆以德有高名。荀淑有八子皆出色。陈寔有六子，三人最贤。后以"荀陈"为咏德望家族或品学俱佳的兄弟之典。　　⑪采笔：彩笔。　　⑫横经：横陈经籍。指受业或读书。　　⑬工部：指杜甫。　　⑭王李：明王世贞、李攀龙的并称。　　⑮杨与沈：指杨承鲲和沈明臣。参见作者简介。　　⑯长卿：屠隆之字。　　⑰专气：专守精气使不乱。抱一：道家谓专精固守不失其道。一，指道。　　⑱片楮：片纸。尺璧：直径一尺的璧玉。言其珍贵。　　⑲千锥万杵：千锤万杵。指制墨。　　⑳元白：元稹和白居易的并称。五代王定保《唐摭言》卷三"慈恩寺题名游赏赋咏杂记"云："时元、白俱在，皆赋诗于席上。唯刑部杨汝士侍郎后成。元、白览之失色。……汝士其日大醉，归谓子弟曰：'我今日压倒元、白。'"　　㉑结业：佛教谓众生因迷惑、烦恼而作的恶业。结，结习，烦恼的异名。　　㉒繇来：由来。　　㉓溷：混。俗秃：指僧俗二界。　　㉔尊生家：养生家。　　㉕千金方：孙思邈著综合性临床医著。　　㉖集贤：指唐集贤院学士。贺知章曾为此官。　　㉗谪仙：谪居世间的仙人。唐孟棨《本事诗·高逸》载："李太白初自蜀至京师，舍于逆旅。贺监知章闻其名，首访之。既奇其姿，复请所为文。出《蜀道难》以示之。读未竟，称叹者数四，号为'谪仙'。"此处以

"谪仙"称呼贺知章。　　㉘千仞：薛冈，字千仞，鄞县人，著名诗人。
㉙考槃：《诗经·卫风·考槃》载："考槃在涧，硕人之宽。"毛传："考，成；槃，乐。"陈奂传疏："成乐者，谓成德乐道也。"《考槃序》则言此诗为刺庄公"不能继先公之业，使贤者退而穷处"，故后即以喻隐居。　　㉚冥栖：隐居。　　㉛撄宁：接触外物而不为所动，保持心神宁静。　　㉜大椿：语出《庄子·逍遥游》："上古有大椿者，以八千岁为春，以八千岁为秋。"

塞上得罗高君书问[①]，兼惠《茶解》，赋一诗却寄[②]

龙膺

君居越海东，我在祁连北。
君为席珍儒[③]，我作戎马客。
平生金石交，廿载音容隔[④]。
怀思岂不殷，无由置邮驿。
君草子云玄[⑤]，何为嗟尚白[⑥]。
小筑中隐山[⑦]，烟霞护岩宅。
艺茗山之椒，采采郁芍泽[⑧]。
竹炉生翠涛，碧碗泻琼液。
茶解著新篇，凿凿语精核。
谁言陆羽颠，俗苦王蒙厄[⑨]。
兹癖余实深，与君自莫逆。
所志在林泉，安用竹与帛？
澷曲有数椽[⑩]，堂名锡沤息[⑪]。
早勉投绂归[⑫]，屣履迎逢掖[⑬]。
愿言寻凫盟，为君煮白石[⑭]。

——选自龙膺撰、梁颂成、刘梦初校点《龙膺集》卷十九

【作者简介】龙膺（1560—1622），初字君善，改字君御，别号澹公等，湖广武陵（今湖南省常德市武陵区）人。万历八年（1580）进士，授徽州府推官，后因上疏直谏，谪贬湟中。万历三十四年，授陕西按察使佥事，备兵甘州。万历四十四年，授云南按察使。天启元年（1621），入为南太常寺卿。著有《纶澹文集》《九芝集》等。

【注释】①罗高君：罗廪，字高君，慈溪人。能诗，工书，著有《青原集》《胜情集》等。又好茶，入中隐山阳种茶十年。著有《茶解》。龙膺《茶解跋》云："顷从皋兰书邮中，接高君八行，兼寄《茶解》。自明州至。"皋兰为县名，地处甘肃中部，今隶属于甘肃省兰州市，此即其诗所云"塞上"也，亦即正文所说"祁连北"。龙膺《蒙史》有万历壬子岁（1612）春正月江左门人朱之蕃序，该书提到了《茶解》，亦可佐证龙膺收到《茶解》在1612年。　②却寄：回寄。　③席珍儒：语出《神童诗》："学乃身之宝，儒为席上珍。"　④廿载：万历二十一年（1593），龙膺邀罗廪访太和（即武当山），并至武陵罗家做客。龙膺《罗高君〈梦鸟集〉序》云："与余邂逅于长安市，假息僧寮，立语而心相得也。乃要君为太和游，纡车桃花溪上。"又《茶解跋》云："中岁自祠部出，偕高君访太和，辄入吾里。偶纳凉城西庄，称姜家山者，上有茶数株，翳丛薄中，高君手撷其芽数升，旋沃山庄铛，炊松茅活火，且炒且揉，得数合。驰献先计部，余命童子汲溪流烹之。洗盏细啜，色白而香，仿佛松萝等。自是吾兄弟每及谷雨前，遣干仆入山，督制如法，分藏堇堇。迩年荣邸中益稔兹法，近采诸梁山制之，色味绝佳。乃知物不殊，顾腕法工拙何如耳。"据龙膺《茶解跋》："予因追忆西庄采啜酣笑时，一弹指十九年矣。"故龙诗"廿载音容隔"，乃举成数而已，实际为十九年，可推断此诗当写在1612年春为《茶解》作跋之前。　⑤子云：扬雄之字。玄：指扬雄的名著《太玄经》。　⑥这两句用扬雄之典。《汉书·扬雄传下》云："哀帝时，丁、傅、董贤用事，诸附离之者或起家至二千石。时，雄方草《太玄》，有以自守，泊如也。或嘲雄以玄尚白，而雄解之，号曰《解嘲》。其辞曰：'客嘲扬子曰……然而位不过侍郎，擢才给事黄门。意者玄得毋尚白乎？何为官之拓落也？'"颜师古注云："玄，黑色也。言雄作之不成，其色犹白，故无禄位也。"后以"尚白"喻功名无所成就。罗廪晚年仍在嗟叹自己没有功名，作为友人的龙膺安慰说：你应该为自己的文化成就而自豪，不必嗟叹功名富贵之无份。　⑦中隐山：罗廪在家乡隐居栽茶之所。罗廪《茶解·总论》云：

"余自儿时，性喜茶，顾名品不易得，得亦不常有。乃周游产茶之地，采其法制，参互考订，深有所会。遂于中隐山阳，栽植培灌，兹且十年。"今考光绪《慈溪县志》，有隐山、大隐山、东隐山、青隐山，现难以指实"中隐山"所指为何山。　⑧采采：繁盛的样子。芗泽：指香泽，香气。　⑨王蒙厄：参宋楼钥《次韵黄文叔正言送日铸茶》之"水厄"注。　⑩滠曲：龙膺武陵别业所在地。　⑪锡：赐。龙膺《茶解跋》云："予近筑滠园，作沤息计，饶阳阿爽垲执茶，归当手兹编为善知识，亦甘露门不二法也。"　⑫投绂：弃去印绶。谓辞官。　⑬屣履：拖着鞋子走路。形容急忙的样子。《后汉书·郑玄传》载："国相孔融深敬于玄，屣履造门。"逢掖：古代读书人所穿的一种袖子宽大的衣服。这里指罗廪。　⑭煮白石：旧传神仙、方士烧煮白石为粮。晋葛洪《神仙传·白石先生》载："（白石先生）常煮白石为粮，因就白石山居。"

试茶

全天叙

孤铛旋煮话孤灯，莫问风帘叶几层。

清坐壁留寒月在，绿香瓯泛暖云蒸。

人高自喜闲如客，味苦何妨冷似僧。

霜后只疑春摘雨，卢仝当日解何曾。

——选自全祖望编《续甬上耆旧诗》卷三

【作者简介】全天叙（1561—1613），字伯典，号玄洲，鄞县桓溪（今属海曙区洞桥镇）人。19岁补郡文学，有隽声。万历十四年（1586）进士，改庶吉士，授编修。皇长子出阁，充日讲官，晋左中允。万历二十年，同焦竑主顺天乡试，科臣劾竑有私，天叙乞先罢去，不允。后升左庶子兼侍读、少詹事兼侍读学士。著有《铁庵存笥稿》等。

闲居（五首选一）

王嗣奭

午睡半醒半梦，此乐南面无加①。
起来亦有忙事，焚香扫地烹茶。

——选自王嗣奭《密娱斋诗集》

【作者简介】王嗣奭（1566—1648），字右仲，号于越，鄞县甲村（今属鄞州区）人。万历举人。官涪州知州。明亡返乡。清兵南下，迫诱在乡官绅至杭州朝见，嗣奭坚拒不出，并誓不剃发，不穿清服。嗣奭初治《易》，四十三岁起研究杜甫诗，至八十岁，始撰成《杜臆》，对杜诗意旨颇有阐发。另著有《密娱斋诗集》《管天笔记》。
【注释】①南面：指居尊位或官位，古以坐北朝南为尊。

公起惠芽茶①，云贻自分水学博章长舆者②，秋来卧病，烹啜赋谢

王嗣奭

野人吃茶长吃荈③，火后雨前都不辨④。
纤纤雀舌建溪春，曾到耳中难到眼。
昨蒙分惠虽不多，能清老眼免摩挲。
时停夜读不轻用，小瓿缄贮朱明过⑤。
秋来郁火侵余足⑥，频沾细啜祛炎毒。
说从分水广文来⑦，远道依然抱清馥⑧。
广文昔年与我好，自我摧残音信杳。

敢恨韦郎迹也疏⑨，君遣双鱼寄声道⑩。

——选自王嗣奭《密娱斋诗集》

【注释】①公起：李埈之字　②分水：县名，即今浙江桐庐县分水镇。学博：唐制，府郡置经学博士各一人，掌以五经教授学生。后泛称学官为学博。章长舆：章载道，字长舆，鄞县人，沈一贯外甥，官训导。　③茶茶：茶的老叶，即粗茶。　④火后：宋朱胜非《绀珠集》卷十载："火前茶最好，谓禁火以前采者，后者谓之火后茶。"　⑤缄：封闭。朱明：夏季。《尸子·仁意》载："春为青阳，夏为朱明，秋为白藏，冬为玄英。"⑥郁火：中医病症名。泛指阳气郁结化火的症候。　⑦广文：唐天宝九年（750）设广文馆，设博士、助教等职，主持国学。明清时因称教官为广文。这里指分水学博章载道。　⑧清馥：清香浓郁。　⑨韦郎：唐诗人韦皋。《云溪友议》卷中《玉箫记》载：韦皋与玉箫有情，相约七年再会。八年不至，玉箫绝食而亡。这里以韦郎代指久未会面的章长舆。⑩双鱼：指书信。乐府《饮马长城窟行》载："客从远方来，遗我双鲤鱼。呼儿烹鲤鱼，中有尺素书。"

补陀僧寄新茶①

王嗣奭

仙芽采自旃檀域②，海外缄香屋里开。
手汲井华然石鼎③，耳听火候洗瓷杯。
空闻花露消烦得，却引松风入肺来。
饮罢北窗清睡稳，梦魂踏遍宝陀回。

——选自王嗣奭《密娱斋诗集》

【注释】①补陀：正文又作宝陀，即今舟山之普陀山。　②旃檀域：佛家之地，此处指普陀山。　③然：同"燃"。

寒泉篇

王嗣奭

泉近升岩①，路傍一线从岩罅中出，插小竹枝导之，涓涓细滴，四时不绝。此乡山泉多苦恶坏腹，独此甘冽可饮。舆人云②："虽病人饮之无害。每至此，辄出饭囊，瀹而啖之。"余试之果佳。潘生取以瀹茗，恐惠山、中泠不能过也。旧无名，而余以寒泉名之。《易》曰："井冽寒泉食③。"泉之可贵，为其食也。使在僻壤，虽佳，谁得而食之？即惠泉、中泠，亦富贵游闲者得食，而穷贱者未之及也。感而赋之。

> 涉江想中泠，行子那得住。
>
> 梁溪望惠山④，扁舟未能去。
>
> 独有豪华子，水递能远置⑤。
>
> 煎以火前春⑥，酿就蔷薇露⑦。
>
> 入口岂不爽，缺之未亏数。
>
> 胡为自珍闷⑧，波涛与云雾。
>
> 奔走疲渴人⑨，谁能识其处。
>
> 异哉此泉水，输泻当道路⑩。
>
> 开源自无始，脉脉流一注。
>
> 往来日千人，人人此趋赴⑪。
>
> 瘴乡泉苦恶，一饮辄呕吐。
>
> 行人渴欲死，掉头不敢顾。
>
> 此泉最甘冽，在栝称独步⑫。
>
> 不但润燥吻⑬，兼得起沉痼⑭。
>
> 渴者随量给，贪人不多付。
>
> 好置锦屠苏⑮，恬淡非所慕。
>
> 但作中衢尊⑯，斟酌遍黎庶⑰。
>
> 何异莘野翁⑱，与被周妇匹⑲。

我从松川还^⑳，舆人语其故。

又有诸友生，携尊作良晤^㉑。

时秋夜稍凉，炎蒸午犹富^㉒。

下车啜数瓯，一慰车中鲋^㉓。

骄阳天上消，清风腋间度。

冉冉沁诗脾，意外得佳句。

敲石煮新茗，雀舌庆奇遇。

芳鲜合茗性，冲爽发茗趣^㉔。

可与惠山伍，又恐中泠妒。

问之不知名，实惠能广布。

上善果何似，若尔吾所务。

周易嘉井冽，见食功始著。

因名曰寒泉，一用表衷愫^㉕。

——选自王嗣奭《泃然草诗编》上

【注释】①升岩：王嗣奭《升岩小酌十二韵》诗序云："宣平县南十里，路傍有小岩窟，容五六人，俗名地风起。壬戌秋孟，余自松阳回潘氏，诸生高训、高暐、高宸梦期载酒候于窟中，至则席地坐。志谓风从地起，非也。……旧名不雅，予易以升岩，取《易》地风之象云。"此诗为作者官浙江处州府宣平县时所作。　②舆人：轿夫。　③井冽寒泉食：只有在井很洁净、泉水清冷明澈的情况下才喝水。　④梁溪：流经无锡市的一条重要河流，其源出于无锡惠山，北接运河，南入太湖。历史上梁溪为无锡之别称。　⑤水递：参见沈明臣诗注。　⑥火前春：指火前茶。唐白居易《谢李六郎中寄新蜀茶》诗云："红纸一封书后信，绿芽十片火前春。"　⑦蔷薇露：酒名。宋陆游《老学庵笔记》卷七载："寿皇时，禁中供御酒，名蔷薇露。"　⑧珍闶（bì）：珍藏。　⑨暍（hè）：热。　⑩输泻：谓水流泻。　⑪趋赴：奔赴，前往。　⑫栝：栝州，唐代因避太子李适之讳而改称处州，即今之丽水。　⑬燥吻：干燥的嘴唇。　⑭沉痼：历时较久，顽固难治的病。　⑮锦屠苏：杜甫《槐叶冷淘》诗云："愿随金骉裹，走置锦屠苏。"仇兆鳌注引《杜臆》："锦屠苏，天子之屋。"但细审此诗诗意，锦屠苏当指茅草庵。　⑯衢尊：谓设酒通衢，行人自饮。《淮南子·缪称训》载："圣人之道，犹中衢而致尊邪：过者斟酌，多少不同，各得其所宜。是故得一人，所以得百人也。"高诱注："道，六通谓之衢。尊，酒器也。"　　⑰黎庶：民众。　　⑱莘野翁：指伊尹。《孟子·万章上》载："伊尹耕于有莘之野，而乐尧舜之道焉。"汉赵岐注："有莘，国名。伊尹初隐之时，耕于有莘之国。"　　⑲这句典出《孟子·万章上》之伊尹云："思天下之民，匹夫匹妇有不被尧舜之泽者？"　　⑳松川：今丽水市松阳县。　　㉑良晤：犹欢聚。　　㉒炎蒸：暑热熏蒸。　　㉓车中鲋：《庄子·外物》载："周昨来，有中道而呼者，周顾视车辙，中有鲋鱼焉。"比喻在困境中急待援救的人。　　㉔冲爽：平和爽朗。　　㉕衷愫：同"衷素"。内心真情。

江行（二首选一）

胡传

濛濛疏雨霁，隔树见人家。
白水侵茅屋，青山隐菜花。
侍童捡押韵，渔火试新茶。
入夜孤灯梦，先知到若耶。

——选自胡文学《甬上耆旧诗》卷二十九

【作者简介】胡传，字麟翼，鄞县人。诗人胡百药之子。

种茶

戴澳

酷有玉川癖，雅快桑苧经①。

芳洲两溪水②，品可当中泠。

溪上山宜茶，雾气清且灵。

胜流遗佳种，远香到岩扃。

薙草火其土，林表长烟青。

膴膴覆霜实③，粒粒含春馨。

根荄托地德④，风雪辞天刑⑤。

只待雷雨发，时共蛰龙听⑥。

——选自戴澳《杜曲集》卷一

【作者简介】戴澳（1578？—1644？），字有斐，号斐君，奉化城内人。万历四十一年（1613）进士。授虞衡主事，后以稽勋郎中假归，家居十二年。后两度复出，转尚宝丞，再转大理丞，迁顺天府丞。归里年余，忧时而卒，年六十七。著有《杜曲集》。

【注释】①桑苎经：唐陆羽别号桑苎翁，故用桑苎经指陆羽著的《茶经》。 ②芳洲：亦称芳杜洲，作者在奉化隐居之所，其地当在过云一带。黄允交《评较戴斐君先生杜曲集序》云："乙亥春，斐君先生招入四明雪窦山庄，历采名迹，既返芳洲，出囊中藏草，手自裁削，属允交评定。" ③膴膴：膏腴，肥沃。 ④根荄：植物的根。地德：大地的德化恩泽。 ⑤天刑：天降的惩罚。 ⑥蛰龙：蛰伏的龙。

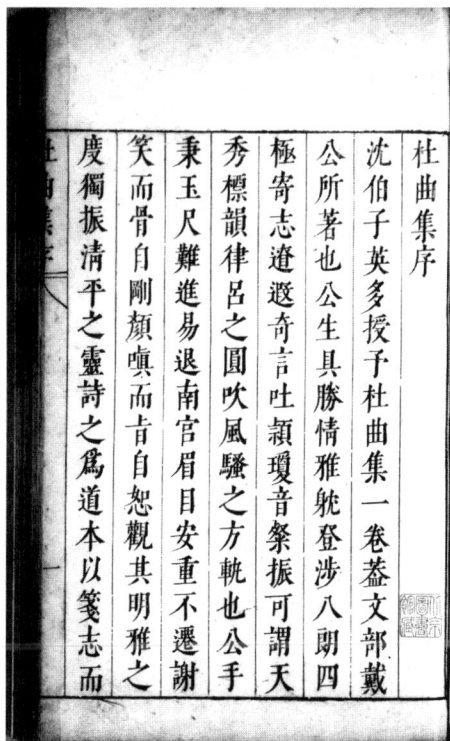

戴澳《杜曲集》书影，明崇祯刻本

采茶口号①

戴澳

建渚限五岭②，顾渚亦千里。
芳洲自有春，只隔两溪水。

东山受西风，西山受东日。
东山寒未芽，西山暖先茁。

沙石拥其根，梅竹盖其枝。
那得不清香，岩瀑复洒之。

山色招新霁，林芳受晚春。
逶迤入深谷，不异采芝人。

鸟声青嶂深，屐迹白云断。
七碗未曾尝，五烦已消散。

微雨洗浮岚，轻风疏浊雾。
叶叶含太真，枝枝掇灵素。

世人徒啖名，何曾具鉴赏。
茶经文字魔，空为陆羽赚。

汝有色香味，我有眼鼻舌。
肝膈总相知，醒醉俱难别。

不受人间渴，蚤澄方外心③。

何因有茶癖，正欲佐书淫④。

采采不能冥，翛然谢尘坌⑤。

一丘长可安，吾当以茶隐。

——选自戴澳《杜曲集》卷三

【注释】①此诗崇祯元年（1628）为奉化芳洲种茶而作。　②建渚：即建溪。　③蚤：同"早"。　④书淫：旧时称嗜书成癖，好学不倦的人。⑤尘坌：尘俗，尘世。

鸠花谷杂咏十首限韵①（选三）

戴澳

且喜林莺初出，只愁山雨还仍。

香茗乳花凝雪，幽阁玉壶贮冰。

菜迟戴花迎夏，麦短翘芒未秋。

溪女也嫌蓬鬓，不惜卖茶买油。

当午暑衣犹薄，都忘春月经三。

岭上草黄未变，茶烟为抹新蓝。

——选自戴澳《杜曲集》卷三

【注释】①鸠花谷：其地未详。

同孙鸿羽、周长卿春日入过云庄①，
各赋竹枝词二十首（选三）

戴澳

送客东探仗锡霞，先愁厌客是僧家。
山心片石应生眼②，莫是都来索笋茶。

最是平头茶出迟，直过谷雨怒含枝。
山童山女分头采，正值人趋笋厂时③。

自做新茶自煎尝，兰花色带末罗香④。
更令天下泉无品，石罅当轩迸玉浆。

——选自戴澳《杜曲集》卷三

【注释】①孙鸿羽：生平待考。据戴澳《叙孙鸿羽借竹楼诗草》，孙为沈明臣高足，工诗，有《借竹楼诗草》。周长卿：当指周立本，字三峨，奉化

黄宗羲《四明山志》卷五所绘"四明洞天"图

城内人。受业于王嗣奭。以贡为上虞训导。著有《易学缋言》等。戴澳《小重山·送周长卿客海陵》云："杜若洲边十四春，栖迟无一日不同君。从今孤兴伴闲身，征棹远，门掩两溪云。"过云庄：戴澳在奉化过云的山庄。从雪窦山雪窦寺西行，经东岙、徐凫岩到今余姚市唐田一线约20里长的岗岭，常年云雾缭绕，称为过云。《剡源乡志》卷十八录有周立本《春日偕孙鸿羽入戴有斐过云庄，各赋竹枝词》诗云："煮笋南起归路迟，茶烟犹自出林西。村姑棘手遥相詈，隔水牛羊风雨迷。"此诗作于崇祯丙子年（1636）。　　②山心片石：即屏风岩，石上镌刻四个隶体大字："四明山心"。位于今宁波市海曙区章水镇杖锡村。　　③厂（hàn）：山边岩石突出覆盖处。　　④末罗：即茉莉。

采茶歌十首

戴澳

春来无事不关人，莺语初调雀舌新。
移树种花刚欲了，心情又注鹿源春①。

箐盖山头初种茶，尺枝也发雨前芽。
含春正在当心瓣，莫负东风逗岁华。

雪霜不损来年枝，又是惊雷破筴时②。
黏指新香挑眼绿，茂陵消渴正相思③。

天色新晴宿雾干，春经浣出带余寒。
喜他姑洗存真气④，别作灵芽一种春。

谢豹花开梅子粗⑤，农时蚕月并相驱。
忙中博得春多少，肯与人间唤酪奴⑥。

子规相应两山青，一掬盈来意未盈。

手自种茶还自采，幽人经济亦分明⑦。

微日温风趁好天，头茶采尽二茶连。

春光向尽春方饱，何必清明谷雨前。

少女风深茶味雌⑧，更防临采湿岚窥。

海云一片压林黑，合是倾筐暂寔时。

茶因再摘已惊稀，搜索空枝下手迟。

莫似官租科到骨⑨，民间无地可存皮。

艳曲江南重采莲，艳情不到白云边。

春风入谷时成韵，谱作茶歌当管弦。

————选自戴澳《杜曲集》卷四

【注释】①鹿源：在芳杜洲之东山。戴澳《鹿源纪事》云："余以五月七日
种竹芳杜洲。……洲之东山故名茅洞，有泉源焉，遂辟其榛莽，加以疏
导。……余藉草独坐，忽闻荟翳中有籁籁声，众皆惊顾，则文鹿步于翠
微，若素与人狎者。……因思辟支佛住处常有野鹿栖宿，遂名其地为鹿野
苑。余即以名兹山为鹿源。"　　②惊雷荚：白居易《白孔六帖》卷十五
"惊雷荚"条引《蛮瓯志》云："觉林院僧志崇收茶三等，待客以惊雷荚，
自奉以萱草带，供佛以紫茸香。客赴茶者，以油囊盛余沥以归。"　　③茂
陵：汉司马相如病免后家居茂陵，后因用以指代相如。　　④姑洗：指农
历三月。汉班固《白虎通·五行》载："三月律谓之姑洗何？姑者，故也。
洗者，鲜也。言万物去故就新，莫不鲜明也。"　　⑤谢豹花：杜鹃花的别
名。　　⑥酪奴：茶的别名。南北朝时，北魏人不习惯饮茶，而好奶酪，
戏称茶为酪奴，即酪浆的奴婢。见北魏杨衒之《洛阳伽蓝记·正觉寺》。
⑦经济：生活用度、开支，家境。　　⑧少女风：指西风。语出《三国
志·魏志·管辂传》"共为欢乐"裴松之注引《管辂别传》："树上已有少

女微风，树间又有阴鸟和鸣。"清黄生《义府·少女风》云："兑为少女，位西方，此谓风从西来耳……考《辂传》，辂言：'树上已有少女微风，树间又有阴鸟和鸣。'又'少男风起，众鸟和翔，其应至矣。须臾，有艮风鸣'云云，少男为艮，则少女为兑可知。"　　⑨科：征收。

梅花引·春晚缘流红涧望锦枫岗坐石品茶

戴澳

野外闲，水声边，一派红香三月天。屐痕连，屐痕连，霞被断岗，还疑枫锦鲜。　　茶铛安向矶头石，茶瓯分得春潭碧。隔溪烟，隔溪烟，催暝入楼，醉茶人未还。

——选自戴澳《杜曲集》卷四

同陆敬身游它山①

周应辰

一水寻源处，千峰入望来。
晴岚骄欲吐，春树稚偏栽。
佛火分茶灶②，樵风落酒杯③。
相经多感慨，旧庙几低徊。

——选自周应辰《采篮集》卷二

【作者简介】周应辰（1571—1650），字斗文，号墨庄、绿庄，又号农半，鄞县新庄（今属海曙区）人。初为诸生，工诗，常入城与湖上诸词客唱和。壮岁游京师，再客南京，有《两京集》。现存有《采篮集》。
【注释】①陆敬身：陆宝，字敬身。　　②佛火：供佛的油灯香烛之火。

③樵风：孔灵符《会稽记》记载，汉太尉郑弘尝采薪，得一遗箭，顷有人觅，弘还之，问何所欲，弘识其神人也，曰："常患若邪溪载薪为难，愿旦南风，暮北风。"后果然。后因以"樵风"指顺风、好风。

烹茗

叶维荣

石阁酒初醒，呼童收露茗。
自汲石根泉，和云烹石鼎。

——选自叶维荣《詹炎集稿》卷五

【作者简介】叶维荣（1572？—？），字春卿，号四明，慈溪人。万历二十三年（1595）进士。次年任海丰知县，左迁祁州判官归。著有《詹炎集稿》。

漫兴

张鸣喈

潮落江头露浅沙，烟霞深处有人家。
留春门插清明柳，改火厨烹谷雨茶①。
风起三更水势急，人来千里夕阳斜。
解维短棹沿堤去②，惊动前村一树鸦。

——选自王荣商《蛟川耆旧诗补》卷一

【作者简介】张鸣喈，字鸣远，字雉又，学者称为"同协先生"。今宁波市北仑区衙前人。明崇祯九年（1636）入闱试，痛陈时事，考官大奇，竟不敢第。清初以遗逸荐，辞不出，隐居觉海山麓。著有《山舍偶存》《四明文献考》等。

【注释】①改火：谓时节变易。　　②解维：解开缆索。指开船。

西皋杂咏（十八首选一）

陆符

泡榛蒸栗乳茶浮，同学曾期话茗瓯。

几度废书门外望，夕阳红树有归舟。

——选自全祖望编《续甬上耆旧诗》卷二十一

【作者简介】陆符（1597—1646），字文虎，号子充，甬城月湖边人。崇祯十四年（1641）以保举入太学。明亡后，避居到山乡白岩山，与余姚黄宗羲过从甚密。鲁王监国，陆符被赐为进士，授行人。顺治三年（1646）病卒。著作有《环堵稿》等。

山居（选二）

释圆信

帘卷春风啼晓鸦，闲情无过是吾家。

青山个个伸头看，看我庵中吃苦茶。

——选自释性音重编《禅宗杂毒海》卷八

林泉托出古烟霞，插遍春风四壁花。

雨后提篮过岭去，杜鹃声里采新茶。

——选自李邺嗣编《甬上高僧诗》卷下

【作者简介】释圆信（1571—1647），
字雪峤，号语风。宁波人，俗姓朱。
年二十九弃家。因见古云门三字，豁
然大悟。缚茅双髻峰。后游宜兴龙
池，依幻有正传，与盘山圆修、天童
圆悟，许为破纲金鳞。出主临安径
山、嘉禾东塔、会稽云门等。

丰子恺漫画

茉莉瀹茗

吕天成

龙团初发小窗前，汲得清泉按候煎。

手摘粤花香沁滴①，金茎仙露比澄鲜②。

——选自吕天成《红青绝句·红闺丽事百绝》

【作者简介】吕天成（1580—1618），字勤之，号棘津，别署郁蓝生、竹痴居
士，余姚人。少为诸生，屡试不中，未满四十而殁，而著作甚多。少年时即
喜摹写丽情衰语，有小说《绣榻野史》《闲情别传》（未传）。后又据王骥德
命题作《红闺丽事》《青楼韵语》绝句二百首，题名《红青绝句》二卷。耽
于戏曲创作，有传奇《烟鬟阁传奇十种》。又著曲论《曲品》二卷。
【注释】①粤花：指茉莉花。　②金茎仙露：汉武帝所造铜仙人捧盘所
接的甘露。

送苦茗佐读

吕天成

才郎灯下诵还吟，展卷浑忘夜漏沉。
香茗一瓯聊解渴，顿教神爽沃文心。

——选自吕天成《红青绝句·红闺丽事百绝》

冯次牧天盦山杂咏十五首①·茶寮

陆宝

主人有清癖，茗饮称知味。
窗中一缕烟，引得松风沸。

——选自陆宝《霜镜集》卷八

【作者简介】陆宝（1581—1661），字敬身，一字青霞，人称中条先生，故居在今宁波海曙区桂井巷。由太学生考授中书舍人。著有《霜镜集》等。
【注释】①冯次牧：冯元仲，字次牧。

入缑城①

陆宝

颜衰衣复垢，任作难民看。
入郭如行野，寻僧每避官。

丛低风少杀，石劣泞迟干。

竹户敲非隔，茶香寄舌端。

——选自陆宝《悟香集》卷七

【注释】①缑城：宁海古称。

秋夜乍凉，次日将入城

陆宝

肺咳憎秋暑，神清快夕凉。

闻砧如玉杵，注茗胜琼浆。

发偶劳工栉^①，腰频唤仆量。

把茅营室罢，又苦入城忙。

——选自陆宝《悟香集》卷八

【注释】①栉：梳头。

茶想

陆宝

乳色沾唇倍爽，豆香入鬲微通^①。

洁试新瓷有待，身闲月好僧同。

——选自陆宝《悟香集》卷十三

【注释】①鬲：同"膈"。

田家

陆宝

短短山茨密密笆，行人到此坐无哗。

宿飞不定依枝鸟，紫白相兼绕砌花。

巫每学僧书梵字，女还随母弄缫车^①。

田奴烹点虽非法，也自浮杯说谷茶。

——选自陆宝《悟香集》卷二十三

【注释】①缫车：抽茧出丝的工具。

反李义山小亭偶题^①

陆宝

小亭独坐闷无聊，苦竹差差拂败蕉^②。

炉底生柴茶几沸，亲呼赤脚婢来烧^③。

——选自陆宝《悟香集》卷二十七

【注释】①李义山：李商隐，字义山，号玉谿生，祖籍怀州河内（今河南沁阳市），生于郑州荥阳（今河南郑州荥阳市）。晚唐著名诗人。小亭偶题：指李商隐《偶题二首》诗云："小亭闲眠微醉消，山榴海柏枝相交。水文簟上琥珀枕，傍有堕钗双翠翘。" ②差差：指参差。不齐的样子。③赤脚婢：指婢女。语本唐韩愈《寄卢仝诗》云："一奴长须不裹头，一婢赤脚老无齿。"

园居诗（三十首选一）

陆宝

芳丛宛转间疏棜，遍立青幡缀小铃①。

君子室曾添几竹，野人阶亦长三蓂②。

画眉饮水如临镜，戴胜啼花每隔屏③。

停午焙茶香出笼，食前微厌蟹螯腥。

——选自陆宝《四课·春课》

【注释】①青幡：古代春令作劝耕、护花等用的青旗。　②蓂：古代神话传说中尧时的一种瑞草。它每月从初一至十五，每日结一荚；从十六至月终，每日落一荚。所以从荚数多少，可以知道是何日。一名历荚。见今本《竹书纪年·帝尧陶唐氏》。　③戴胜：鸟名，状似雀，头有冠，五色如方胜。

郊居诗（三十首选二）

陆宝

趋时无路可影缨①，便学为农隐姓名。

衣上日偏临赵盾②，扇头风忽起袁宏③。

荷池小泛筒低拗，柘树新钻火乱生④。

韵友曾传烹芥法⑤，谷芽点出庙前坑⑥。

僻聚家家置角巾，午前轻暖越罗新⑦。

怜春已去三春远，改月重为四月人⑧。

碧泛茶铛泉共溁⑨，香调药甏酒先陈。

陆家盐豉依时下，好涉东湖试采莼。

——选自陆宝《四课·夏课》

【注释】①趋时：迎合潮流。缨緌：谓冠缨飘动。指在朝为官。　②这句典出《左传·文公七年》："鄷舒问于贾季曰：'赵衰、赵盾孰贤？'对曰：'赵衰，冬日之日也。赵盾，夏日之日也。'"杜预注："冬日可爱，夏日可畏。"　③这句典出《晋书》卷九十二《袁宏传》："宏自吏部郎出为东阳郡，乃祖道于冶亭。时贤皆集，（谢）安欲以卒迫试之，临别执其手，顾就左右，取一扇而授之曰：'聊以赠行。'宏应声答曰：'辄当奉扬仁风，慰彼黎庶。'时人叹其率而能要焉。"　④钻火：泛指生火。　⑤韵友：诗友。芥（jiè）：即罗芥茶，江苏宜兴所产名茶，主要特征是色白、味香。⑥谷芽：陆廷灿《续茶经》卷上之三载："凡芽如雀舌、谷粒者为斗品。"庙前坑：其地未详。　⑦越罗：越地所产的丝织品。　⑧这句作者自注："四年闰四月。"按，崇祯二年、十年皆为闰四月。　⑨渫：疏通。这句意指用事先疏通了的泉水煮茶。

茉莉瀹茗

陈民俊

春敷积雪总芳鲜，晓汲银瓶第二泉。
檀萼亲调消肺渴，清芬一臭自堪怜①。

——选自陈民俊《和竹轩和韵丽绝》

【作者简介】陈民俊，字公吁，鄞县人。本名诸生，恃才豪放，为忌者所中，学使至，被黜，遂入京师。中万历四十一年（1613）武进士，官陕西都司，复以忤事罢归。曾作《湖上竹枝词》，为里中所传。著有《和竹轩和韵丽绝》。
【注释】①臭（xiù）：同"嗅"。

送苦茗佐读

陈民俊

竹炉初沸月垂萝，润尔诗脾子夜哦①。

啜罢稍堪消渴思，兴来还许助文魔。

——选自陈民俊《和竹轩和韵丽绝》

【注释】①诗脾：诗思。

对镜啜茗

周志宁

独啜有玄赏，其惟品茶耳。

方惬孤往趣，镜影胡亦耳。

相对若主宾，辨形无彼此。

不知镜中饮，色香复何似。

神领各无言，目觑逗微旨。

举似汤社人①，欲语还复止。

竹光来瓯中，彼或得其理。

——选自《剡源乡志》卷十八

【作者简介】周志宁，字尔娱，别号樗园，奉化人。明诸生，有文行。明末盗贼蜂起，偕父隐剡源之公棠。明亡后弃诸生，编茅以栖。著有《诗瓢五集》。
【注释】①汤社：聚会饮茶之称。宋陶穀《清异录·汤社》载："和凝在朝，率同列递日以茶相饮，味劣者有罚，号为汤社。"

题松阴斗茶

谢三宾

永日尘缘断，清风试茗新。
不知松下客，应是采薇人。

——选自全祖望编《续甬上耆旧诗》卷八十

【作者简介】谢三宾（1593—1671），字象三，号寒翁，鄞县人。天启五年（1625）进士，知嘉定县。崇祯五年（1632）巡抚登莱。明亡后降清，替清朝打击甬上抗清志士。著有《一笑堂诗集》。

茶寮①

冯元仲

茶社有山娃②，茗战多水厄。
博士破烟岚③，汲水自煎吃。

——选自冯元仲《天益山堂遗集》卷六

【作者简介】冯元仲（1597—1660），字次牧，一字尔礼，慈溪人。明诸生，与陈继儒、陈子龙相善。崇祯十二年（1639），被征至京，下吏部试策问，因下笔直言，触怒主者，遂授县丞以辱之。冯元仲不拜官，径归家，隐居汤山。

【注释】①茶寮：茶馆。　②茶社：卖茶水的处所。　③博士：作者自称。冯元仲《山献嘲》诗云："羞涩无钱作茗战，仅邀博士勒茗勋。"

天益山观梅^①（十二首选一）

冯元仲

只将空手对梅花，老干枯缠莽攫拏^②。
此是花中巢许辈^③，瓢烹活火吃新茶。

——选自冯元仲《天益山堂遗集》卷七

【注释】①天益山：汤山，在江北区慈城小东门外。冯元仲建别业于此，改名天益山。原作题下有小序云："天益山中有老梅三百余树，近郊此为第一。况去余家不远千武，出城闉至矣。囊底如洗，杖头无钱，不能赏之酒，时时烹清茗，贺之以诗。世人安能笑我，我只自笑梅花亦来索笑耳。方巨山七绝中有'此老不知何面目，只将空手对梅花'。传告花神，余无面目甚矣，题此解嘲。" ②攫拏：张牙舞爪的样子。 ③巢许：巢父和许由的并称。他们都是上古传说时代的隐逸之士。

赠老僧

冯元仲

老僧四壁即为家，孤住空山转法华^①。
独吹湿炭围炉火，自扫落松煮客茶。

——选自冯元仲《天益山堂遗集》卷七

【注释】①转法华：出自禅宗六祖慧能大师《坛经》开示："心迷法华转，心悟转法华。"

活眼泉^①

冯元仲

芥片松萝活火煎^②，绝无中泠慧山泉。
赵州换却青莲眼^③，今日犹将活眼泉。

——选自冯元仲《天益山堂遗集》卷七

【注释】①活眼泉：在天童寺。　②松萝：松萝茶，产于黄山市休宁县休歙边界黄山余脉的松萝山。　③赵州：赵州禅师。青莲眼：即青莲花目，指如来佛的如同青莲花瓣的眼目。"换却眼睛"是佛教禅宗的常用语，这里指用慧眼换却迷眼。

焙茶

谢泰宗

桑苎高名自一家，豹囊盛水荐金芽①。
未堪上苑龙团使②，换作苍头奴酪夸③。
泽国春深香味转，火齐湛炽岁时加④。
不随寒暑动披拂，那得清风两腋奢。

——选自谢泰宗《天愚先生诗钞》卷五

【作者简介】谢泰宗（1598—1667），字时望，别号天愚山人，镇海城关人。崇祯丁丑年进士，授广东番禺知县，历官至兵科给事中。明亡后奉父避于柴楼。著有《天愚山人诗集》等。

【注释】①豹囊：即豹皮囊。豹皮做的袋子。　②上苑：皇家的园林。龙团：宋代贡茶名。饼状，上有龙纹，故称。宋张舜民《画墁录》卷一："先丁晋公为福建转运使，始制为凤团，后又为龙团，贡不过四十饼，专拟上供，虽近臣之家，徒闻之而未尝见也。"　③苍头奴酪：茶的别称。④火齐：火候。湛炽：指酿酒时浸渍、蒸煮米曲之事。《礼记·月令》："（仲冬之月）乃命大酋，秫稻必齐，曲蘖必时，湛炽必絜，水泉必香，陶器必良，火齐必得。"郑玄注："湛，渍也；炽，炊也。"孔颖达疏："谓炊渍米曲之时，必须清洁。"

子夜烹茶和韵

谢泰宗

残简孤灯理旧盟，银河灿灿梦难成。

炉飘鸭脚烟初白，碗泛龙团气自清。

掬水光迎月在手，临风襟动露浮茎。

半宵佳课谁拘束，细听波腾三沸声①。

　　　　　　——选自谢泰宗《天愚先生诗钞》卷五

【注释】①三沸：水开过程的三个阶段。陆羽《茶经》最早提出了三沸说："其沸，如鱼目微有声为一沸；缘边如涌泉连珠为二沸；腾波鼓浪为三沸。"意思是当水煮到初沸时，冒出如鱼目一样大小的气泡，稍有微声，为一沸；继而沿着茶壶底边缘像涌泉那样连珠不断往上冒出气泡，为二沸；最后壶水面整个沸腾起来，如波浪翻滚，为三沸。再煮过火，汤已失性，不能饮用了。

谢乡人送茶

谢泰宗

雷筴春风一夜长，即非骑火自含香①。

山居草木堪书历，客到荒村代酒尝。

封就月团三百五②，宜人轰饮五更良。

心知芹曝诚能献，烹雪何嫌再举觞。

瑞草香魁车马芝③，石花春早我先遗④。

生凉名重清人树⑤，除疾功先苦口师⑥。

不避南山狼虎穴，摘来北苑凤龙姿。

著书渴美金茎露⑦，岂直乘风两腋宜。

——选自谢泰宗《天愚先生诗钞》卷六

【注释】①骑火：茶名。清明前后采制。清沈涛《交翠轩笔记》卷三："龙安有骑火茶最上，不在火前，不在火后故也。清明改火，故曰骑火茶。"②月团：团茶的一种。唐卢仝《走笔谢孟谏议寄新茶》诗："开缄宛见谏议面，手阅月团三百片。" ③瑞草香魁：唐杜牧《题茶山》诗有"茶称瑞草魁"之句，后因称茶为"瑞草魁"。车马芝：名山所生上品神芝，食之有说可不死，有说可乘云而行，且有云气覆之。《太平御览》卷九八六引《仙人采芝图》："名山生神芝、不死之草。上芝为车马（形），中芝为人（形），下芝为六畜（形）。" ④石花：茶名。宋叶廷珪《海录碎事·饮食器用》："石花、紫笋，皆茶名也。剑南有蒙顶石花，湖州有顾渚紫笋。" ⑤清人树：茶树的别名。宋陶毂《莽茗录》："伪闽甘露堂前两株茶，郁茂婆娑，宫人呼为'清人树'。每春初，嫔嫱戏摘新芽，堂中设'倾筐会'。" ⑥苦口师：茶的别称。宋陶毂《清异录》："皮光业最耽茗事。一日，中表请尝新柑，筵具殊丰，簪绂丛集。才至，未顾尊罍，而呼茶甚急。径进一巨瓯，题诗曰：'未见甘心氏，先迎苦口师。'众哂曰：'此师固清高，而难以疗饥也。'" ⑦金茎露：承露盘中的露。传说将此露和玉屑服之，可得仙道。

春霖代烹

谢泰宗

流水桃花色，春芽紫草香。

相逢称知己，谁识早商量。

——选自谢泰宗《天愚山人诗集》卷十一

灵峰僧饷新茶^①

谢泰宗

雷惊灵草怒生芽，富贵深山第一家。

佛火迎凉心自苦，棋声敲罢渴流霞。

奴虽让酪尝宜酒，团不龙成味尽嘉。

书卷未残此夜读，睡魔启予剔灯花。

玉蝉膏滑截成肪^②，甘霞堂前斗嫩黄。

八饼纲头分珍赐^③，六班骑火发成香^④。

豹囊风起清人树^⑤，鱼眼煎成酥佛浆^⑥。

渴社余甘差等异，圣茶今日得先尝。

——选自陈景沛编《蛟川备志》卷十七

【注释】①灵峰僧：指灵峰寺住持杜言上人。谢泰宗有多首诗写给他。
②玉蝉膏：茶膏，古代固态速溶茶。 ③八饼：团茶凡八饼为一斤。纲
头：即头纲，指惊蛰前或清明前制成的首批贡茶。 ④六班：茶名。唐
冯贽《云仙杂记·换茶醒酒》："乐天方八关斋，禹锡正病酒。禹锡乃馈菊
苗虀、芦菔鲊，换取乐天六班茶二囊以醒酒。" ⑤豹囊：即豹皮囊。豹
皮做的袋子，可以鼓风。陶榖《清异录》："豹革为囊，风神呼吸之具也，
煮茶啜之，可以涤滞思而起清风。每引此义，称之为水豹囊。" ⑥鱼
眼：指水烧开时冒出的状如鱼眼大小的气泡。旧时常据以说明水沸滚的程
度。清褚人穫《坚瓠三集·茶瓶汤候》："煎茶初滚曰蟹眼，渐大曰鱼眼，
故俗以未滚者为盲汤。"

韩岭①

徐家麟

逢人小立问桑麻，那许狂吟又冷嗟。

屐齿偏当丰草入，山颜不使乱云遮。

鸥依近渚春将逝，竹抱低垣我欲家。

倦向茅庵聊趺坐②，老僧留试雨前茶。

——选自《光绪鄞县志》卷四

【作者简介】徐家麟，字石客，一字苍郊。其先本慈溪人，后徙鄞。登崇祯癸未（1643）进士，江上授户部主事。所著有《颐阁集》四卷。

【注释】①韩岭：今属鄞州区东钱湖镇。　　②趺坐：佛教中修禅者的坐法，即双足交叠而坐。

约掇青入山采茶①

万泰

东山有太白，其峰高且寒。

密筱饱宿雾，古松临清澜。

草木副真性，秀色皆可餐。

灵芽当春时，吹气胜于兰。

碧玉千万枝，茸茸抽巑岏②。

吾友山泽癯，灏气天所完③。

春衫入青林，烟云收一箪。

低回就丛薄④，凌露手自扪⑤。

珍重胡靴腴⑥，弃置霜荷残⑦。

既分槚蔎味⑧，亦别茗荈观⑨。

择枝得颖拔⑩，蒸焙穿封干。

白花傲粉乳，紫面欺龙团。

天味殖嘉卉，幽赏非恒欢。

煮之清冷泉，泉冽火欲安。

一啜齿颊芬，再啜澄心肝。

世人饱食肉，酒行急于湍。

何如拊瓶钵，坐对千琅玕。

指点定品格，两腋清风宽。

东溪与北苑⑪，紫盏把来看。

——选自万泰《续骚堂集》

【作者简介】万泰（1598—1657），字履安，晚年自号悔庵，鄞县人。崇祯九年（1636），乡试中举。崇祯十年（1637），万泰在南京，参与驱逐阉党余孽阮大铖的行动。"画江之役"时，鲁王监国授为户部主事，但他只是以布衣的身份参与其事。浙东失陷后，多次营救抗清志士。著有《续骚堂集》。

【注释】①披青：徐凤垣（1614—1684），字披青，学者称为霜皋先生，鄞县人。"鹤山七子"之一。曾参鲁王之幕，浙东失守后苦节自矢。辛亥年与高隐学创梓乡耆旧社。著有《负薪集》。　②茸茸：重叠。　③灏气：弥漫在天地间之气。　④丛薄：茂密的草丛。这里指茶丛。　⑤拚：采。　⑥胡靴：陆羽《茶经》中所列最高等级的好茶："茶有千万状，卤莽而言，如胡人靴者蹙缩然。"　⑦霜荷：陆羽《茶经》中所列最低等级的茶。　⑧槚蔎（shè）：茶的别称。　⑨茗：茶树的嫩芽。荈（chuǎn）：茶的老叶，即粗茶。　⑩颖拔：秀逸劲拔。　⑪东溪：在福建建溪产茶区。宋朱子安有《东溪试茶录》。北苑：南唐禁苑有北苑使，善制茶，人以为贵，谓之北苑茶。其后建州凤凰山所产之茶，亦称北苑茶。

囊云被掳家居，谢友人惠灌顶茶①

周齐曾

不随云卧即云游，云亦无予不解愁。

剑戟倐飞山鬼哭，披缁返斁红尘宿。

屋低招不到云来，空梦回溪碧几堆。

感君龙团自灌顶，炉烟湿处寒光迴。

须臾屋底万峰尖，予魂云魂冷欲黏。

但余寸寸肠犹热，还奉君烹数斗雪。

——选自全祖望编《续甬上耆旧诗》卷二十五

【作者简介】周齐曾（1603—1671），字思沂，号唯一，学者称囊云先生，鄞县新庄（今属海曙区）人。崇祯九年（1636）中乡试，崇祯十六年（1643）中进士。知广东顺德县，清介有守，上任才整月，就以抗朝贵拂袖而去。明亡，弃官入奉化剡源，曾隐于柏坑椆树湾，尽去其发，自称无发居士，裹足终身不入城市。著有《囊云文集》。

【注释】①灌顶茶：鄞县灌顶山出产的茶叶。

过黄坑，移茶植囊云①

周齐曾

路幽人不涉，谁话一峰明。

时时渴煮茶，但闻铛自声。

胜于齿牙慧，更喜心神清。

索居赖由此②，将与为平生。

山之所不足，人可力生成。

出壁荷锄往，草草拨露行。

湿露半衣屐，未寒凉思盈。

归来满苍翠，植之以微诚③。

我心先树根，浅深土中迎。

田硗勤作地，汁叶佐香秔。

学农苦衰年，兼以代躬耕。

——选自全祖望编《续甬上耆旧诗》卷二十五

【注释】①黄坑：奉化剡源一带的地名。囊云：在奉化剡源柏（白）坑
椐树湾，为周唯一祝发处。万泰《怀剡诗》："三石山前古柏坑"一首
自注："前山为三石岭，逾岭而南为柏坑。同年周唯一弃官祝发，结
瓢山巅，号曰囊云。"赵霈涛《剡源乡志》卷十二《古迹》："囊云：
在白坑椐树湾，明遗民周贞靖齐曾筑草瓢于此。"又卷七《寺庵》云：
"囊云庵：在柏坑椐树湾。顺治四年，周贞靖齐曾筑瓢于此，自为之
记。"　　②索居：孤独地散处一方。　　③微诚：微小的诚意。常用
作谦词。

向火啜茗，偶欲赋事，有以贵焰羡余前①，言若勉改图②，不至寒苦者，余笑而谢之

王玉书

生非弱草怕僵霜，拂耳炎凉语总狂。

向火身忘寒外热，吟茶句出苦边香。

青山路断高人屐，野树花飞小鸟装。

扰扰此时何所事，不妨天壤剩王郎。

——选自全祖望编《续甬上耆旧诗》卷二十六

【作者简介】王玉书（1603—1673），字水功，一字仙笈，学者称为无界先

生，鄞县人。明亡后，参加抗清斗争，以明经授太常博士，后弃而归。避兵于奉化剡源之榆林，与周齐曾等唱和。康熙辛亥（1671），参加南湖九子社集。著有《瑶光阁集》《非时吟》等。

【注释】①贵焰：高门大族的势焰。羡：炫耀。　　②改图：改变打算。

四乞诗投君爽①·有泉无茗（乞茗）

董德偁

几斛潭深储好泉，闲来拟驾志和船②。
花瓷待浸迎香渴，石铫行随傍白烟③。
破却愁眉看火活，方逾蟹眼报珠圆。
从君问取长森伯④，可有齐云双羽传。

——选自全祖望编《续甬上耆旧诗》卷二十三

【作者简介】董德偁（1603—1661），字平子，字天鉴，别号铭存，鄞县人。崇祯十六年（1643）复中副榜，未接受朝廷所授之官，归里。南明时行朝授以户部主事，丁忧不赴。以隐居终。

【注释】①君爽：朱钺之字。　　②志和：唐代张志和。晚年以船为家。《新唐书·张志和传》："愿为浮家泛宅，往来苕、霅间。"　　③石铫（diào）：陶制的小烹器。　　④森伯：茶的别名。

渴吟

李文缵

泠泠山骨水①，引汲上竹竿。
彴彴山童心②，盛之增甘寒。

微微宿炉火，隐隐声懒残③。

珍重蝉翼意④，伺候蟹眼澜。

一沸清我脾，再沸凉我肝。

多沸恐汤老，移置白石滩。

茗柯探至理⑤，卢陆纷纠弹⑥。

莫视此水易，畏吾造化殚。

——选自全祖望编《续甬上耆旧诗》卷四十七

【作者简介】 李文缵（1604—1682），字昭武，一字梦公，学者称为礜樵先生，鄞县人，居城内砌街（今属海曙区）。明诸生。工诗、书、画，时称三绝。钱肃乐起兵抗清，砌里诸李中最先跟从钱氏的就是文缵，因授驾部郎。后因参与"五君子"翻城之役，遭受清兵逮捕，在狱中坚贞不屈，后幸得出狱。1659年，张苍水在长江之役中失败，潜归至天台，文缵遇之途中，遂以死士保卫苍水的沿途安全。著有《殖阁草》《跪石吟》《赐隐楼集》等。

【注释】 ①泠泠：形容水的清冷。　②彴彴：指石步或独木桥。　③懒残：衰残。　④蝉翼：蝉的翅膀。常用以比喻极轻极薄的事物。这里比喻茶叶。　⑤茗柯：指茶。　⑥卢陆：卢仝和陆羽。纠弹：举发弹劾。

病起

李文缵

避俗偏宜小病佳，支床渴肺剖凉瓜①。
折铛自煮防风粥②，巨碗频添谷雨茶。
鬼物凭陵屯蚁阵③，道心枯寂寄蜂衙④。
闲临数本黄庭罢⑤，却爱双钩笔力加⑥。

——选自全祖望编《续甬上耆旧诗》卷四十七

【注释】 ①支床：支撑在床上。　②折铛：断脚锅。防风粥：用防风草和大米一起煮成的稀饭，具有祛风解表，散寒止痛的功效。唐冯贽《云仙杂记·防风粥》："白居易在翰林，赐防风粥一瓯，剔取防风得五合余，食之口香七日。"　　③凭陵：侵犯。蚁阵：蚂蚁战斗时的阵势。　　④蜂衙：群蜂早晚聚集，簇拥蜂王，如旧时官吏到上司衙门排班参见。　　⑤黄庭：即《黄庭经》，又名《老子黄庭经》，道教养生修仙专著，有诸多名家临本传世。如小楷《黄庭经》，传为王羲之书。　　⑥双钩：一种书法执笔方法。

秋日山庄

戴昆樵

秋获看盈室，山家味更长。

石炉新芋熟，水碓晚秔香。

酒酿黄花美，茶烹白乳良。

丸泥封谷口①，果腹有余粮。

——选自《剡川诗钞》卷八、《四明清诗略》卷三

【作者简介】戴昆樵，字二芄，号菜庭，清初奉化人。著有《蓉舫集》。

【注释】①丸泥封谷口：语出《后汉书·隗嚣传》："元请一丸泥为大王东封函谷关。"形容地势险要，只要少量兵力就可以把守。丸泥：一点泥，比喻少；封：封锁。

醉茶斋步薛子熙韵①

钱肃乐

衡升，长者也。相对道风穆然，谡谡如长松下坐②。尔传少年蕴藉，勇于为义，皆以淡味交者。古人称人每云如饮醇醪，不觉自醉。

余谓醇醪腻物，犹有俗态，请以淡味一浣濯之③。时衡升方战茗而肥，名其斋曰醉茶。夫茶岂能醉人，知其味者旦暮遇之。衡升复扃门扫径④，曰毋令俗客漫尝此味。而时揖希声入座。希声乃作骄语曰："世人皆醒我独醉。"

高斋选句句初惊，次第春风散玉英⑤。

槛外新栽曲蘖种⑥，竹间虚引辘轳声。

云根裹液仙芽嫩，玉碗浮香病肺清。

更爱君家无俗客，素心潦倒不辞醒⑦。

——选自钱肃乐《南征集》卷八

【作者简介】钱肃乐（1606—1648）字希声，一字虞孙，号止亭，鄞县人，故居潜龙漕。崇祯十年（1637）进士，历官太仓知州、刑部员外郎，寻以忧归，清兵下杭州，倡议起兵，应者数万人，遣使请鲁王监国，任右佥都御史、进东阁大学士，卒于舟中。有《正气堂集》。

【注释】①薛子熙：薛晨字子熙，一字子旂，号霞川，鄞县人，诸生，著名书法家。步韵：即次韵。　②谡谡：形容挺拔。　③浣濯：洗雪、清除。　④扃门：关门。　⑤玉英：莹澈如玉的泉水。唐李绅《别石泉》诗："桂凝秋露添灵液，茗折香芽泛玉英。"　⑥曲蘖：酒曲。酒曲以谷物为原料。　⑦醒：酒醉不醒。

寿子定上人六十①

邵似欧

春光先到老僧家，山径梅枝早放花。

坐倚青峰亲鹿鹤，园栽绿竹接烟霞。

禅心静对中宵月，涧水清烹太白茶②。

弹指顷时周甲子，好将消息问南华③。

——选自陈景沛编《蛟川备志》卷十八

【作者简介】邵似欧，字子文，邵辅忠之子。明末弘光监国时，似欧以明经贡太学，授同知。明师溃，似欧兄弟侍父避居大雷（岚）山中，曾劝父殉国不得。清初，当道重其才，屡经聘授不出，日游四海名胜，以适其趣。间尝与其弟似雍订修邑志（未刊）。

【注释】①子定上人：圆常子定禅师（1641—1707），俗姓陈，瀹州（今舟山市）人。年十五祝发于灵峰寺（在今北仑区），为性楷端木禅师法嗣。中年住持灵峰寺。　②太白茶：王元士修《康熙定海县志》卷十一《物产》："茶：出太白山高巅者，四月采，香如兰，此为上。"　③南华：庄子被封为南华真人，故《庄子》又称《南华经》。

山居诗（三十首选二）

李菶

乘兴冲寒出，敲庵见老僧。

龛边灯火熄，槛外冻云凝。

瓮牖明因雪①，瓷瓶裂为冰。

一铛茶未熟，四望玉峻嶒②。

忽有风中磬，濒溪初结庵。

老僧逢破衲，古佛供新龛。

施食来饥鸟，烹茶就壁潭。

招余竹榻坐，因果喜群谈。

——选自全祖望编《续甬上耆旧诗》卷七十五

【作者简介】李菶，原名允升，字山颜，一字寓庵，鄞县人，工部侍郎李堂之后。性情冲淡，隐居自适。少学于王家勤，得其经学。王家勤蒙难，李菶照顾甚力。后隐于画，工山水虫鸟。著作甚富，皆不传。

【注释】①瓮牖：以破瓮为窗，指贫寒之家。　②峻嶒：高耸突兀。玉峻嶒指白雪覆盖的山。

答蕊泉偶感韵①（三首选一）

李萍

月近短垣移竹影，乌栖茅屋乱人声。

半生齑粥贫能耐，一榻烟霞梦亦清。

吟罢汲泉滋菊圃，客来扫叶煮茶铛。

君家气概高千古，把玩临风胜绛缨②。

——选自全祖望编《续甬上耆旧诗》卷七十五

【注释】①蕊泉：闻性道，字天乃，号蕊泉，鄞县人。清初以编纂志书闻名。 ②绛缨：比喻做官。

村居

黄宗羲

好景唯初夏，藤花络荜门①。

雨后鹃声亮，雷前蟹火繁②。

新茶采谢岭③，小说较南村④。

世乱安泥水，心期漫过论⑤。

——选自黄宗羲《南雷诗历》卷一

【作者简介】黄宗羲（1610—1695），字太冲，一字德冰，号南雷，学者称为梨洲先生，余姚黄竹浦人。十九岁时入都为父讼冤，锥刺仇人许显纯。南明时，与复社成员一起揭发阮大铖的罪恶。南明亡后，从鲁王抗清，授左副都御史职。明亡后，奉母归故里，隐居讲学，不仕清廷。康熙七年（1668），讲学甬上证人书院，培养了一批优秀学者。著有《明夷待访录》

《明儒学案》《南雷文定》等。

【注释】①荜门：用竹荆编织的门。
②蟹火：捕蟹时所用的灯火。　　③谢
岭：即谢公岭。此句作者自注："姚江
茶产自谢公岭者第一。"按黄宗羲《四
明山志》卷一云："其岭曰谢公，以安
石得名。建峒产茶，而谢公岭尤为名
品。"　　④南村：南边的村庄。亦可解
为元代陶宗仪笔记《南村辍耕录》的略
称。　　⑤心期：心愿。过论：过头话，
过分的言论。

《竹桥黄氏宗谱》卷首中的
黄宗羲像

制新茶

黄宗羲

櫓溜松风方扫尽①，轻阴正是采茶天。

相邀直上孤峰顶，出市俱争谷雨前。

两筥东西分梗叶②，一灯儿女共团圆。

炒青已到更阑后③，犹试新分瀑布泉④。

——选自黄宗羲《南雷诗历》卷一

【注释】①櫓溜：屋檐流下的雨水。　　②筥：指竹篾编织的圆形筐。
③炒青：制茶干燥工序之一。制绿茶时，鲜茶叶经杀青、揉捻后，放在锅
里炒干，叫做炒青。　　④瀑布泉：指化安山泉。

题狮林壁①（二首选一）

黄宗羲

小庵恰在女峰边②，踯躅花开一径穿③。
酒债寻常君莫问④，一春自有卖茶钱。

——选自黄宗羲《南雷诗历》卷三

【注释】①狮林：指狮林庵。光绪《慈溪县志》卷四十二："狮林庵：县西南六十里（干溪），章氏香火院。"下即录黄氏此诗。此诗作于康熙二十四年乙丑（1685）。　②女峰：即余姚三女山。　③踯躅花：杜鹃花。　④酒债寻常：化用杜甫《曲江》诗："酒债寻常行处有，人生七十古来稀。"

寄新茶与第四女①

黄宗羲

新茶自瀑岭，因汝喜宵吟。
月下松风急，小斋暮雨深。
句残灯落蕊，更尽鸟移林。
竹火犹明灭，谁人知此心。

——选自黄宗羲《南雷诗历》卷四

【注释】①第四女：即黄宗羲养女闻人徽音。

游东山即事①（七首选一）

黄宗羲

庵名黄草试茶铛②，雪水岭头密雾凝。
名品不关城市耳，白雪封住与山僧。

——选自黄宗羲《南雷诗历》卷四

【注释】①东山：在今上虞境内。此诗作于康熙戊辰年（1688）。　②黄草：作者题下小序云："十月望，宿智果寺。夜雨。明日陆行，至陆马桥而霁。历画图桥，南折行山中，饭黄草岭。僧供茶殊美，云是雪水岭所采者。虎迹交加道上。"

吉祥寺即景①

郑溱

探幽入古刹，兰蕙正芬芳。
石峻樵夫懒，山丰衲子忙。
烹茶供客醉，凿笋济年荒②。
此味烟岑饫③，松涛听不忘。

——选自光绪《慈溪县志》卷四十二

【作者简介】郑溱（1612—1697），字平子，号兰皋，丙子年（1636）后别号秦川，慈城半浦人。崇祯十三年（1640）副榜。明亡后，终身不仕，埋身江上，读书授徒以生。与黄宗羲交游甚密。卒年八十六。著有《书带草堂诗选》十二卷、《文选》二卷。
【注释】①吉祥寺：原在今江北区慈城镇。光绪《慈溪县志》卷四十二："吉祥寺：县东一十里。唐文德二年置名吉祥，宋治平二年八月改赐吉祥广福院。"后废。　　②凿笋：挖笋。　　③烟岑：云雾缭绕的峰峦。

吉祥寺八景·白云窝

郑溱

紫金长护白云窝，霭霭茶坪嫩蕊多^①。
精舍无藩麋作伴，开门惟有竹缘坡。

——选自光绪《慈溪县志》卷四十二

【注释】①霭霭：云雾密集的样子。

立夏日逢原弟同梁儿于
雨中往辽舍山收茶^①

郑溱

春尽寒过暖气蒸，绵衣才卸葛衣承。
雷声隐隐平林绿，日影眬眬乳雀鹰^②。
花到夏来开易落，人于老去醉无朋。
深山一雨茶叶长，收焙还夸七碗登。

——选自郑溱《秦川诗文续选》

【注释】①梁儿：即儿子郑梁。辽舍：一作暸舍，鄞县古村名，现属鄞州区横街镇，已更名惠民村。地处深山，海拔500多米，产茶。郑辰《句章土物志》："暸舍在大隐山内，茶产白岩，采者携至永昌潭易米，香色俱佳。"
②眬眬：朦胧的样子。鹰：同"应"。

清　代　179

家人夜制新茶

郑溱

高冈茗草并兰生，制茗当如兰馥清。

彻夜经营调火候，全家揉焙到天明。

老夫倦睡两三觉，小鸟唤呼千百声。

起瀹天泉香入口，建溪顾渚浪垂名。

——选自郑辰编《句章土物志》

食新（三首选一）

黄宗会

眼前百物到愁肠，此内何堪贮慨慷。

荒市隔旬才见肉，贫家三担已盈仓。

离迷松管烟偏重，苦涩茶婆色更黄^①。

风景一年真易过，柳条日影近南乡。

——选自《缩斋诗文集》

【作者简介】 黄宗会（1618—1663），字泽望，号缩斋，人称石田先生，余姚人。与兄黄宗羲、黄宗炎并称"东浙三黄"。明崇祯末拔贡，明亡后为遗民，专注于著述，以疾终。著有《缩斋文集》《缩斋日记》等。

【注释】 ①茶婆：摘取粗老的茶叶片制成的茶。民国《镇海县志》卷四十一《风俗》云："立夏节所采曰老茶婆。"

育王岭上作

周容

春雨达春暮，入山天忽晴。

因知造物力，靡不随人情。

云收虎失势，日出鸟有声。

野老采茶去，村民斸笋行。

共话芒鞋干，各恐误经营。

昨日传军帖①，需茶足百籯②。

久阴春气懒，何以应官程。

世运有来往，自伤多寿庚。

羡兹苦竹笋，篱边遂尔生。

——选自周容《春酒堂诗存》卷一

【作者简介】周容（1619—1679），字茂三，一字鄮山，鄞县七里垫（今属鄞州区）人。明亡后弃诸生，曾剃发为僧，其父涕泣劝阻，后返俗为民。因营救徐殿臣于王朝先部中，下狱至躄足，因别署躄足翁。从营中逃归后，放浪于湖山间，所交皆一时遗民。平生负才使气，踪迹遍及各地。晚年归里，筑室数楹，为终老计。著有《春酒堂诗集》《春酒堂文集》等。

【注释】①军帖：军中的文告。　②籯：《茶经·二之具》："籯：一曰篮，一曰笼，一曰筥。以竹织之，受五升，或一斗、二斗、三斗者，茶人负以采茶也。"

暑坐 （三首选一）

沈延嗣

援琴时一操，拂指午风归。

铛薄茶声妙，帘幪花影微^①。

檐牙捎毳软^②，蜂股累香肥。

展簟高梁下^③，闲看燕子飞。

　　　　——选自全祖望编《续甬上耆旧诗》卷八十三

【作者简介】沈延嗣（1619—？），字斯说，一字南郭，鄞县人，居郡城（今海曙区）。明诸生，为人有英气，善于饮酒，特别喜欢讲求烹饪之艺。与遗民朱�等关系最为亲密。清初，他原不肯出山，后来因为发生了家难，才出来参加清朝的科举考试，但并未考中。晚年以明经贡太学。工诗，与张瑶芝等并为南湖秋水社的主要作家，作品甚多，魄力雄阔，有《寸知居集》二卷。

【注释】①幪（méng）：古代称帐幕之类覆盖的东西。　②檐牙：檐际翘出如牙的部分。捎：拂掠。毳：原指鸟兽的细毛，这里代指鸟。这句意思是：檐牙边有鸟拂掠而过。　③展簟：铺开簟席。高梁：高桥。

约登太白峰采茶

李邺嗣

临铛呼森伯^①，吾生将托尔。

植根尔何高，贞心独不徙。

云英翼其芽^②，潜潭涓其髓。

一朝辞故柯，芬及幽人齿。

山光满素瓷，澄怀渐如泚^③。

余适于闲居，泛花听徐子^④。

云登太白巅，尖岩去若咫。

撷茗手制之，留精去厥秕。

爨室自司薪^⑤，缓急具深理。

爪甲不可停，新香吐十指。

遂烹以鹙浆⑥，色味岂世旨。

余性本裛霞⑦，开兴恨难止。

乃悟索云腴，岂容向城市。

风榛不闭人，瘁策尚堪倚⑧。

行将结素俦⑨，层烟踏趾趾⑩。

嘉木隐危崖，流馨杳难迹⑪。

定有上皇民⑫，欻然觌于此⑬。

——选自李邺嗣《学樊集》

【作者简介】李邺嗣（1622—1680），原名文胤，以字行，别号杲堂，鄞县人，居硼街（今属海曙区）。曾积极参与抗清复明活动。顺治五年（1648），因谢三宾告密，父亲李楱被捕，最后死于杭州，李邺嗣亦被关入定海马厩中70余天，后因万泰力救得免。获释后拒仕新朝，仗义营救了不少遗民志士。晚年一心著述，为诗家宿老。著有《杲堂文钞》《杲堂诗钞》等，并搜辑《甬上耆旧诗》。

【注释】①森伯：茶的别名。宋陶毅《清异录·茗荈》："汤悦有《森伯颂》，盖茶也。方饮而森然严乎齿牙，既久四肢森然。"　②云英：云气的精华，甘露。　③泚：清澈。　④泛花：共赏鲜花。徐子：作者自注："谓徐子披青。"徐凤垣字披青。　⑤爨室：厨房。　⑥鹙浆：清泉名。在山西省虞城县南。北魏郦道元《水经注·涑水》："翠柏荫峰，清泉灌顶。郭景纯云：'世所谓鹙浆也，发于上而潜于下矣。'"　⑦裛：古同"浥"，沾湿。裛霞：此指喜欢饮茶。　⑧瘁策：手杖。　⑨素俦：素心伴侣。　⑩趾趾：足尖轻轻着地行走的声音。　⑪流馨：散布很远的香气。⑫上皇：太古的帝皇。　⑬欻（xū）然：忽然。觌：见，相见。

观掖青手制夏茗

李邺嗣

徐君异骨佩豹囊，独携茗具作山装。

云腴知向绝谷藏，山房晨起撷满筐。

手删乌蒂留次枪①，小芽吐绿一寸长。

柔薪洁釜并有方，新芬及候十指商。

小铛鱼目始沸汤②，离树入瓷日尺光③。

山僧沾口讶未尝，先春不良晚茗良。

此中神理岂易详，幽人爪甲能生香④。

——选自李邺嗣《杲堂诗钞》卷四

【注释】①乌蒂：宋赵汝砺《北苑别录·拣茶》："乌蒂，茶之蒂头是也。"陆廷灿《续茶经》卷上之三："凡芽如雀舌、谷粒者为斗品，一枪一旗为拣芽，一枪二旗为次之，余斯为下茶之始。芽萌则有白合，不去害茶味。既撷则有乌蒂，不去害茶色。"　②鱼目：即鱼眼。　③离树入瓷：谓茶叶离开母枝，经炼制后，进入茶碗中。　④爪甲能生香：典出马永卿《懒真子》：陕西提刑阳翟李熙民逸老往见陕西子仙姑，曰："欲献茶一杯可乎？"姑曰："不食茶久矣，今勉强一啜。"既食，少顷，垂两手出，玉雪如也。须臾所食之茶从十指甲出，凝于地，色犹不变。逸老令就地刮取，且使尝之，香味如故，因大奇之。

郧东竹枝词（选二）

李邺嗣

太白尖茶晚发枪①，蒙蒙云气过兰香。

里人那得轻沾味，只许山僧自在尝。

家居只是守耕桑，仕宦应须客四方。

每到春三节候好，新茶新笋定思乡②。

——选自同治《鄞县志》卷七十四

①太白：山名，位于今宁波市鄞州区东部和北仑区的交界处。因天童禅寺位于太白山东南侧，故太白山又名天童山，舒亶诗中更明确地将天童山称为灵山。按清释德介纂《天童寺志》卷一《山川考》的意见，太白山即天童山，其文云："太白山又名天童山。……【从正】宋罗参军濬《宝庆四明志》，太白、天童分为二山，其图上下远裂。元袁学士桷《延祐志》、王总管元恭《至正续志》、明《永乐钞志》、黄宪副润玉《简要志》、杨外翰寔《成化志》、张大司马时彻《嘉靖志》，介分梁山，沿濬志也。今山本合体，名难歧指。濬家庐陵，未经躬历，笔属傅会，惟一山二名为定论。"康熙《定海县志》卷十一"茶"条云："不若太白山巅者为最。山高独受雨露，使造藏得法，尤佳。饮时香若兰蕙，虽蒙山、松萝不及也。"作者自注："太白山顶茶，山僧采摘岁不过一二斤，其上多兰花，故茶味自然兰香。"　　②"新茶"句：作者自注："前辈诗云：'新茶与新笋，风味忆吾乡。'"

无题二首（选一）

谭宗

百年看著流水，华屋俄而落霞。
明月卷帘独坐，艳娘脱珥烹茶①。

——选自倪继宗编《续姚江逸诗》卷二

【作者简介】谭宗，初名立卿，字九子，后更今名，字公子，晚号曼方野老，余姚人。善诗书、古琴、篆刻。曾客扬州，为人豪宕不羁。康熙十五年（1676），封疆大臣范承谟去世，他作有挽诗。后卒于扬州。著有《南征杂咏》《曼方初集》等。

【注释】①脱珥：取下簪珥等首饰。

玲珑岩（用牧用门公韵）（六首选一）

闻性道

一身围众石，鸟道落云边。

松竹甘居下，儿童争欲先。

厂穿微漏日①，窦杳暗藏天。

是处安茶灶，提铛滴乳泉。

——选自闻性道《蕊泉诗渐删存》一集

【作者简介】闻性道（1621—？），字天洒，鄞县人，居月湖畔。康熙庚戌
年（1670）作有《五十生朝》诗，可推得其生年。顺治八年（1651），清
兵破瀚洲，明将张肯堂全家死难，闻性道冒险募乡民营葬。康熙十七年
（1678），辞博学鸿词荐。编有《康熙鄞县志》《天童寺志》等。另有《蕊
泉诗渐删存》等传世。

【注释】①厂（hàn）：山边岩石突出覆盖处。

茶

董剑锷

静负一山气，卑枝常自好。

谢尔山中人，采叶不采老。

——选自全祖望编《续甬上耆旧诗》卷五十六

【作者简介】董剑锷（1622—1703），字佩公，一字孟威，又字晓山，鄞县
人。明诸生，明亡后弃去，专攻古诗词文，诗以韵胜。与宗谊等人唱和，
共结"西湖七子"社。著有《墨阳内集》《墨阳外集》等。

谢友人惠新茶，闻是姬人所制二首

沈士颖

轻将一掬敛春寒，山味凄清尽月团。

琴韵冷堪添寂寞，泉香细与作波澜。

因留新意探芽早，好向幽情接夜残。

闻说美人亲摘取，指痕焙火未全干。

上山采茶下山收，几次提筐懒未休。

裹箬殷勤防色改，入瓶珍重爱香留。

远辞松径凉归梦，坐对炉烟夜作秋。

好向吴侬彤管说①，春风吹尽在茶篝。

——选自全祖望编《续甬上耆旧诗》卷三十七

【作者简介】沈士颖（1623—1652），字心石，鄞县人。明末诸生，明亡后
弃之，以遗民自居，放浪诗酒。著有《吟社诗稿》等。
【注释】①吴侬：吴地自称曰我侬，称人曰渠侬、个侬、他侬。因称人
多用侬字，故以"吴侬"指吴人。彤管：古代女史用以记事的杆身漆朱
的笔。

酬惠茶

高斗魁

寒热难禁消渴侵，膏肓未必许施针。

莺浆不到贫人口①，芥叶频分故友心。

自尔春风生两腋②，忽然秋雨振疏林。

从来毒草能苏病③，起坐思君报此音。

——选自全祖望编《续甬上耆旧诗》卷四十一

【作者简介】高斗魁（1623—1671），字旦中，号鼓峰，鄞县人，故居在乌石岙（今属北仑区）。能诗，尤精医理，治宗张介宾。著有《四明医案》等。
【注释】①鸯浆：见李邺嗣《约登太白峰采茶》诗注。　②春风生两腋：化用唐代卢仝《走笔谢孟谏议寄新茶》诗："七碗吃不得也，唯觉两腋习习清风生。"　③苏：恢复。

忆乌石山居仍次前韵①（两首选一）

高斗魁

千尺流泉百曲沙，十年心计想移家。
溪边纵乏银丝脍②，峰顶还饶谷雨茶。
不向青山寻打睡③，却来城市看榴花。
莫嫌杜宇侵人耳④，啼出三更字不差。

——选自全祖望编《续甬上耆旧诗》卷四十一

【注释】①乌石山：在今北仑区大碶街道乌石岙边，为高氏族居地。
②银丝脍：语本杜甫《陪郑广文游何将军山林》诗："鲜鲫银丝脍，香芹碧涧羹。"　③打睡：打坐。　④杜宇：杜鹃鸟，其叫声为"不如归去"。

晚坐书楼（三首选一）

屠粹忠

看画掀髯①，煮茗漱玉②。

夜深扣门，开见新鹿。

——选自全祖望编《续甬上耆旧诗》卷八十六

【作者简介】屠粹忠（1629—1706），字纯甫，号芝岩，顺治十年（1653），由定海（今镇海）庠生登进士，授河南封丘知县。康熙十年（1671），升为礼科给事中。康熙二十三年乞养归休，三十四年复出为官。康熙三十六年，升为大理寺丞，不久又授奉天府丞，晋大理寺少卿。康熙四十一年，擢为兵部右侍郎，次年晋升本部尚书。著《栩栩园诗》。

【注释】①掀髯：笑时启口张须的样子，激动的样子。　②漱玉：谓泉流漱石，声若击玉。语本晋陆机《招隐诗》："山溜何泠泠，飞泉漱鸣玉。"

春日杂兴（十三首选二）

范光阳

杏花村里酒旗斜，密密疏疏柳半遮。
沽得茅柴浑似水，不如僧院啜春茶。

翠微深处有人家，晓摘旗枪到日斜。
若论茶经推上品，雨前不及火前芽^①。

——选自范光阳《双云堂诗稿》卷三

【作者简介】范光阳（1630—1705），字国雯，号笔山，鄞县人。黄宗羲在甬上证人书院的弟子。康熙十四年（1675）举人，康熙二十七年会元，授庶吉士。历任户、兵部主事。康熙三十四年，出知福建延平府，有善政。著有《双云堂诗稿》。

【注释】①火前芽：即火前茶。指寒食节禁火以前采制的新茶。这句作者自注："古人以寒食前采茶为上，雨前次之。"

次韵酬友人

周志嘉

不耕亦不读，自笑亦常忙。

带雨看山翠，登楼望麦黄。

径荒频自扫，茶熟又防凉。

一榻来君贯^①，无须拂石床。

——选自周志嘉《西村草堂集》

【作者简介】周志嘉（1631？—？），字殷靖，一字嵩庵，号蜗庐老人，鄞县新庄人。顺治四年（1647），受知于华夏，华夏因反清被捕，志嘉不顾生命危险，频繁赴狱探望。后迁居光溪，以遗民终。著有《西村草堂集》。
【注释】①贯：同"惯"。

退山惠茗^①

周志嘉

闲阶三尺是精庐^②，懒出蓬门一月余。

床脚雨平蛙渐近，渡头烟老屐安如。

盎空储粟收新水^③，钟定传瓷阅借书^④。

偶得故人封乍拆，却同秋月到窗虚。

——选自周志嘉《西村草堂集》

【注释】①退山：钱光绣之字。　②精庐：读书之所。　③新水：新汲之水。这句是说粮缸空了之后，其功能也改作水缸了。　④钟定：指夜深人静时刻。古代亥时以后，人们开始安息，称为人定。人定鸣钟为信，故称。传瓷：指喝茶。语本唐颜真卿、陆士修等《五言月夜啜茶联句》："素瓷传静夜，芳气满闲轩。"

同友人游它山（三首选一）

张士培

藤萝苍翠拂平沙，湍急它山落晚霞。
半晷晴晖寄柳色，一湾春水涨桃花。
磬传隔岸知僧舍，烟起前村认酒家。
古木远随溪径曲，携筐儿女采新茶。

——选自全祖望编《续甬上耆旧诗》卷九十七

【作者简介】张士培（1631—1688），字天因，鄞县人。以《易经》补县学生。屡试不售，佐其父经商，不数年而致富。后为黄宗羲甬上证人书院弟子。在鄞城西郊建有墨庄别业，为黄宗羲讲学之地，因名"黄过草堂"。他积书其中，岁延名师友教子。诗与弟士埙齐名，著有《黄过草堂集》。

次韵李磬樵先生《早起》①

万斯备

朝来肃气凝，檐瓦微霜附。
呵冻挥弱毫，点画多乖忤。
负暄移庭隅②，竹影已在户。
茗粥聊驱寒，充然得微助。
吟成属知音，为我抒情愫。

——选自全祖望编《续甬上耆旧诗》卷七十七

【作者简介】万斯备，字允诚，一字又庵，鄞县人。万泰第七子。黄宗羲
甫上证人书院弟子。以诗称，又工书法、篆刻。为李邺嗣女婿，为李编纂
《甫上耆旧诗》的得力助手。著有《深省堂诗集》。
【注释】①李碧樵：李文缵号碧樵，鄞县人。　②负暄：冬天受日光曝
晒取暖。

山游

郑梁

山游遇早雨，度岭天微晴。

竹露有花气，松风能水声。

狼忙泥笋嫩①，簏簌焙茶清②。

正爱溪流好，闲云满谷横。

——选自郑梁《寒村诗文选·见黄稿诗删》卷一

【作者简介】郑梁（1638—1710），字禹梅，初号香眉，继号蹄庵，后号寒村，
慈溪半浦（今属江北区慈城镇）人。康熙四年与陈锡嘏等甫上诸子组织策论
会，康熙六年到余姚黄竹浦拜黄宗羲为师，为甫上讲经会的重要发起人。康
熙二十七年登进士，选翰林院庶吉士。历官工部湖广司主事、刑部山西司郎
中等。康熙三十九年，充会试同考官。不久，出任广东高州知府。后因父卒，
悲伤过度致疾，半身瘫痪，故改名风，字半人。著有《寒村诗文选》等。
【注释】①狼忙：急忙。　②簏簌：下垂的样子。

上巳归家①

郑梁

为客疑春老，归来鹿韭香②。

煎茶修禊事③，掘笋佐流觞。

桂密黄头小，蘋疏绣尾长。

读书时未解，花下问高堂。

——选自郑梁《寒村诗文选·见黄稿诗删》卷一

【注释】①上巳：俗称三月三，系汉族水边饮宴、郊外游春的节日。
②鹿韭：牡丹的别名。　③修禊：古代民俗于农历三月上旬的巳日（三
国魏以后始固定为三月初三）到水边嬉戏，以祓除不祥，称为修禊。

江皋信步

郑梁

庭院深深春昼长，出门信步但闻香。

烟迷芳草江云翠，风落松花涧水黄。

僧寺雨前茶早熟，农家晴日种初忙。

东君似欲留人住①，故遣啼鹃到柳塘。

——选自郑梁《寒村诗文选·见黄稿诗删》卷一

【注释】①东君：司春之神。

午日归自赭山移榻书带草堂①

郑梁

三月山栖兴未涯，病归村舍转荣华。

团圞老幼昌阳洒②，荡涤心脾谷雨茶。

榴向幽窗红一朵，稻于清水绿千丫③。

生平无事同前喆④，榻近高堂也白沙。

——选自《寒村诗文选·见黄稿诗删》卷二

【注释】①赭山：在今江北区慈城镇。因土色赤色，故名。一名紫蟾山，一名丹山。绝顶有龙湫，其最高峰称离卦尖，一作黎家尖，下有玉蟾井、祇树井、枇杷潭。书带草堂：郑溱之父郑启建，位于郑溱住宅的东南角。郑溱《书带草堂记》云："南望鹳江，环流如抱，每于林木参差中，见夕阳古渡、晨烟征帆于其间。"郑溱曾肆业于此，后又在此读书课徒。 ②团圞：团聚。昌阳：菖蒲的别名。 ③丫：这里指稻株的分叉。 ④前喆：同"前哲"，前代的贤哲。

瞭舍采茶杂咏①（四十三首选七）

郑梁

晚雨廉纤湿透衣②，采茶人正满笼归。
纷来换取香秔去③，阖谷炊烟各掩扉。

手制名茶冠一方，龙潭翠与白岩香④。
犹疑路远芳鲜渐，瞭舍山中自采尝。

鲜茶出篓蕙花香，剪取旗先摘取枪。
猛火急揉须扇扇，半斤一夜几人忙。

炒青渐向镬头干，灶冷灯昏仆已鼾。
壁外乳泉流不绝，一声鸦过报更阑。

倦游暂憩一僧家，度岭穿林更踏沙。

满路轻风香触鼻，谁分兰蕙与茶芽。

连夜忽忽为炒茶，今晨始得访邻家。

山灵似怪探幽嫩，满谷云岚着眼花。

渡江三里即吾家，回首山中正雾遮。

吹火烹泉先荐祖，阖门次第品新茶。

——选自郑梁《寒村诗文选·五丁诗稿》卷五

【注释】①瞭舍：鄞县古村名，现属鄞州横街镇，已更名惠民村。地处深山，海拔500多米，产茶。　②廉纤：细小，细微。多用以形容微雨。③香秔（jīng）：香粳。一种有香味的粳米，主产江浙一带。　④这句作者自注："茶产白岩，采者携至永昌潭易米，香色俱佳，故名。"

别南楼（四首选一）

宗谊

先慈供佛开南楼，石磬吾曾敲素秋。

儒书且并梵典列，客茶僧供犹能留。

——同治《鄞县志》卷六十四

【作者简介】宗谊（1619—？），字在公，号正庵，鄞县人。乙酉之际，浙东义师蜂起，宗谊罄家财十万金以供义饷，鲁王召之，辞不赴。后卖去田宅，以供义师取求，遂至赤贫，以教授童子为生。性好吟咏，诗宗竟陵一派。与范兆芝、董剑锷等结为"西湖七子社"。著有《愚囊汇稿》。

南园小集

王之琰

日暖游成趣，茶清客到门。

飞花香满席，映竹绿沉尊。

村僻无嘉味，交深得妙论。

夕阳人去后，几个宿禽蹲。

——选自王之琰《南楼近咏》卷上

【作者简介】王之琰（1635—1713），字石南，初字介友，号静庵，又号易庵，鄞县西郊假山（今属宁波海曙区）人。康熙二十七年（1688）岁贡，选授杭州府仁和县训导。著有《南楼近咏》。

思春茗

王之琰

空余两腋风安在，转惜三春买未多。

早晚煮来惟白水，轻安口授复如何①。

——选自王之琰《南楼近咏》卷下

【注释】①轻安：轻健安康。口授：作者自注："古人计口授盐。"这句作者提出政府是否可以模仿古人计口授盐的办法，来一个计口授茶。

灵峰寺赠嵩岩①

周斯盛

微风吹人衣，苍凉生石磴。

诸峰落日平，竹柏互掩映。

古寺窈无尘，高天云入定。

到门见老僧，笑谈畅幽兴。

庭树纠古藤，池蛙杂清磬。

可知静者心，无情亦入听。

瓷罂汲山泉，松火适其性。

饮我交阯茶②，使我心魂净。

朗月湖上来，始觉秋光胜。

空楼理游情，遥钟一声应。

——选自周斯盛《证山堂诗集》卷一

【作者简介】周斯盛（1637—1708？），字屺公，号铁珊，学者称为证山先生，鄞县人。顺治十八年（1661）进士，授山东即墨知县。因事下狱，出狱后奔走燕赵吴楚之间，遍游名山大川。著有《证山堂诗集》《证山堂诗余》等。

【注释】①灵峰寺：在今宁波市北仑区。此诗作于康熙丁未年（1667）。②交阯：即交趾，在今越南北部。

偶忆

左峴

故园春酒熟，野蕨亦殊嘉①。

雪压猫头笋，雷惊雀嘴茶②。

河鱼盈腹满，菜甲满篮花③。

不待潮流上，甘鲜海错夸。

——选自《四明清诗略》卷三

【作者简介】左岘，字襄南，号我庵，鄞县人。康熙九年（1670）进士。累官工部郎中、广东提学道。著有《蜀道吟》。

【注释】①野蔌：野菜。　②猫头笋：即冬笋。这两句：采用杨守陈《宁波杂咏》中的句子。　③菜甲：指发花的菜。

赠友人

万斯同

团瓢结得在山冈，茗碗书签共一床。

学得山翁栽芋术，钞来邻女制茶方①。

月临破屋人无寐，春入田家雀有粮。

似此风流原不恶，人间浊水任浪浪。

——选自万斯同《石园文集》卷一

【作者简介】万斯同（1638—1702），字季野，号石园，鄞县人。万泰第八子，黄宗羲弟子。康熙十七年（1678）荐举博学鸿词科，不就。博通经史，尤熟明史，康熙十八年赴京师修《明史》，不署衔，不受俸，以"布衣"自居。著有《石园文集》等。

【注释】①钞：同"抄"。

鄮西竹枝词（五十首选一）

万斯同

天井山茶味自长^①，它泉烹酌淡而香^②。
并论太白谁优劣^③，一任闲人肆抑扬。

——选自万斯同《石园文集》卷二

【注释】①天井山：在今海曙区龙观乡境内。　②它泉：它山泉。作者
自注："鄞泉以它山为上，不减锡山二泉。"　③太白：作者自注："太白
山在东乡，亦产茶。"

竹枝词（二首选一）

谢为衡

一树梧桐散落花，清阴闲坐听琵琶。
曲终不问弦中意，烹得它泉泼岕茶^①。

——选自全祖望编《续甬上耆旧诗》卷一百〇一

【作者简介】谢为衡（1640—? ），字孝德，鄞县人。为人敦笃，尚公道。
工诗。著有《晨夕庐集》。
【注释】①岕茶：明清时江苏宜兴产的贡茶。陈贞慧《秋园杂佩》云："阳
羡茶数种，岕茶为最，岕数种，庙后为最。"

暮春杂感（选一）

姜宸莺

问君底事客天涯，泽国春光剩可夸。

江岸青旗沽酒店，溪桥绿树野人家。

清明时卖龙须笋，谷雨前收雀舌茶。

二十四番风信过^①，此事开到米囊花^②。

——选自《四明清诗略》卷二

【作者简介】姜宸莺，字友棠，清慈溪（今江北区慈城镇）人。姜宸英从弟。康熙二十三年（1684）举人，官广东龙门知县。诗初学白居易，后学陆游。著有《望云诗稿》。

【注释】①二十四番风信：即二十四番花信风，始梅花，终楝花。　②米囊花：罂粟花之别名。

试茶

闻人徽音

茗园初展一旗新，顾渚风清别有神。

试点石泉烹紫液，更炀茶灶碾青尘。

龙团素取高人制，雀舌尤为后世珍。

顾余情怀差不薄，松声先奠谪仙人。

——选自倪继宗《续姚江逸诗》卷十二

【作者简介】闻人徽音，余姚人，太守闻人某女孙，黄宗羲养女。耽诗书，善吟咏。以所配非偶，抑郁而卒。著有《樊榭诗选》。

摘茶歌

释等安

春势临头不可当，尽开雀口吐锋芒。
山人不许锋芒露，才露锋芒要摘光。

——选自释等安《偶存轩稿》卷二

【作者简介】释等安，号全拙，吴人。余姚法华庵僧，后住藏经阁，县中名士如黄宗羲、倪继宗等皆与之游。晚年住鄞县五峰。著有《偶存轩稿》。

送茶歌

释等安

寒山生长性寒凉，谷雨前头不露芒。
一发离山入城市，火炉汤鼎为君忙。

——选自释等安《偶存轩稿》卷二

积雪经旬，掘取蔬圃菜根，活火烹之，觉冷淡滋味绝胜浓鲜。因忆罗昭谏诗"橛冻野蔬和粉重，扫庭松叶带苏烧"①，情事宛然，为赋此诗

张起宗

漫漫飞雪岁时残，聊且幽栖好避寒。
秫酒新篘温冻指②，蔬羹暖煮饱晨餐。
书窗一夜明于月，茶鼎终朝响似湍。

思得高人乘兴过，青山顶头卷帘看。

——选自全祖望《续甬上耆旧诗》卷一百〇七

【作者简介】张起宗，字亢友，一字蓉山，鄞县人。康熙三十年（1691）进士，知河内县。著有《高梧阁集》。

【注释】①罗昭谏：罗隐，字昭谏，浙江新城（今杭州市富阳区新登镇）人。历考不第。黄巢起义后，避乱隐居九华山。光启三年（887），归乡依吴越王钱镠，历任钱塘令、司勋郎中、给事中等职。张氏诗题中所引诗两句，出自罗隐《雪》诗。　　②秫酒：用秫酿成的酒。新篘（chōu）：新漉取的酒。

和灌雪菜

费金珪

畦蔬斯最美，培植日宜加。

寒逼重阳雨，秋依一坞花。

学源兼稼圃，人岂肖匏瓜①。

有客闲相就，炉烟正沸茶。

——选自全祖望编《续甬上耆旧诗》卷一百十七

【注释】①匏瓜：指圆瓠（俗名瓢葫芦）和悬瓠（长颈葫芦）。这句典出《论语·阳货》："吾岂匏瓜也哉？焉能系而不食？"意思是不能像匏瓜那样白白地挂在那里不能吃，应该有所作为。

游阿育王寺

张士埙

舍利庄严殿，山崖半岭通。

门阑千嶂木，篱绕一溪风。

古塔凌深雾，残碑照晚虹。

老僧茶话久，炉炉拨灰红。

——选自全祖望编《续甬上耆旧诗》卷九十七

【作者简介】张士埙（1640—1676），字心友，一字雪汀，鄞县人。士培弟。康熙三年（1664）进士。著有《雪汀诗抄》。

试新茗

董元成

寻春有约惜春迟，杜若新香又一时。

雨洗千峰娇远黛，烟炊万井望涟漪。

爰思芳渚飞萝蔓，好共云堂战茗旗。

谈笑一尊消往事，不妨弥漫共襟期。

——选自董元成《西堂诗草》

【作者简介】董元成（1652—1728），字章甬，一字章甫，号堇山、西堂。鄞县城中（今属海曙区）人，其族为儒林董氏。康熙二十四年（1685）拔贡，授乐清教谕，以母老不赴。母卒，起补江山。著有《晚香楼诗文钞》八卷等。

索友人佳姬烹茶

董元成

踏春犹觉怯春寒，积雪烹来气欲蟠。

仙掌缤纷浮碧玉，月团清浅映冰纨。

娥眉漫对凝香麝，纤手轻调胜畹兰^①。

我辈无端消渴甚，愿君斟酌莫轻弹。

——选自董元成《西堂诗草》

【注释】①畹兰：语出《楚辞·离骚》："余既滋兰之九畹兮，又树蕙之百亩。"王逸注："十二亩曰畹。"一说，田三十亩曰畹。

茗花咏^①

董元晋

轻飔渐拂水^②，浮云间出山。

山人托幽兴，种茗林霏间^③。

我来采其葩，茗碗浮轻澜。

啜之胜雀舌，洒然清心颜。

香凝久不散，味永隽勿残。

玉川若解意，七碗啜未阑。

嘉其得真趣，咏之等蘅兰^④。

——选自全祖望编《续甬上耆旧诗》卷一〇九

【作者简介】董元晋（1660—1692），字靖之，号且庵，鄞县城中（今属海曙区）人，其族称西城董氏或儒林董氏。董允瑶长子。邑庠生，改太学生，考授州同，敕授儒林郎。著有《谷芳集》。

【注释】①茗花：即茶树花。考察中国古代茶史，此花鲜有人问津。唐代陆羽《茶经》言及茶树花时，以"花如白蔷薇"一笔带过。明万历年间屠本畯撰写《茗笈评》中云："人论茶叶之香，未知茶花之香。余往岁过友大雷山中，正值花开，童子摘以为供。幽香清越，绝自可人，惜非瓯中物耳。乃予著《瓶史月表》，以插茗花为斋中清玩。而高濂《盆史》，亦载'茗花足助玄赏'云。"他只是将茶花当做插花材料。屠隆《茶说》中说："茗花入茶，本色香味尤嘉。"他用茶花窨茶叶，想法颇妙。董元晋用茶花冲泡饮用，并予以赞叹，在古籍中难得一见。　　②轻飔：微风。③林霏：树林中的雾气。　　④蕲兰：杜蘅和泽兰，皆香草名。

初夏山居

邵元荣

不知生计合离家，入夏山中未着纱。

得酒半酣煮嫩笋，汲泉乘兴试新茶。

羡鱼网得菖蒲叶，梦蝶香耽枳壳花①。

抻却一贫何所虑，小年长日静无哗。

——选自倪继宗编《续姚江逸诗》卷十一

【作者简介】邵元荣，字秋岳，号白山，康熙时余姚人。诸生，陶情诗酒。卒年五十八。

【注释】①枳壳：芸香科植物，枝刺锋利，可作为优良的柑橘类植物砧木。

山居即事次谢莘野韵四首（选一）

徐志泰

一径松篁槛外遮，好将幽事属山家。

低田水溢初通涧，细草香生似有花。

已老莺雏声欲涩，新垂瓜蔓影欲斜。

隐沦何必桃源地，日得焚香并煮茶。

——选自《四明光溪桂林徐氏重修宗谱》卷六之三

【作者简介】徐志泰（1660—1686），字逊三，号凫岩，又号蕙江，鄞县人。居桓溪，从小为李邺嗣所知。诸生，以屡试不第，怏怏而卒。著有《蕙江草》。

它泉①

徐志泰

一山分道落，双皎合流长②。

骤雨逢秋涨，微风入夏凉。

酒因清觉冽，茶以淡生香。

野鸭频来浴，沙头散水光。

——选自《四明光溪桂林徐氏重修宗谱》卷六之三

【注释】①它泉：同治《鄞县志》卷五《山川下》："它泉：县西南六十里，它山堰下。"又云："梅龙潭：县西南六十里，它山堰下，即它泉也。"明闻龙《茶笺》云："吾乡四陲皆山，泉水在在有之，然皆淡而不甘。独所谓它泉者，其源出自四明潺湲洞，历大阃、小皎诸名岫，回溪百折，幽涧千支，沿洄漫衍，不舍昼夜。唐鄞令王公元暐筑堘它山，以分注江河，自洞抵堘，不下三数百里。水色蔚蓝，素砂白石，粼粼见底，清寒甘滑，甲于郡中。余愧不能为浮家泛宅，送老于斯。每一临泛，浃旬忘返，携茗就烹，珍鲜特甚。洵源泉之最胜，瓯牺之上味矣。以僻在海陬，图经是漏。故又新之记罔闻，季疵之勺莫及，遂不得与谷帘诸泉齿。譬犹飞遁吉人，灭影贞士，直将逃名世外，亦且永托知稀矣。"清万斯同《鄞东竹枝词》云："它泉烹酌淡而香。"自注："鄞泉以它山为上，不减锡山二泉。"徐诗第三联之"淡而香"，即本万斯同此诗。　②双皎：指大皎、小皎（位于宁波市今海曙区）。

农歌（十二首选一）

郑性

看他畎亩日沾衣，主伯心能恻隐无^①。
劝劳只须甘苦共，采荼莫食我农夫^②。

——选自郑性《南溪仅真集》

【作者简介】郑性（1666—1743），字义门，号南溪，郑梁之子。以布衣终身。立志游五岳，故自署"五岳游人"。与李暾、万承勋、谢绪章并称为"四明四友"，合刊有《四明四友诗》。
【注释】①主伯：古代指家长和长子。　②食我农夫：语出《诗经·豳风·七月》："采荼薪樗，食我农夫。"

北城别业^①

郑性

北海涛无主，茅轩相傍开。
只闻窗际满，不到席边来。
阁笔茶三碗，囊琴酒一杯。
与君终日坐，此已是蓬莱。

——选自光绪《镇海县志·古迹》

【注释】①北城别业：即见山书屋，在镇海城北隅，谢绪章居此。

哭维贤叔父（十一首选一）

谢绪章

性何所嗜玉川如，赤脚长须又不支①。

布被绳床同野衲，一生甘苦只茶知。

——选自谢绪章《北溟见山集》

【作者简介】谢绪章，字汉倬，号北溟，镇海人。诸生。与郑性、万承勋、李暾并称为"四明四友"。著有《北溟见山集》。

【注释】①赤脚长须：唐韩愈《寄卢仝诗》："一奴长须不裹头，一婢赤脚老无齿。"后以"长须赤脚"指代奴婢。

烹茶

佚名

独占冰水看天合，万虑皆空心地恢。

但为窗前飞白雪，火炉将熄又添煤。

——选自佚名《诗稿》

【作者简介】佚名《诗稿》藏于天一阁，中有《万使君磁州罢（除夕）》《磁妇多有缢死，万磁州作歌以劝之，自己酉九月至今，不闻有缢死者》诸诗，此万磁州即磁州知府万承勋，而作者时亦在磁州。疑此佚名为范坊。范坊字无可，一字鸥田，鄞县人，官直隶磁州州判，著有《无可草》。

颜二玉烹雪水茶招饮二首

毛德遴

中泠泉已近苏湖①，雷荚偏将雪水呼②。

铛沸转如寒起粟，瓯擎那羡乳为酥。

颜瓢乐趣分陶穀③，毛颖闲情忆蔡谟④。

幸接高谈频解渴，早知风味党家无。

玉女当初嫁玉川，倾来玉液漾炉烟。

六花试染龙图片，七碗须邀鹤氅仙⑤。

赋就梁园应有赐⑥，品精陆羽岂无传。

婵娟莫道临邛好⑦，还忆依依学士前⑧。

——选自毛德遴《鲭豆集》卷八

【作者简介】毛德遴（1669—?），字陟三，号南峨，宁波城西郊水仙湾（今属海曙区）人。读父毛彰之书，学博而勤，尤长于诗，所著有《鲭豆集》。

【注释】①苏湖：指苏州和湖州。　②雷荚：即雷芽。用惊蛰节后萌发的茶芽炒制的茶叶。　③颜瓢：《论语·雍也》："一箪食，一瓢饮，在陋巷，人不堪其忧，回也不改其乐。贤哉，回也。"后因以"颜瓢"为生活贫困的典故。陶穀：字秀实，邠州新平（今陕西林县）人。早年历仕后晋、后汉、后周，北宋建立后，出任礼部尚书，后又历任刑部尚书、户部尚书。陶穀妾，本党进家姬，一日下雪，穀命取雪水煎茶，问之曰："党家有此景？"对曰："彼粗人，安识此景？但能知销金帐下，浅斟低唱，饮羊羔美酒耳。"事见明陈继儒《辟寒部》卷一。　④毛颖：毛笔的别称。因唐韩愈作寓言《毛颖传》以笔拟人，而得此称。蔡谟：蔡君谟的略写。蔡襄字君谟。　⑤鹤氅：鸟羽制成的裘。　⑥梁园：即梁苑。西汉梁孝王的东苑。故址在今河南省开封市东南。园林规模宏大，方三百余里，宫室相连属，供游赏驰猎。梁孝王在其中广纳宾客，当时名士司马相如、枚乘、邹阳等均为座上客。也称兔园。　⑦临

邛：今属四川邛崃。这里代指临邛富豪卓王孙之女卓文君，有当垆沽酒
的佳话。　　⑧学士：指苏轼。苏轼《记梦回文二首》序云："十二月
二十五日，大雪始晴，梦人以雪水烹小团茶，使美人歌以饮余，梦中作
回文诗。"

慈上人见访小斋次韵①

毛德遴

漫说年来交更亲，不交形迹只交神。
敢劳倚翠披缁客②，勤访涂朱吮墨人③。
无偈想因空见性，有情还共我留春。
开山盛事从头数，十亩茶园采叶频。

——选自毛德遴《鲭豆集》卷十三

【注释】①慈上人：即慈竹上人。毛德遴《鲭豆集》卷十三有《谢慈竹惠
茶》诗云："师本骚坛解渴人，相思相见慰吾频。懒吟惯示无言偈，舒啸
微拈点石尘。仙掌贮来明月峡，露芽赢得建溪春。惠余适际严寒候，细碾
宜烹白雪频。"　　②披缁客：指僧人。　　③涂朱吮墨人：指读书人。

采茶

施锽

叶细不盈筐，日长劳素指。
乃知物力艰，七碗得无靡。

云蒸香雾浮，气溢芳兰细。

法制倩山僧，贮为醒酒计。

——选自施锽《一醉楼集》

【作者简介】施锽（1671—1720），一名国键，字屏山，又字平山，以少孤，自号慕云。甬东（今属鄞州区）人。每试不利，而淡于进取，年三十即弃举业，以诗酒自娱。通音律，尤善洞箫，每当花晨月夕，歌声嫋嫋，闻者以为神仙中人。著有《磊茞集》四卷、《一醉楼集》一卷等。

病夏杂咏二十首（选一）

万敷前

平生肉食尝来厌，患腹肥鲜更不宜。
惟有鼓山泉下水，茶烹太白润肝肺。

——选自万敷前《迎旭轩存稿》

【作者简介】万敷前，字功受，号鲁庵，又号贲园，别署湖东后生，鄞县城内（今属海曙区）人。承勋之子。著有《迎旭轩存稿》等。

兴安高别驾寄怀并惠佳茶①，即用来韵赋谢

郑羽逵

心怜旧酒伴，诗寄雁声中。
古道人难及，多情语不同。
香贻雷荚细，封启小瓶红。
从此卢仝腋，应生习习风②。

——选自郑辰编《慈溪郑氏诗辑残稿》

【作者简介】郑羽逵（1683—？），字瀛洲，号雪崖，慈溪半浦（今属江北区慈城镇）人。康熙己丑（1709）进士，知四川绵州安县知县。著有《怀远堂集》等。

【注释】①兴安：县名，今隶属广西桂林市。别驾：通判之习称。 ②"从此卢仝腋，应生习习风"两句化用卢仝《走笔谢孟谏议寄新茶》诗："七碗吃不得也，唯觉两腋习习清风生。"

梅津草堂竹枝词四章① （选一）

谢秀岚

紫楝花飞宿雨余，绿荷叶放夕阳初。

茶香酒熟迟来客，不是秋崖定雪渔②。

——选自谢秀岚《雪船吟初稿》卷四

【作者简介】谢秀岚（1695—？），字南铭，号雪渔，余姚泗门人。郡庠生。博览诸子百家，无意科举，肆力于诗文，时陈梓等倡明古学于海滨，秀岚与之往复无虚日。整理其父谢起龙所遗手稿，付梓刊行。著有《雪渔小草》《雪船吟》。

【注释】①梅津草堂：汪鉴寓所，在今慈溪周巷市桥东。友人陈梓有《梅津草堂记》。陈梓又有《和雪渔草堂竹枝词》云："药炉茶灶傍烟低，窗纸新糊壁研泥。" ②秋崖：景辉字秋崖，周巷人，其藏书楼名东白楼。

谢秀岚《雪船吟初稿》卷首雪渔小照

右书又以太白茶见贻①，
辄赋短歌报之

丁敬

故人两致太白茶，茶名久播东海涯。

点就惊浮白玉浆，摘来看落黄金芽。

胸中沃焦嗟突兀②，一时顿化清凉国。

何意衰迟就木身③，馈物频劳故人仆。

故人情蔼逾春云，千金百朋奚云足④。

欲报惭无郭生句⑤，苔岑臭味孰能分⑥。

——选自《丁敬集·砚林堂诗集》卷三

【作者简介】丁敬（1695—1765），字敬身，号钝丁、砚林，别号龙泓山人、孤云、石叟、梅农、清梦生、玩茶翁、玩茶叟、砚林外史等，浙江杭州人。乾隆初年举鸿博不就，卖酒街市。嗜好金石文字，工诗善画，所画梅笔意苍秀。尤精篆刻，为浙派篆刻之开山。著有《砚林堂诗集》等。

【注释】①右书，即冯右书。冯廷正，字右书，山西代州人。乾隆时曾任安徽布政司经历。太白茶：今鄞州区太白山出产的茶叶。　②沃焦：古代传说中东海南部的大石山。又旧《华严经》卷五十九所载大海底下之广大吸水石，以此石广大如山，故又称沃焦山。其下为阿鼻地狱之火气所炙，故此石经常焦热。又有沃焦石之海，称为沃焦海，乃众生受苦之处。此外，佛典中亦常以"沃焦"一词比喻凡夫之欲情无穷无尽，犹如此石之焦热难耐，苦不堪言。　③衰迟：衰年迟暮。谓年老。就木：入棺。指死亡。　④百朋：指极多的货币。《诗·小雅·菁菁者莪》："既见君子，锡我百朋。"高亨注："朋，古代以贝壳为货币，五贝为一串，两串为一朋。"　⑤郭生：指东晋著名诗人郭璞。　⑥苔岑：晋郭璞《赠温峤》诗："人亦有言，松竹有林。及余（尔）臭味，异苔同岑。"后世因以"苔岑"指志同道合的朋友。

无题^①（十六首选一）

范从彻

重帘不卷日烘纱，美酒羊羔羡党家。
到底书生寒乞相，只知扫雪与烹茶。

——选自范从彻《采菊山人诗集》卷十四《梦游集》

【作者简介】范从彻（1698—1778），字献在，号采菊山人，鄞县人。由国学捐授寿春知县。乾隆元年（1736）荐任无为州知州，后以事左迁知县，终罢归。著有《采菊山人诗集》。

【注释】①无题：作者有小序云："《无题》大半记旧游，此中亦有不堪回首矣。"

初夏杂成（六首选一）

范从彻

行尽江村看尽花，兴来又过老僧家。
独携石铫天泉水，去试清明谷雨茶。

——选自范从彻《采菊山人诗集》卷十四《梦游集》

留香阁梅花（四首选一）

范从彻

一年美景是初春，独有梅花得远神。
酒最相宜茶亦好，雨前雪后冷侵人。

——选自范从彻《采菊山人诗集》卷十四《梦游集》

入山试新茗

张懋建

入山山有味，味亦在山中。

但点瓯全绿，多窥花半红。

水光同物理，火候仗人工。

待读茶经遍，羽形出翠丛。

——选自张懋建《静帘斋诗集》

【作者简介】张懋建（1702—1752），字介石，号石痴，镇海清泉（今为北仑区小港衙前）人。以古文词名世。雍正乙卯（1735）举人。补福建长泰知县。著有《介石初集》。

长夏

张廷枚

长夏都无一事来，柴门镇日不须开^①。

花因院小盆中莳，树为阴多屋角栽。

菱芡乍肥茶供足，蟹螯渐大酒情催。

天边忽送三时雨，遥听云中隐隐雷。

——选自谢宝书编《姚江诗录》卷二

【作者简介】张廷枚，字唯吉，号罗山，余姚人。诸生。有园林之适。嘉庆元年（1796）举孝廉方正，旋卒。首辑《姚江诗存》。著有《弃余诗草》。

【注释】①镇日：整天。

山居杂咏（四首选一）

程鸣

茶山临竹涧，结伴女如云。

印去苔痕浅，扳来纤手勤。

柔枝侵绿鬓，娇鸟佞红裙。

竟视盈筐未，相忘日渐曛。

——选自倪继宗编《续姚江逸诗》卷五

【作者简介】程鸣，字于冈，祖籍新安，迁余姚已三世，遂为余姚人。为钱塘诸生。少而能文，尤长于诗，性喜围棋，为人放达不羁。与史在朋等交游。

历代四明贡物诗·区茶①

全祖望

春风一夜度过三女峰②，茶仙冉冉乘云下太空。

资国寺前云气何蒙茸，其雷一十有二青葱葱。

明州之茶制以越州水，陆郎茶经所志尚朦胧③。

大观以来白茶品第一，东溪指为瑞应良难逢。

社前火前雨前三品备，雀舌纤纤足醒春梦慵。

范家小子已充卖国牙④，底事又贻慈水厉莫穷。

在昔蔡公生平如崇墉⑤，大小龙团尚为笑口丛。

应怜石门车厩百里地，春来撷尽香芽山已童。

自从罢贡息民真慈惠，山中茶灶长与丹炉封。

山翁私与一枪一旗乐，化安飞瀑独自流溶溶。

——选自全祖望《句余土音》卷上

【作者简介】全祖望（1705—1755），字绍衣，号谢山、鲒埼亭长，学者称谢山先生。鄞县洞桥沙港口（今属海曙区）人。乾隆元年（1730）中进士，授翰林院庶吉士，左迁外补，以知县任用，遂弃官归里，以教育和著述为生。著有《鲒埼亭集》内外编等，并搜辑《续甬上耆旧诗》。

【注释】①区茶：即十二雷白茶。王应麟《四明七观》注云："区音句。"区原指区萌，谓草木萌芽勾曲生出，这里形容茶芽。宋代文献中没有记载十二雷的产地，据元代的《至正四明续志》，以出自慈溪车厩岙中三女山资国寺旁为绝品，冈山开寿寺旁次之，必用化安山中瀑泉水审择蒸造。由此判断，早期的十二雷白茶从制造工艺上区分，是一种蒸青团茶。元将范文虎在慈溪车厩岙内史嵩之墓园访得佳茗产地，旁修建开寿寺，并设立制茶局，监制贡茶，即所谓"范殿帅茶"，"每岁清明所司临局监造，先祭史墓，而后料茶征发"。据元忽思慧《饮膳正要》卷二《诸般汤品》中云："范殿帅茶，系江浙庆元路造进茶芽，味色绝胜诸茶。"可见范殿帅茶实为散茶之精品。作者题下自注："元贡。范文虎进。"　　②三女峰：即今余姚市陆埠区三女山。　　③这句作者自注："《茶经》误以为余姚之产，不知三女峰在慈，而化安泉在姚，以是在泉制茶耳。"　　④范家小子：对范文虎的贱称。范文虎原为南宋殿前副都指挥使，出任安庆知府。元至元十二年（1275），范文虎以城降元，担任两浙大都督、中书右丞等职，招降或攻战沿江州军，随伯颜入南宋都临安，迁行省参知政事，十五年进左丞。⑤蔡公：指蔡襄。庆历七年（1047）夏，蔡襄任福建路转运使后，前往北苑御茶园督办贡茶，其所创新的小龙团茶，将我国团茶的质量推向了高峰。

十年不作太白山之游①，今秋过之，即赋山中古迹及土物·灵山茶

全祖望

大兰夸白句②，榆荚乃其亚③。
而今并无闻，太白称小霸。
纤纤灵山芽，绿云助清话。

——选自全祖望《句余土音》卷中

【注释】①太白山:《句余土音补注》卷三下作者自注云:"鄞之太白山茶为近出。然予考懒堂《天童虎跑泉》诗云:'灵山不与江心比,谁会茶仙补水经',则旧已有赏之者,因更其名曰'灵山茶'。至今山村多缭园以植。"②大兰:即余姚大兰山。白句:白茶。《句余土音补注》卷三下作者自注云:"元以十二雷之区茶入贡。" ③榆荚:陆羽《茶经》云,浙东茶以越州为上,明州、婺州次,台州下。又注云:"明州鄞县生榆荚村。"徐兆昺《四明谈助》卷三九《东四明护脉上》"白杜以北诸迹"有"榆荚村",当即陆羽所云之"榆荚村"。其地即今鄞东之甲村一带。

十六字令

倪象占

奢,白石清泉处士茶。松梢雪,斛取瀹梅花①。

——选自倪象占《青榰馆词稿初钞》卷一

【作者简介】倪象占,初名承天,后以字行,更字九三,号韭山,象山丹城人。乾隆二十一年(1756)补诸生。三十年,高宗南巡,选列迎銮,拔充优贡。旋奉调分纂《大清一统志》。五十三年,应聘分纂《鄞县志》。翌年,补授嘉善训导。著有《蓬山清话》《青榰馆集》《韭山诗文集》等。
【注释】①斛(jū):用水斗舀水。

清明

倪象占

才觉年光冉冉轻,离人时节复清明。
花含热粉虚流艳,茶斗新香未破醒。
尽日春风抛燕语,一灯心事聚蛙声。

开轩东望聊舒眼，月转楼南又二更。

——选自倪象占《九山类稿》

春山读《易》图

倪象占

道人煮茶梦，中见羲皇心。
不觉碧山雨，落花门外深。

——选自倪象占《铁如意诗稿》

东岙杂题邀石辉山（大成）同作^①·茶园

倪象占

新晴谷雨天，满坞凝云绿。
不见采茶人，春风飐细曲。

——选自倪象占《九山类稿》

【注释】①东岙：即今象山县西周镇东岙村。石辉山：石大成，字辉山，一字错庵，家象山西周之西山，自号西山居士。工诗，著有《古香亭诗草》。

顾渚茶，唐贡即此

倪象占

晚候笑骑火，新烟驰瀹汤。

年年络丝鸟①，唤起是头纲。

——选自倪象占《九山类稿》

【注释】①络丝鸟：即莎鸡，俗又称纺织娘，夏秋间振羽作声，声如纺线，故云。

鄞南杂诗（选一）

倪象占

一色它泉满载回①，家家酿酒得良材。

金波亦泛双鱼印②，应负区茶十二雷。

——选自同治《鄞县志》卷七十四

【注释】①它泉：它山泉。　②金波：甬上名酒。双鱼印：印有双鱼的名酒。

希仁惠六安新茗，叠前韵志谢

范永澄

嗜茶非有癖，分惠爱偏深。

尼水宁多虑①，浇书颇称心②。

汤煎鱼眼沸，体效雪芽吟③。

待得风生腋，尘烦涤满襟。

——选自范永澄《退白居士诗草》

【作者简介】范永澄（1723—1789），字志缵，号半村，鄞县人。乾隆丙戌（1766）进士，历官府学教授、知县、知州。与全祖望有唱和。著有《函清诗草》等。

闲居杂咏^①（十四首选一）

顾枫

煮茶扫白雪，煨芋炙红炉。

此间有真趣，莫问党家奴。

——选自顾枫《伴梅草堂诗存》

【作者简介】顾枫（1726—？），字嵩乔，号鉴沙、小痴，清代慈溪人。诸生，工吟咏，擅绘画，藏书万卷。著有《伴梅草堂诗存》《秋竹诗稿》等。

【注释】①题下作者自注："时予病足，闷坐一室，冥想所至，率尔成篇。"

龚文学蜀川见示《初夏杂咏》，
即和原咏（八首选一）

顾枫

最爱茶香笋熟初，青畴夹岸黍与与^①。

山楼雨后风光好，流水声中快读书。

——选自顾枫《伴梅草堂诗存》

【注释】①青畴：绿色的田野。与与：繁盛的样子。《诗·小雅·楚茨》："我黍与与，我稷翼翼。"郑玄笺："黍与与，稷翼翼，蕃庑貌。"

友人以龙井茶见贻，因汲北郊家园水烹之①，书而有作

顾枫

顾园龙井地清幽，泉美茶甘品更优。

碧玉一泓烹活火，绿旗千片点新瓯。

泉香细逐□香永，茶味长随书味留。

酒饮羊羔何足羡，笑他党婢欠风流。

——选自顾枫《伴梅草堂诗存》

【注释】①作者题注："城北姜家岙，侍御雪峰公别墅在焉，泉水甘美，为吾慈第一饮，称顾家园水。"

山行即景

顾枫

茶香笋熟近清和，村落家家掩碧萝。

隔竹黄鹂啼不住，暖风人向绿阴过。

——选自顾枫《伴梅草堂诗存》

宿山家即事（二首选一）

顾枫

风雨春归气尚寒，山斋幽敞绕林峦。

香狸巡笋来筠圃，粉蝶追花上药栏。

溪水点茶浮绿莩，松柴燃火放朱兰。

主人爱客联情话，网得游鳞供晚餐。

——选自顾枫《伴梅草堂诗存》

阴晴

黄璋

几日阴晴发稚桑，卖饧节过转微凉。

山僧裹箬贻茶叶①，溪父携筐送菊秧。

小雨倦飞鸠拂羽，乘时新语燕寻梁。

眼前景物真堪赏，兀坐萧斋意独长②。

——选自黄璋《大俞山房诗稿·留病草》

【作者简介】黄璋（1728—1803），字稚圭，号华陔，晚号大俞居士，余姚人。黄宗羲玄孙。乾隆二十一年（1756）举人，授嘉善教谕，迁知江苏沭阳县。后弃官归里，著述不辍。著有《大俞山房诗稿》。

【注释】①裹箬：古代包装收藏茶叶的方法。元王祯《王氏农书》卷十《茶》云："采讫，以甑微蒸，生熟得所。蒸已，用筐箔薄摊，乘湿略揉之，入焙，匀布火令干，勿使焦。编竹为焙，裹箬覆之，以收火气。"②兀坐：独自端坐。萧斋：对自己屋舍的谦称，犹言敝寓、寒舍。

赴慈邑龙山方氏馆①

黄璋

晓拥篮舆十里行②，轻阴吹散碧空晴。

四围山折高低垒，几处禽飞上下鸣。

小市鱼盐忙客影，崇祠松竹杂溪声。

瓦铫茶熟闲僧管③，啜罢茗香更送迎。

——选自黄璋《大俞山房诗稿》卷二

【注释】①慈邑龙山：即今慈溪市龙山镇。　②篮舆：古代供人乘坐的交通工具，形制不一，一般以人力抬着行走，类似后世的轿子。　③瓦铫：陶制的烹煮器。

晨起（二首选一）

黄璋

沉寥秋霁欲披棉①，晨起无端思超然。

羲御初升悬碧落②，彩虹双带印遥川。

屡呼小竖浇花早③，并命长须晒谷先④。

竟日安排粗得了，偶挑鹰爪煮龙泉⑤。

——选自黄璋《大俞山房诗稿》卷六

【注释】①沉寥：清朗空旷的样子。　②羲御：太阳的代称。神话传说太阳乘坐六龙牵拉、由羲和驾驭的车，每日在天上行走。　③小竖：僮仆。④长须：汉王褒《僮约》："资中男子王子渊，从成都安志里女子杨惠，买亡夫时户下髯奴便了。"后因以"长须"指男仆。　⑤鹰爪：嫩茶。因其状如鹰爪，故称。龙泉：作者自注："予乡有龙泉井。"

烹茗

黄璋

连朝雪水贮罌盆，榾柮频烧彻夜温①。

百沸蚓声鸣细窍，一瓯鹰爪浚灵源。
松窗滴露消寒漏②，纸张凝烟挂早暾③。
果饵盈柈应好配④，风光田舍可同论。

——选自黄璋《大俞山房诗稿·春树集》

【注释】①榾柮：木柴块，树根疙瘩。可代炭用。 ②寒漏：寒天漏壶的滴水声。 ③早暾：初升的太阳。 ④柈：盘。

暑期抱病戏成四绝（选一）

郑竺

汲水闲烹新茗，拂石独坐苍苔。
鸟外片云自去，竹间明月常来。

——选自郑竺《野云居诗稿》卷下

【作者简介】郑竺（1740—1763），字弗人，号晚桥，慈城半浦人。郑中节之子。县诸生。客武林，杭世骏、金农、鲍廷博诸名宿并器重之，见者莫不倾慕。父中节以任气中飞语，竺奔走营救，事定，遂咳血而卒，年仅二十有五。著有《野云居诗稿》。

姚江棹歌（百首选二）

邵晋涵

采茶歌响出层峦，谷雨初晴瀑布寒①。
一自丹邱传种后②，翠涛真胜小龙团。

猫头笋嫩初包箨③，雀舌茶香乍吐芽。

正是饧箫好时节④，载将春色到江涯。

——选自邵晋涵《南江诗钞》卷一

【作者简介】邵晋涵（1743—1796），字与桐，号二云，又号南江，余姚人。乾隆三十六年（1771）进士，选庶吉士，授编修，历侍讲学士，充文渊阁直学日讲起居注官。著有《南江文钞》《南江诗钞》等。

【注释】①瀑布：陆羽在《茶经》中记载："余姚县生瀑布泉岭曰仙茗，大者殊异，小者与襄州同。"　②丹邱：即丹丘子。　③猫头笋：毛笋的别名。　④饧箫：卖饧糖人所吹的箫。

冬日斋居杂咏·煮冰

黄定文

石鼎响松风，寸寸琢寒水。

岂无甘泉温，爱此清齿齿。

丰年村酿熟，歌呼集闾里。

而我亦陶然，两腋清风起。

——选自黄定文《东井诗钞》卷一

【作者简介】黄定文（1746—1829），字仲友，号东井，鄞县人。乾隆四十二年（1777）举人。曾任广东归善县令。乾隆五十五年任江西饶平县令。嘉庆四年（1799）任广东揭阳令。嘉庆六年任海阳县令。署潮州府。官扬州同知。著有《东井诗钞》等。

采茶词

范震薇

开遍山头女儿花，清明谷雨有新芽。
闺中一例春忙甚，采罢柔桑去采茶。

佳茗佳人绝世兼，手搓环玦小溪边。
郎情眺作春山醉，妾意团将明月圆。

前山后山茶若何，今年去年雪较多。
劝郎莫作羊羔饮①，听妾试唱斗茶歌。

——选自范震薇《巢云轩诗草》卷上

【作者简介】范震薇（1750—1815），名紫垣，字震薇，以字行，鄞县人。
范钦裔孙。嘉庆庚申（1800）岁贡，曾任知县，主讲镇海蛟川书院等，著
有《四书述》《巢云轩诗草》等。
【注释】①羊羔饮：用党家婢的典故。

新茗

范震薇

龙井前头摘嫩芽，烹将湖水客中夸。
枯肠搜索都无有，多谢卢仝七碗茶。

——选自范震薇《越吟草》

蓬岛樵歌（一百十六首选二）

钱沃臣

垂发娃儿未吃茶^①，金银定帖漫相夸^②。
罗衫爱绣梁山伯^③，蝉鬓羞簪谢豹花^④。

海东道院旧相夸，二月山城春正赊。
顿顿烹鲜雷霍笋，村村唤卖雨前茶

——选自钱沃臣《乐妙山居集·蓬岛樵歌续编》

【作者简介】钱沃臣（1754—1825），字心启，一字心溪，象山人。诸生，有才名，遍游浙东四十年。著有《蓬岛樵歌》等。

【注释】①吃茶：作者自注："俗以儿女订姻曰吃茶。《茶疏》：茶不移本，植必生子。古人结婚必以茶为礼，取其'不移植、子生'之意。今犹名其礼曰下茶。《老学庵笔记》：辰、沅、靖州蛮女未嫁娶者，聚而踏歌，歌曰：'小娘子，叶底花，无事出来吃盏茶。'谚云：一家女不吃两家茶。"②定帖：宋代定婚时双方交换的帖子。其上写明家庭、本人及有关的详细情况。作者自注："《梦粱录》：伐柯人两家通报，择日过帖，各以色彩衬盘安定帖，然后相亲。邑童谣：'妹妹茶来郎来，谢郎邀我来作媒。妹妹金屋银屋，谢郎邀我来作媒。''作'读去声。"③梁山伯：作者自注："邑呼蝴蝶曰梁山伯、祝九娘。"作者自注还引《山堂肆考》《宣室志》《情史》中的梁祝化蝶故事，此处省略。④谢豹花：杜鹃花的别名。作者自注："余初不解谢郎为何人，后读高氏《天禄志余》：昔有人饮于锦城谢氏宅，其女窥而悦之。其人闻子规啼，心动而去。女恨甚，后闻子规则怔忡，使侍女以竹枝驱之曰：谢豹尚敢至此乎？考《禽经》注：鹃啼苦则倒悬于树，自呼曰谢豹。邑呼杜鹃花曰谢豹姊花，谚云：谢室姊花满头插。"

山塘回

岑振祖

藉看花忙数憩吾，步回不用杖藜扶。
栏杆添得烹茶具，新买瓷炉代竹炉。

——选自岑振祖《延绿斋诗存》卷七

【作者简介】岑振祖（1754—1839），字镜西，余姚上林湖（今属慈溪市）人。诸生。少承家学，好读书，多识前辈掌故。及壮，幕游大江南北，客居绍兴最久。晚岁归里，与同郡邬鹤征等结泊鸥吟社。著有《延绿斋诗存》等。

及尚老僧赠天台华顶茶、熟黄精，欣然烹试，用王摩诘《蓝田山石门精舍》韵致谢①

岑振祖

弱龄慕台岳②，健举思长风。
老僧住茅屋，华顶曾搜穷。
绿荈兼黄独③，本与仙品同。
服久返旧庐，心迹常相通。
藤杖一枝策④，谈空惬所适⑤。
物物具妙香，恍疑入桐柏⑥。
取赠意何厚，足以破岑寂。
止渴挟飞仙，充饥慕山客。
或者得延年，为属分半席。
芽吐苗亦生，烟云迷翠壁。
他年重入山，采药记所历。

挈予世外游，桃花展良觌⑦。

——选自岑振祖《延绿斋诗存》卷八

【注释】①王摩诘：唐代诗人王维。　②弱龄：弱冠之年。泛指少年。台岳：天台山。其最高峰为华顶山。　③黄独：别名黄药子、山慈菇、零余薯等。黄独可以充饥，但不属仙品。黄精能补气养阴、健脾、润肺、益肾，道家以为服食要药，历来称为仙品。作者在此将黄独和黄精搞混了。④策：扶杖。　⑤谈空：清谈或指谈论佛教义理。　⑥桐柏：桐柏山在天台县城西北约二十公里处。原有桐柏观，系唐代景云二年道士司马承祯所建。山上现有著名的中国道教南宗祖庭——桐柏宫。　⑦良觌：良晤。

三儿在馆上效力，告假省亲旋里，将届期满，料理赴都，率示五绝句（选一）

岑振祖

一年茶笋又尝新，风味家园别有真。

碌碌未完门户计，只图交代作归人。

——选自岑振祖《延绿斋诗存》卷六

新茗用东坡《试院煎茶》韵

岑振祖

地不爱灵宝芽生，山山早有春鸟鸣。

摘鲜焙芳出妙手①，蕾蘽声价金珠轻。

越州产茶卧龙日注品居二②，永叔归田别茶识真意③。

当年文正手自活火煎④，汲取堂前一滴清白泉⑤。

最慕东坡仙才钟西蜀，见否越茶纤白白如玉。

腹满不饱虚不饥，生好意思爽气开双眉。

今年新茶又上市，欲浇舌本茗碗常相随⑥。

吾侪联吟作社即茶社，正值社前社后春风时⑦。

——选自岑振祖《延绿斋诗存》卷十

【注释】①摘鲜焙芳：语本唐卢仝《走笔谢孟谏议寄新茶》诗："摘鲜焙芳旋封裹，至精至好且不奢。"　②越州：即今之绍兴。卧龙：即卧龙山茶，产于绍兴卧龙山。《嘉泰会稽志》卷九记载："卧龙山……《卧龙山草木记》云：'越城八面，蜿蜒奇秀者，卧龙山也。……艺茶于秋，栽松于冬，植花卉于春，以尽复旧观。……'，范公（按，指范仲淹）《清白堂记》云：'山岩之下获废井，视其泉清而白色，味之甚甘，以建溪、日铸、卧龙、云门之茗试之，甘液华滋，说人襟灵。'"又云："按今会稽产茶极多，佳品惟卧龙一种，得名亦盛，几与日铸相亚。卧龙者，出卧龙山，或谓茶种初亦出日铸，盖有知茶者谓，二山土脉相类，及艺成，信亦佳品，然日铸芽纤白而长，其绝品长至三二寸，不过十数株，余虽不逮，亦非他产所可望。味甘软而永，多啜宜人，无停滞酸噎之患。卧龙则芽差短，色微紫黑，类蒙顶、紫笋，味颇森严，其涤烦破睡之功，则虽日铸有不能及，顾其品终在日铸下。自顷二者皆或充包贡，卧龙则易其名曰瑞龙，盖自近岁始也。"又张伯玉《蓬莱阁诗·自注》云："卧龙山，茶冠吴越。"日注：即日铸，产于绍兴县东南五十里的会稽山日铸岭，为我国历史名茶之一。《嘉泰会稽志》卷九记载："日铸茶：日铸岭，在会稽县东南五十五里。岭下有僧寺，名资寿，其阳坡名油车。朝暮常有日，产茶绝奇，故谓之日铸。然茶之尤者，顾渚、蜀冈、蒙顶、皖山、宝云，皆见于唐以来记录或诗章中，日铸有名颇晚。吴越贡奉中朝，土毛毕入，亦不闻有日铸，则日铸之出，殆在吴越国除之后。"　③永叔：欧阳修之字。归田：指欧阳修所著笔记《归田录》。欧阳修《归田录》卷一："草茶盛于两浙，两浙之品，日注为第一。　④文正：范仲淹之谥号。范仲淹嗜茶，集中有《和章岷从事斗茶》等诗。范仲淹于1039年七月知越州。　⑤清白泉：《嘉泰会稽志》卷十一："清白泉：在府西清白堂侧。范文正记云：'西岩下获废井，泉甘色白，渊然丈余，引不可竭。'王十朋赋云：'啜茗于清白之堂，漱齿于清白之泉。'"　　⑥舌本：舌根，舌头。　　⑦社：这里指春社。
春社为春季祭祀土地神的日子。古无定日，先秦、汉、魏、晋各代择日不
同。自宋代起，一般以立春后第五个戊日为社日。

游源扫墓①

岑振祖

林湖水泛黄泥浊②，五里游泾彻底清。

故老品茶双桨至，浊清分界一桥横。

到如隔世嗟萍梗③，祭届残春上菜羹。

怅望四围松影薄，惟余一勺对空明④。

——选自岑振祖《延绿斋诗存》卷十一

【注释】①游源：山名，在今慈溪市匡堰镇境内。　　②林湖：即慈溪市
匡堰镇上林湖。　　③萍梗：浮萍断梗。比喻行踪漂泊不定。　　④结句
作者自注："墓之东南角巽方有龙眼井。"

煮饭少和麦，甚滑而甘，而世以粗粝弃之。
鲤鱼，鱼之上者，俗皆嫌其肉粗。其嗜茶
以头泡为佳，呼撮泡茶，其实野茶性硬，
初泡气过锐，继乃平善也。味之难言
如此。因食鲤鱼，口占一绝

叶燕

腹负将军有几家①，书生宁敢羡豪华。

个中却有真滋味，麦饭鲤鱼二泡茶。

——选自叶燕《白湖诗稿》卷五

【作者简介】叶燕（1755—1816），字载之，号白湖，慈溪鸣鹤场叶家岙人。从学于鄞县人蒋学镛。嘉庆十三年（1808）始举于乡。有《白湖诗稿》《白湖文稿》传世。

【注释】①腹负将军：《通鉴长编》记："党太尉进食饱，扪腹叹曰：'我不负汝。'左右曰：'将军不负此腹，此腹负将军。'"

过长溪岭即目①

叶燕

琴筑声中桃李香，浑忘险绝俯层冈。

茶尖雨过都抽白，松顶云封未吐黄。

一缕炊烟生古寺②，几肩樵担趁斜阳。

我来正值清明候，蝴蝶灰飞鸟雀忙。

——选自叶燕《白湖诗稿》卷八

【注释】①长溪岭：地处今宁波江北、余姚、慈溪三邑相交处。　②古寺：指位于长溪岭上的长溪寺。

茶船

叶燕

浮沉无取采菱荷，席上风生快若何。

济向沙溪争水脚，载将明月映帘波。

相逢筠管牵连住①，每傍湘阴泛滥多②。

安稳自来称叶叶，棹歌今听换茶歌。

——选自叶燕《白湖诗稿》卷八

【注释】①筠管：指笔管、毛笔。　②湘阴：即湘阴酎。陆机《七美》云："湘阴□酎，搜其澄清。秋醪曾酝，明酒九成。"作者自注："湘阴酒，见《七启》。"按，《七启》当为《七美》之误。

蔡氏庵书窗即景①

秦士豪

古刹楼栏敞，薰风蠹简开②。

煮茶花气沁，敲句鸟声陪。

绿雨传名境③，清泉净俗埃。

幽情探不尽，天外送青来。

——选自秦士豪《凝神草堂诗存》卷上

【作者简介】秦士豪（1756—1815），字起林，号屺陵，江北区慈城人。屡考不第，调选入都，得盐运司知事，后改两淮。耽于吟咏，得诗不下千首。著有《凝神草堂诗存》。

【注释】①蔡氏庵：光绪《慈溪县志》卷四一云："蔡氏庵：县东二里。元至正间里人秦公辅建。明正德三年僧澄改建，更名曰存善。嘉靖三十四年僧真定修。国朝同治元年重修。"　②薰风：和暖的风。指初夏时的东南风。　③绿雨：斋名，在慈城东山山麓。为明初秦公辅的藏修之所。据其后裔秦步瀛所作《绿雨斋记》，其三世祖秦氏好竹，先后栽竹万竿，茂密环斋，"烟梢露叶，侵户拂檐，照几案者皆绿。值花晨月夕，好风荡来，则簌簌者纷如雨下"，因名绿雨斋。今废。

赋奉化土物九首·南山茶

孙事伦

东岭栖霞满，南山宿雾深。

春雷礚远谷^①，瑞草展同岑。

采获枝枝嫩，烹回朵朵沉。

闲来好味淡，潇潇动清吟。

——选自孙事伦《竹湾遗稿》卷八

【作者简介】孙事伦（1758—1835），号彝堂，一号竹湾，奉化城内人。师事蒋学镛，得传承全祖望之学。嘉庆三年（1798）登乡荐，以亲老辞，掌教锦溪书院，尤留心乡邦掌故。著有《竹湾遗稿》等。

【注释】①礚（yīn）：象声词，雷声。

采茶歌

柯振岳

采茶女，结伴携筐筥。

才出柴门半里余，便觉春光浓如许。

桃红李白乱于麻，多少韶华浪滚沙。

谷雨前后惠风畅^①，又见山山谢豹花。

采花须采花初放，采茶须采茶初芽。

茶初芽，花初放，有情无情情莫状。

溪山幽处少人行，三五纵横坐相向。

小姑年十三，采茶戏采蓝。

大姑年十六，终朝不盈匊^②。

南山啼鸠北山莺，道是无情如有情。

人生倡和会有在，春风得意争先鸣。

君不见陌上桑③，罗敷长歌拒赵王。

又不见江南莲，西子寻芳泛彩船。

龙团雀舌山中事，春来春去自年年。

——选自柯振岳《兰雪集》卷一

【作者简介】柯振岳（1761—？），字霁青山，号讷斋，慈溪人。诸生，候选教谕，数十年不遇，坎坷潦倒。著有《兰雪集》《兰雪续集》等。

【注释】①惠风：和风。　②匊（jū）：满握，满把。　③陌上桑：乐府《相和曲》名。晋崔豹《古今注·音乐》："《陌上桑》，出秦氏女子。秦氏，邯郸人，有女名罗敷，为邑人千乘王仁妻。王仁后为赵王家令。罗敷出采桑于陌上，赵王登台，见而悦之，因饮酒欲夺焉。罗敷乃弹筝，乃作《陌上歌》以自明焉。"

即事成咏

叶愚

黄鹂引子燕将雏，桑柘阴阴绕屋庐。

病起日长僮晒药，雨余人静鸟窥鱼。

竹炉煮茗邀僧话，瓦鼎焚香读道书。

赢得地偏心更远，衰年乐事在闲居。

——选自叶愚《东汀小稿》卷四

【作者简介】叶愚（1763—1842），字易庵，慈溪鸣鹤人。叶锡凤长子。善诗，有《东汀小稿》。

病起

叶炜

花前牢落试衔杯^①，连日浓阴苦未开。

断送闲愁春欲老，支撑小坐客偏来。

拼身试药嗟无效，刻意寻诗愧不才。

最惜茶烟微袅处，残红几片点苍苔。

——选自叶炜《鹤麓山房诗稿》卷二

【作者简介】叶炜（1763—1821）字允光，号意亭，慈溪鸣鹤人。光绪《慈溪县志》记载："诏举孝廉方正，力辞不就。由监生官刑部安徽司主事，以母老归养，不复出。行德乡里垂二十年。"著有《鹤麓山房诗稿》。

【注释】①牢落：孤寂，无聊。

张赞府易斋自补陀归^①，见赠山茶，三叠联吟韵酬之

郑勋

归家浓荫暗蓬屋^②，连日阴霖殄新竹^③。

坐未暖席重出门，敢说情殷采珠玉。

客中底事破孤闷^④，惊看赠我雨前绿^⑤。

闻道君从海上回，乘风破浪穷幽谷。

禅参玉版喜夙契^⑥，酒醒红丁重品目^⑦。

囊来恰慰香山心^⑧，韵流曾入飞卿录^⑨。

尘襟顿豁更却睡^⑩，枯肠生润还医俗。

我家翠嵝尽四明^⑪，三女峰头寻几曲^⑫。

何似云腴摘瑶岛^⑬，假此雪昏远梁肉^⑭。

况教且学无心人，一朵慈云现深穆^⑮。

——选自郑勋等《蛟川唱和集》卷一

【作者简介】 郑勋（1763—1826），字书常，号简香，慈溪人。早年拜师于蒋学镛。嘉庆元年（1796）举孝廉方正，曾主持镇海蛟川书院。建二砚窝藏书楼，刊刻图书颇多。著有《二砚窝诗稿偶存》等。

【注释】 ①张赞府易斋：慈溪知县张久照。补陀：即普陀山。张久照答诗见下选。　②蓬屋：犹蓬室。　③殢（tì）：困扰。　④底事：何事。这里有"用何办法"之意。　⑤雨前绿：指茶叶。　⑥凤契：往昔的交情。　⑦红丁：葺的别名。　⑧香山：唐代诗人白居易之号。⑨飞卿：唐代诗人温庭筠之字。这句作者自注："见温庭筠《采茶录》。"按温庭筠于咸通元年（860）所著《采茶录》三卷，今仅存残篇。　⑩尘襟：世俗的胸襟。　⑪翠嵝：四明山北七十峰的总称。黄宗羲《四明山志序》云："余家四明山，在北面七十峰之下，所谓翠嵝也。"《蛟川唱和集》卷二有郑勋《题陆惮斋先生剡湖竹枝词》云："我家翠嵝君家剡。"自注："两家俱属四明北七十峰下。"　⑫三女峰：即原慈溪车厩岙中三女山（今属余姚陆埠镇干溪村），为十二雷茶产地。这句作者自注："四明三女峰茶最著名。"　⑬瑶岛：这里指普陀山。　⑭这句作者自注："东坡诗：'周时记苦茶，茗饮出近世。初缘厌梁肉，假此雪昏滞。'"　⑮这句作者自注："并惠大士画像。"

题陆惮斋先生剡湖竹枝词^①（八首选二）

郑勋

三女峰头雀舌茶，化安泉煮尽堪夸^②。

谁知两地成佳话，旧制还许鸿渐家。

采茶歌后插秧歌，放棹还听唱碧波。

偏向竹枝寻逸趣，采风定许剡湖多③。

——选自郑勋等《蛟川唱和集》卷二

【注释】①陆惮斋：陆达履，字定夫，号惮斋，余姚陆埠人。乾隆间举人，官镇海教谕。　②化安泉：余姚化安山中瀑布泉。元代《至正四明续志》记载，茶以出自慈溪车厩隩中三女山资国寺旁为绝品，冈山开寿寺旁次之，必用化安山中瀑泉水审择蒸造。这句作者自注："《茶经》误以三女峰茶为姚产，不知三女峰在慈，而化安山在姚，盖以是煮茶耳。见谢山先生《鲒埼亭集》。"　③剡湖：地名。在今余姚陆埠。

采茶歌

郑勋

玉女峰头春雷惊，茶仙冉冉来太清。

云气濛笼覆山麓，村南村北琼芽萌。

火前社前满溪绿，雀舌纤纤莹如玉。

茶香一路随春风，野人家尽趋空谷。

筠篮陆续逞曙光，一旗一枪终岁粮。

山鸟声声发幽啭，山花处处舒红芳。

撷之捋之纷靡靡，前路云迷行且止。

但见悬崖喷水帘，时闻夹径落松子。

汲泉拾子活火煎，归来两袖风翩翩。

承平乐事山中天，一壶春雪逍遥仙。

——选自郑勋《二砚窝诗稿偶存》卷一

春闺（六首选一）

郑勋

纤纤雀舌吐香芽，活火新烹顾渚茶。
春锁重门无剥啄，东风吹落海棠花。

——选自郑勋《简香诗草》

闲步山中，见采茶者，即作采茶歌①

郑勋

越州之水明州茶，化安三女相矜夸②。
何如石柱峰头云岫麓③，春风十里香馥郁。
霹雳无端动地鸣，筠篮一齐出金谷③。
□摘满径且高歌④，少女簪花倚修竹。
社前火前品最高，后先采之纷盈掬。
夕阳处处起炊烟，偕游三径犹留连。
他时更汲云门泉⑤，山窗活火相烹煎。
风声两腋何翩翩，一曲长歌逍遥仙。

——选自郑勋《简香诗草》

【注释】①此诗郑勋《二砚窝诗稿偶存》卷一收录，题作《山中见采茶者即赋》。 ②作者自注："相传慈溪三女峰茶，以余姚化安泉煮之最美。" ③石柱山，在今江北区慈城镇北部。光绪《慈溪县志》卷六云："石柱山：县东北二十里，居县艮位。石峰屹恃，高入云表，为县龙发祖之地，与望海尖相连。"又云："其最高峰俗称秃脑山，亦曰缠头山。其石柱高数十丈，挺立溪上者，乃东峰也，尚有一溪隔之，古人简质，故概曰石柱山云。"云岫：寺名，在云湖畔。　　③金谷：即今慈城镇之金沙吞。
④"□摘"两句：原稿作"淡妆摇曳仿灵岩，翠袖参差倚修竹"，后又涂抹，
致有一字难以辨认。郑勋《二砚窝诗稿偶存》卷一作"儿童满径且高歌"。
⑤云门：指绍兴云门山。在绍兴秦望山南麓，建有云门寺，有云门泉。

冬日重题云岫寺壁①（二首选一）

郑勋

坦然卧山中，黑甜剧可怜②。
清晨不能寐，汩汩闻流泉。
开窗喜新霁，旭日悬霜天。
草木有荣落，物态多推迁。
童子六七人，汲水相烹煎。
瓷瓶颇古雅，雀舌舒纤纤。
一洗烦恼心，世事忘因缘。

——选自郑勋《二砚窝诗集》卷三

【注释】①云岫寺：光绪《慈溪县志》卷四一云："云岫寺：县西北二十里，
旧名云岫庵，僧普慧建。"　　②黑甜：酣睡。宋苏轼《发广州》诗："三
杯软饱后，一枕黑甜余。"自注："俗谓睡为黑甜。"

游补陀山归，贻简香汪君春茶，
承惠诗章，次韵奉谢

张久照

四载蛟川傍海屋，虚中劲节期如竹。

一行作吏本非才，漫将砂砾参珠玉。

因公便探补陀胜，汪洋一点浮萍绿。

讵因佛力过名山①，偶谐禅悦临空谷。

攀援梯蹬入绝岛，搜索岩洞豁双目。

竭来却试茶山茶，雀舌龙团何足录。

亟汲新泉烹活火，味美于回夸越俗。

归携少许与同好，窃比献芹抒衷曲②。

谬邀夹漈一品题③，已知沁人诗脾肉。

琳琅满幅生烟云，洗盏更煎对渊穆④。

——选自郑勋等《蛟川唱和集》卷一

【作者简介】张久照，字易斋，江苏长洲（今苏州）人。监生。嘉庆十五年（1810）任慈溪知县。

【注释】①讵：岂，怎。　②献芹：礼品菲薄的谦词。　③夹漈：宋代学者郑樵居莆田县新县乡巩溪村的夹漈山上，人称夹漈先生。此用以比郑勋。　④渊穆：极其美好。

天童寺

释汉兆

为谒天童古道场，芒鞋步步踏花香。

几番避雨投深树，一路穿云到上方①。

佛火千年昭象教②，御题万代焕龙章③。

我来也破赵州例，太白旗枪信口尝。

——选自释汉兆《竹窗剩稿》

【作者简介】释汉兆（1769—？），字伴霞，号妙香，俗姓卢，宁海桑洲人。初入天台永乐寺为僧，后主越州开元寺、方广寺，与岑振祖等结泊鸥吟社。著有《妙香诗草》《竹窗剩稿》等。

【注释】①上方：指佛寺。　　②象教：释迦牟尼离世，诸大弟子想慕不已，刻木为佛，以形象教人，故称佛教为象教。　　③龙章：对皇帝书法的谀称。作者自注："寺额为世祖章皇帝御书。"

周香余文学过访话旧

释汉兆

乍晴乍雨做霉天，有客敲门惊我眠。
一揖相逢欣老伴，十年知己访枯禅①。
谈来得意花齐笑，悟到忘机鸟也传。
刚试棋经茶又熟，炉头活火自生烟。

——选自释汉兆《竹窗剩稿》

【注释】①枯禅：指老僧。

山居（六首选二）

释汉兆

十笏蜗居即道场①，大千世界粟中藏②。
疏钟击碎龟山月，清磬敲残牛岭霜。
松吼夜潮和梵呗，天开秋色印文章。
也知别有林泉趣，茶熟孤铛韵自长。

矮屋隐隐胜闭关，小窗开便谒青山。
苔封石蹬人踪绝，云护松巢鹤梦闲。

佛火一龛留慧照，春茶七碗破诗悭。

更于何处饶清趣，独话斜阳流水间。

——选自释汉兆《竹窗剩稿》

【注释】①十笏：《法苑珠林·感通篇》记载，印度吠舍哩国有维摩居士故宅基，唐显庆中王玄策出使西域，过其地，以笏量宅基，只有十笏，故号方丈之室。后人即以"十笏"来形容小面积的建筑物。　②大千世界：佛教谓世界的千倍叫小千世界，小千世界的千倍叫中千世界，中千世界的千倍叫大千世界。后指广大无边的人世。唐吕洞宾有"一粒粟中藏世界，二升铛内煮山川"。汉兆引用之，既是对清苦生活的生动写照，也表达了坚持苦行虔诚礼佛的豁达态度。

寄怀王笠舫六首①（选一）

释汉兆

与君把茗共敲诗，正是龙孙放箨时②。

转盼杏花村外寺，蜡梅开处最相思。

——选自释汉兆《竹窗剩稿》

【注释】①王笠舫：王衍梅（1776—1830），字律芳，号笠舫，会稽（今绍兴）人。嘉庆十六年进士，官广西武宣知县。工诗，以陶潜、李白自况。有《绿雪堂遗稿》。　②龙孙：笋的别称。放箨：解箨，指竹笋脱壳。

西江月（六首选一）

释汉兆

读《阴骘文》有感①，口占《西江月》六首志之。

欲广福田智种，须培心田灵苗。由来善恶自相招，勿杀勿淫勿盗。
奉斗拜经念佛^②，舍棺修路铺桥。烹茶施药润枯焦，济急扶危最妙。

——选自释汉兆《妙香诗草》卷二

【注释】①阴骘文：《文昌帝君阴骘文》的简称，道教重要典籍。作者不详，
或成书于宋代。该典籍以通俗的形式劝人行善积阴德，久久必将得到神灵
赐福。　　②奉斗：礼斗。道教谓礼拜北斗星君。亦称"拜斗"。

泊鸥吟社第八会诗为茹韵香孝廉作^①·斗茗

释汉兆

才展旗枪谷雨前，采来嫩绿焙来鲜。
茗中中了高魁者，飞上蓬莱作地仙。

——选自释汉兆《妙香诗草》卷三

【注释】①茹韵香：茹蕊字韵香，号也园，又号玉笋山农，浙江会稽（今
绍兴）人。乾隆五十一年（1786）副贡，官松阳训导。工诗，为泊鸥吟社
社员。著有《吟花诗屋诗钞》等。孝廉：举人的雅称。另一本"孝廉"作
"学博"。

山居杂咏（十二首选一）

释汉兆

岩居风味出天然，手焙香茶细细煎。
夜半火红泉更白，筦声流过卧床前。

——选自释汉兆《妙香诗草》卷四

敲冰煮茗歌

释汉兆

昨夜北风尖啸竹，诗梦一声惊碎玉。

晓起来寻妙景题，青天新罩碧玻璃。

瓦瓶冻破半边倒，瓶上梅花却安好。

一枝无水愈精神，独占茅庵太古春。

谢花作伴耐孤寂，不染一尘独清绝。

想呵春气暖梅花，不温浊酒温以茶。

与花对酌花曰可，呼童不应自炊火。

亲提竹杖复敲冰，飞散琼花层复层。

天冷烟凝纸窗紫，老鹤贪睡竟不起。

——选自释汉兆《妙香诗草》卷八

遣兴一首

释汉兆

花梦惺忪了悟人，闲云去住总无因。

澹心活到如流水，野鹤飞来当替身。

明月满窗陪茗友，青山对坐听琴宾。

芒鞋竹杖飘飘处，得意文章局局新①。

——选自释汉兆《妙香诗草》卷九

【注释】①局局：每一段。

采茶歌

张志蕙

山里人家山当田，山中姊妹共相怜。
一春花事匆匆了，又是新晴谷雨天。

茶鼓冬冬茶具新①，采茶先自拜茶神。
问神底事书茶字，草木中间着个人。

连肩并坐撷琼芳，笑语微闻口舌香。
妾自有兄侬有弟，杏花红处耦耕忙②。

旗枪簇簇斗芳华，狼藉春光玉有芽③。
寄语游蜂和浪蝶，东风吹遍不开花。

甘苦年来辨得无，漫云如荠复如荼。
幽芳只在含芽际，便到花开味已粗。

四月桑阴绿渐稀，蚕蛾已向隔林飞。
新茶要贵新丝贱，娘许儿家嫁作衣。

篝灯午夜彻山阿，火候当垆费揣摩。
少妇不知春事换，焙茶犹唱采茶歌。

——选自《清泉张氏宗谱》卷十一

【作者简介】张志蕙（1770—1823），字树田，号亩香。镇海清泉（今为北仑小港衙前）人。张懋锦之子。诸生，屡试不第，老于乡。

【注释】①冬冬：象声词。　②耦耕：二人并耕。　③狼藉：纵横散乱的样子。

雪中话陶穀烹茶事，戏成四绝（选三首）

杨绍修

餐霞饮露昔曾传，啮雪何须茶鼎煎。
学士漫夸天上味，只从烟火学神仙。

闲将雪水自烹茶，风味陶家胜党家。
铁脚道人还一笑①，笑他从未咀梅花。

白雪烹茶味自新，羊羔犹记党家春。
人间风味都尝遍，食客多应让美人。

——选自杨绍修《伴梅轩诗草》

【作者简介】杨绍修（1772—？），字损斋，鄞县人。嘉庆丙辰（1796）恩贡。著有《伴梅轩诗草》。按，《蜗寄庐藏书目录·集部》著录"《伴梅轩诗草》不分卷：清顾枫撰。稿本，一册"。考《六十自言》诗序自署云："辛卯初冬，损斋氏书。"辛卯为道光十一年（1831），是年作者六十岁，当生于1772年。此书钤有"绍修""石荟""蔗畦"三印。考《鄞县桓溪全氏宗谱》卷五《李卧云先生暨德配朱孺人六秩双寿荣庆》，末署："道光己丑岁十月上澣之吉，损斋弟杨绍修拜撰。"又检《四明清诗略》卷十六云："杨绍修：字损斋，鄞人。嘉庆丙辰恩贡。著有《伴梅轩诗草》。"据此可定《伴梅轩诗草》一书的作者为杨绍修。
【注释】①铁脚道人：指明朝人杜巽才，著有《霞外杂俎》一书。典出明·张岱《夜航船·嚼梅咽雪》："铁脚道人，尝爱赤脚走雪中，兴发则朗诵《南华·秋水篇》，嚼梅花满口，和雪咽之，曰：'吾欲寒香沁入心骨。'"

散署归寓

童槐

一道轮尘散午衙①，隐囊小倚瀹新茶②。
平津车库无人到，满院斜阳冷豆花。

——选自童槐《今白华堂诗录》卷六

【作者简介】童槐（1773—1857），字晋三，一字树眉，号萼君，鄞县人。嘉庆十年（1805）进士，历官工部主事、员外郎、郎中等职。嘉庆二十四年（1819）出任山东按察使，后任江西按察使，终通政司副使。工诗，擅书法，晚年在月湖北岸偃月堤边建有银台第。著有《今白华堂集》等。
【注释】①午衙：午时官吏集于衙门，排班参见上司。　②隐囊：供人倚凭的软囊。犹今之靠枕、靠褥之类。

瓶笙①

童槐

金罇檀板乍消停②，忽引清思入杳冥。
石鼎漫思蚯蚓窍③，琼箫好接凤凰翎。
听来水乐风怀淡，炙到银簧火色青。
无限宫商起诗案，先生那得口如瓶。

祖帐松风起玉笙④，一瓯吹落碧云轻。
梦余赤壁箫声咽⑤，思入琼楼水调清。
经卷未能抛陆羽，篝炉端合侍双成⑥。
此行日汲西湖渌⑦，洗尽筝琶耳倍明。

——选自童槐《今白华堂集》卷三

【注释】①此诗作于嘉庆己未年（1799）。　②金罍：酒尊的美称。檀板：檀木制的拍板。　③蚯蚓窍：形容石鼎之孔洞。宋俞琰《席上腐谈》卷上："韩退之与轩辕弥明《石鼎联句》云：'时于蚯蚓窍，鸣作苍蝇声。'后人乃云：'茶鼎号声蚓，香盘火度萤。'句虽工，然蚯蚓安得有声，盖不熟玩韩诗耳。退之盖谓鼎中汤鸣如苍蝇之声，非谓如蚯蚓之声也。蚯蚓窍乃石鼎之窍，如蚯蚓藏身於泥中之窍耳。"　④祖帐：道旁设帐饯行。　⑤赤壁箫声咽：典出苏轼《前赤壁赋》："客有吹洞箫者，其声呜呜然。"　⑥篝炉：罩有竹笼的取暖的熏炉。双成：董双成。神话中西王母侍女名。借指美女。　⑦渌：水清。

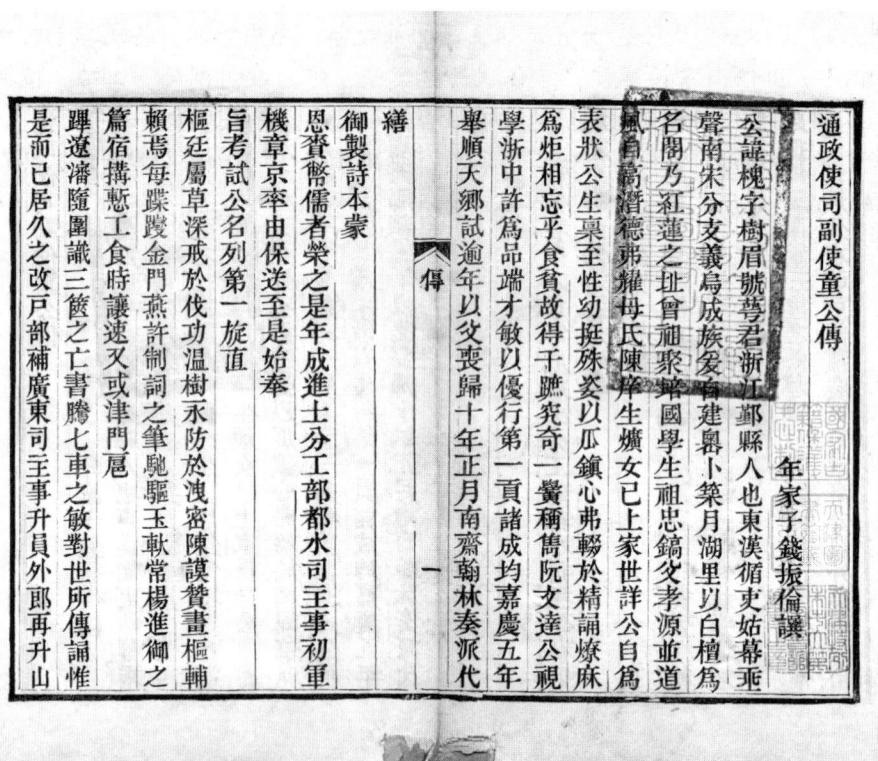

童槐《今白华堂诗录》书影，清同治八年刻本

游小浃江醉归^①

傅嘉让

渡江晴日好，迢递过山家。

款客频烧芋，留僧漫试茶。

松风号虚径，山月冷霜华。

醉酒归来晚，崎岖路转赊。

——选自王荣商编《蛟川耆旧诗》卷三

【作者简介】傅嘉让，字公孝，号补庵，镇海人。监生。筑友石居别业。著有《友石居稿》《梅堂诗集》《粤游草》。

【注释】①小浃江：源于鄞州莫枝东钱湖与天童太白山麓，流经五乡碶，达渡头董即入北仑界，其主河道主要在小港境内，最终流经浃水大闸后出口归海。

再为路生题煎茶图

蒋学镜

此间泉味如淄渑^①，北源清冽南源腥。

此间茗荈杂真赝，柳芽浅碧槐芽青。

我来浃岁遍购致^②，建溪日注徒虚名^③。

拟向君谟乞新饼，更为桑纻补茶经。

漫烧山骨炽石炭，试烹鱼眼煎瓦铛^④。

龙团乍碎玉兔缺，蚓窍时作苍蝇声^⑤。

一瓯聊用宿酲解，七碗已怪空肠鸣。

仅免姜盐笑粗劣，特与莼酪区输赢^⑥。

路生看云竟不足，绿脚重倩茶烟萦。

为汲寒泉筮井洌⑦，旋添活火然松明。

图成乞余更品第，意拟文字相支撑。

我诗爽似啖蔓菁，快咀辣玉吞甜冰。

朗然试与读一过，腋底已觉清风生。

流涎大嚼差快意，苍头从事何须争。

——选自《四明清诗略》卷十一

【作者简介】蒋学镜，字用照，一字娥垫，鄞县人。乾隆十九年（1754）进士，官江西龙南知县。卒年五十三。著有《娥垫集》。

【注释】①淄渑：淄水和渑水的并称。皆在今山东省。相传二水味各不同。②浃岁：一年，经年。　③日注：即日铸。绍兴名茶。　④瓦铛：陶制炊器。　⑤蚓窍：旧误蚯蚓能鸣，其声发于孔窍。比喻微不足道的音响。　⑥莼酪：莼羹与羊酪。典出《世说新语·言语》："陆机诣王武子，武子前置数斛羊酪，指以示陆曰：'卿江东何以敌此？'陆云：'有千里莼羹，但未下盐豉耳！'"　⑦筮：古代用蓍草占卦。井洌：《易》"井"卦云："井洌寒泉，食。"

慈江竹枝词（四首选一）

余江

清明已属猫头笋，谷雨初收雀舌茶。

最是山村闲荡少，任教开落杜鹃花。

——选自余江《小石山房剩草》卷下

【作者简介】余江，字石台，清代慈溪人。诸生。穷老一生，晚年以医术浪游太湖地区。著有《醉云楼诗草》，外孙王约梓以行世。

剡湖竹枝词（十九首选一）

陆达履

燃来土灶火星星，做就头青又二青。
茶品旧曾传陆羽，剡溪别有焙茶经①。

——选自谢宝书编《姚江诗录》卷二

【作者简介】陆达履，字定夫，余姚人。乾隆间举人，官镇海教谕。
【注释】①"剡溪"句：作者自注："乡人焙茶，以初炒为做头青，焙干为做二青，可补我家鸿渐《茶经》所未备。"

石门竹枝词（六首选一）

毛润

马陆坑茶真个良，兰花颜色茉莉香。
风炉瓦鼎清宵煮，呼取邻家阿姆尝。

——选自《剡源乡志》卷五

【作者简介】毛润，号萝窗，奉化人。乾隆初诸生。

煮雪

叶恕

试扫梅花雪，还凭活火煎。

芽宜分雀舌，露不浥金茎。

香气寻檐得，和风绕榻生。

一瓯茅舍下，心迹喜双清。

——选自叶恕《燕香居诗稿》

【作者简介】叶恕（1774？—1846？），字菊坪。慈溪鸣鹤人。叶锡凤次子。几次科举均不第。擅诗，著有《燕香居诗稿》。

谢张于藻送新茶叶

叶恕

一瓯新煮赛兰馨，伴我芸窗注陆经①。

不是志和传韵事，诗人那得识樵青②。

——选自叶恕《燕香居诗稿》卷一

【注释】①芸窗：指书斋。　②樵青：唐颜真卿《浪迹先生玄真子张志和碑》："肃宗尝赐奴婢各一，玄真配为夫妇，名夫曰渔僮，妻曰樵青。人问其故，曰：'渔僮使捧钓收纶，芦中鼓枻；樵青使苏兰薪桂，竹里煎茶。'"

乌石岭下看桃花

叶恕

竹篱深处两三家，饷我清溪一盏茶。

指点枝头春意闹，还留小住看桃花。

——选自叶恕《燕香居诗稿》卷七

白湖竹枝词（选一）

叶元垲

挂雾峰高倒映潭^①，波纹如縠碧湾湾。

采茶一片歌声起，大茗山连小茗山^②。

——选自光绪《慈溪县志》卷六

【作者简介】叶元垲（1780—1834），字晏爽，号琴楼，慈溪鸣鹤人。著有《睿吾楼诗集》等。

【注释】①挂雾：山名，旧名东栲栳山。在慈溪市观海卫镇鸣鹤西南。②大茗山：光绪《慈溪县志》卷六："茗岙山：县西北五十五里，其山多产茶。今名大茗岙，在杜湖西。"

新茶

王宗燿

万卉齐甲拆^①，茶芽春独迟。

想像惊雷起，东风并力吹。

爱茶如爱酒，涎流沁心脾。

买茶如买花，零落恐后时。

桑苎祀何功^②，采摘勤莫知。

嗜好故难定，效颦谁所为。

矫揉作团饼，碾磨落珠玑。

乳膏金缕饰^③，云脚石鼎炊^④。

肥腻失俊爽，灵味真性漓。

何如沃汤芽，盈碗绿离离。

芳心见魂返，一枪还一旗。

笋食宛森郁⑤，兰吹无差池⑥。

乃识煎水意，古人不我欺。

录功拟评骘，涉笔苦赘词。

人人号知己，君侯吾岂辞。

浓睡破清晓，果腹来清飔⑦。

辍谈伴佳客，掩书倦支颐⑧。

形神两淡漠，健者难为持。

不令亏一闲，君能弥缝之。

醍醐灌欲苏，橄榄渴难滋。

一瓯色香味，佳境胜荔枝。

草茶未云贵⑨，真况良在斯。

潘薄饮初试⑩，何似歠糟醨⑪。

仙品来绝巘⑫，记载纷可披。

泉必夸中泠⑬，器必琢花瓷。

道阻远莫致，茗尼真成痴⑭。

水火谐两语，战斗黜百嬉。

有方换凡骨，万事平中奇。

—— 选自王宗燨《愿学堂诗钞》卷十四

【作者简介】王宗燨（1782—1841），原名宗尧，字恂德，一字浚哲，亦作舜哲，号笋石，鄞县人。道光十四年（1834）岁贡生。性孝友，家贫力学，敦尚古道，酷嗜吟咏。有《愿学堂诗钞》。

【注释】①甲坼：同"甲坼"。草木发芽时种子外皮裂开。　②桑苎：唐陆羽别号。　③乳膏：烹茶所泛起的乳白色泡沫。　④云脚：茶的别称。梅尧臣《宋著作寄凤茶》诗："云脚俗所珍，鸟觜夸仍众。"　⑤森郁：多而茂盛。　⑥兰吹：兰花的芳香。　⑦清飔：凉风。　⑧支颐：以手托下巴。　⑨草茶：烘烤而成的茶叶。相对于加工方法不同的团茶而言。宋葛立方《韵语阳秋》卷五："李郢《茶山贡焙歌》云：'蒸之护之香胜梅，研膏架动声如雷。茶成拜表贡天子，万人争啜春山摧。'观'研膏'之句，则知尝为团茶无疑。自建茶入贡，阳羡不复研膏，只谓之草茶而已。"　⑩瀋：汁。　⑪歠（chuò）：饮，喝。糟醨：酒。　⑫绝巘：极高的山峰。　⑬中泠：泉名。在今江苏镇江市西北金山下的长江中。相传其水烹茶最佳，有"天下第一泉"之称。　⑭厄：同"厄"。三国魏晋以后，渐行饮茶，其初不习饮者，戏称为"水厄"。此以茗厄指嗜茶。

放翁诗所述①，亦有与鄞俗类者，
再行赋（八首选一）

王宗燿

畜瓮泥封蓄九秋②，僧房蔬笋并勾留③。
家常饭已休嫌淡，自在茶宜有少酬。

——选自王宗燿《愿学堂诗钞》卷十五

【注释】①放翁：宋代诗人陆游之号。　②畜瓮：即俗所云咸菜缸。九秋：指秋天。亦可指九月深秋。　③勾留：逗留，停留。

润之茂才每岁致象山珠茶①

冯登府

辛老风情最足夸，一瓯林下是君家。
都篮箬笼分新胯②，石铫砖炉试早芽③。
东谷曾携丹井水④，南朝犹说象山花。
事亲我愧程签判⑤，剩有诗篇为拜嘉⑥。

——选自冯登府《拜竹诗龛诗存》卷十

【作者简介】冯登府（1783—1841），一作登甫，字云伯，号勺园，又号柳东，浙江嘉兴人。嘉庆二十五年（1820）进士，改庶吉士。后官宁波府教授。大吏重其才，将荐举之，力辞不就，后告归故里王店，已得咯血疾，筑勺园以颐养天年。鸦片战争爆发后，宁波沦陷，登府忧愤交加，病剧而卒。著有《石经阁文集》等。

【注释】①润之：即下文所云"辛老"，生平待考。茂才：即秀才。珠茶：象山珠山所产茶叶。珠山又称珠岩山，在象山半岛东北部，主峰在涂茨镇境内。　　②都篮：木竹篮。用以盛茶具或酒具。箬笼：用箬叶与竹篾编成的盛器。　　③石铫：陶制的小烹器。　　④丹井：俗称丹山井，位于象山县丹西街道方井头村丹井巷4号南侧，相传梁代陶弘景炼丹于此，并投丹于井，故名丹井。因井水清澈甘美，以瓷瓶贮之，即有水珠透瓶而出，故有"透瓶泉"之别称。此句作者自注："余曾试象山陶真隐丹井泉。"按，冯登府在道光庚寅年（1830）有《象山试陶真隐丹井泉同童大令（立成）、马孝廉（丙书）、赵明经庚吉》诗云："茶梦松风昨夜圆（前夜梦白鬓老人以硃砂白泉相赠），空山岁暮结清缘。听诗爱坐三层阁，煮雪来寻一勺泉。丹鼎难求医俗药，白衣翻悔出山年。平生惯喜穷荒率，乌帽青鞋夕照边。"又《陶贞白炼丹井铭》云："蓬莱山之趺有泉焉，相传陶贞白炼丹之井，旁有祠有庑，以覆之。泉迸如珠，一名透瓶，冽而甘，深不过尺，白沙以为底。取之不加少，不取不加多，有君子之道焉，岂即所谓仙乎？余以庚寅冬偕赵君庚吉携茶具，呼童扫落叶，烹丹灶火，踞石试茗，几忘身在万山中也。"　　⑤程签判：程之邵。苏轼有《新茶送签判程朝奉以馈其母，有诗相谢，次韵答之》诗。作者自注："东坡以新茶送程之邵以馈其母，程有诗谢。"　　⑥拜嘉：拜谢赞美。作者自注："余母嗜象山茶，每岁必寄四饼。"

宿山寺

周世绪

精庐岩之阿，云气净如扫。

短壁悬袈裟①，幽香纷花草。

借我就中居，结构不嫌小。

清瓯烹龙团，古鼎爇雀脑^②。

翻经浑忘眠，钟声四山抱。

——选自周世绪《瘦华庵诗稿·负笈草》

【作者简介】周世绪（1785—1818），字克延，号小崖，一号寿苏，鄞县人。诸生，早卒。著有《寿苏山馆词》《瘦华庵诗稿》。

【注释】①县：悬挂。　②爇（ruò）：烧。雀脑：一种香料。

寄王芋畾^①

周世绪

咫尺不相见，莫云愁复愁。

判年留客馆^②，十里梦诗楼。

人静宜山好，茶多助句幽^③。

小窗独惆怅，风雨又经秋。

——选自周世绪《瘦华庵诗稿·负笈草》

【注释】①此诗作于嘉庆甲子（1804）年。　②判：同"半"。　③这句作者自注："芋畾嗜茶。"

一枕^①

周世绪

一枕梦初觉，推窗已夕阳。

病寒风怕涩，砚净墨留香。

夜火添犹蚤②，古书钞不长。

炉烟帘箔外③，小婢煮茶忙。

——选自周世绪《瘦华庵诗稿·负笈草》

【注释】①此诗作于嘉庆甲子（1804）年。　②蚤：通"早"。　③帘箔：帘子。

挑灯①

周世绪

除却秋来病，挑灯逐睡魔。

古书尘味少，香茗逸情多。

瓶小花添影，帘虚月助波。

更阑人寂寂，寒雁一声过。

——选自周世绪《瘦华庵诗稿·负笈草》

【注释】①此诗作于嘉庆甲子（1804）年。

瑞岩纪游诗·宿山寺①

周世绪

精庐岩之阿，云气净如扫。

短壁悬袈裟，幽香纷花草。

借我就中居，结构不嫌小。

清瓯烹龙团，古鼎爇雀脑。

翻经浑忘眠，钟声四山抱。

——选自周世绪《瘦华庵诗稿·负笈草》

【注释】①瑞岩：山名，亦为寺名，在今北仑区柴桥街道境内。光绪《镇海县志》卷三十八《物产》引《见闻谨述》云："瑞岩产茶最盛，茶干有大如碗者。"瑞岩所产之茶，茶农多运至柴桥社庄销售。民国《镇海县志》卷四十二《物产》"茶"条记载："瑞岩产茶既多，柴桥则有茶市，外洋邻省来此设庄购茶，其盛时销额可达二三十万缗。"此诗作于嘉庆丁卯（1807）年。

风雪中书三绝句①（选一）

周世绪

老树荒林冷着花，槛前独立树归雅②。
弊裘添重不添暖，打点消寒自煮茶③。

——选自周世绪《瘦华庵诗稿·负笈草》

【注释】①此诗作于嘉庆丁卯（1807）年。　②雅：通"鸦"。　③打点：准备，打算，考虑。

闽茶歌寄答陈叔安参军宇①

张广埏

君谟小楷书茶录②，论色香味详之牍。
闽茶从兹岁贡充，凤团龙团入辇毂③。
至今封题纳南府④，县吏奔驰莽烟麓。

武彝山峰高插天，万指搴云采新绿⑤。

焙以缓火晞以篾，纤手细揉发芬馥。

粤商晋贩错杂至，千金买笑珠弹肉。

奇种名种色目殊，羽流衲子矜炫鬻⑥。

可怜洞天变闹市，腥秽大为神仙辱。

邑人嗜利借名山，手挈鸦锄石骨劚⑦。

短干横枝遍原隰，犁田无人叱黄犊。

头春二春好雨过⑧，丰收只向茶神祝。

一串匀圆一金值，翻宝茗荈贱菽粟。

负囊携篓走若鹜，坐令子弟废耕读。

一时驰逐终岁嬉，岂知晏安实鸩毒⑨。

忆我帅幕参伊江⑩，冰山羽檄惊传速⑪。

茶黄在库贼在野⑫，将军战死戎莽伏⑬。

不向茗碗斗旗枪，反从榆塞交锋镞⑭。

饮食往往兆讼师⑮，利害相寻风转烛。

比闻余孽扰疏勒⑯，玉门关外旌旗属。

西贾捆载驱万牛⑰，坐守筐箱生鞭瘃⑱。

况今粤客重楚产，岷山峨峨竟裹足⑲。

街市冷落人迹稀，转怪山灵耽幽独。

豪家茗战历吴粤，一瞬黄金掷牝谷⑳。

贫户卒岁褐不完㉑，愁对瓶笙气迫蹙㉒。

昔年种茶获益多，今时种茶罹害酷。

即看人事日萧条，才知天运有往复。

古贤为治敦本务，拔茶植桑垂谆勖㉓。

讵但厚利贻民生，直将后患思烂熟。

君往作宰有美政，希风忠惠殷抚育㉔。

救时为著活民书，载我一篇闽茶曲。

——选自《甬东张氏宗谱》卷二十三

【作者简介】张广坫（1790—1874），字锡均，号雪君，又号柘村，鄞县甬东（今鄞州区）人。父亲忠林由甬东迁居慈溪的第二年才出生，后加入慈溪籍。嘉庆十五年（1810），张广坫以慈溪县学高等享受廪膳补贴。道光八年（1828），张广坫参加顺天乡试中举。不久玉麟出任新疆伊犁将军，张广坫随行。道光十一年辛卯五月急忙托词有疾，辞去帅幕，还归内地。道光十五年以知县分发赴闽。署长乐、光泽诸县事。至道光二十九年正月始归田。著有《万里游草》等。

【注释】①荼："茶"之古字。但从正文诗结尾称"闽茶曲"看，"荼"或为误刻。道光十五年（1835），张广坫再入都赴试，仍不售。他以父亲年迈，不能再等，急于谋求以官俸养亲。秋八月，张广坫以知县分发赴闽。道光二十七年，张广坫调署崇安，此诗即为其时所作。　　②君谟：蔡襄之字。蔡襄著有《茶录》。　　③辇毂：代指皇家。　　④封题：物品封装妥善后，在封口处题签。南府：南北朝时，称尚书省为南府，因官署在宫廷以南得名。⑤搴云：拨云。　　⑥炫鬻：本意指叫卖，引申为指炫耀卖弄。　　⑦鸦锄：一种扁长锐利像鸦嘴的锄头。　　⑧这句作者自注："俗以采自谷雨前者为头春，谷雨后者为二春。"　　⑨晏安：安乐，安定。鸩毒：毒酒，毒药。《左传·闵公元年》："宴安鸩毒，不可怀也。"孔颖达疏："宴安自逸，若鸩毒之药，不可怀恋也。"　　⑩帅幕参伊江：指道光八年（1828），玉麟出任新疆伊犁将军，张广坫随行。　　⑪羽檄：古代军事文书，插鸟羽以示紧急，必须迅速传递。　　⑫这句作者自注："岁庚寅，浩罕安集延肆扰喀什噶尔。缘西域各城查抄安集延所购茶叶、大黄启衅。"这句写玉普素之乱。道光十年（1830），张格尔之兄玉素普受浩罕国挟持怂恿，率浩罕军队入侵，攻陷英吉沙尔回城，围困了喀什噶尔与叶尔羌，给边疆人民带来了战乱的痛苦。乌孜别克族建立的浩罕汗国，原为清朝藩属，向清朝通商纳贡。浩罕商人主要在南疆从事茶叶贸易，是南疆茶叶的最大买主。张广坫注中提到的安集延在浩罕境内，位于今乌兹别克斯坦费尔干纳盆地东南部，东南至喀什噶尔五百里，两地交往至为密切。安集延与清国的新疆伊犁同为重要的贸易口岸。道光八年（1828）上谕专门说道："向来卡外如霍罕诸回部落多食杂茶、细茶，往往私贩出卡，有流寓伊犁之安集延，预用重价购买，每俟哈萨克贸易事竣时，混杂携带，以致每年茶叶私贩出卡者，竟有十余万及二三十万余斤之多"。又说："现在出卡者多系细杂茶，皆北商自归化城私贩，由古城转运伊犁等处，为安集延偷贩出卡之用，著即严行禁止，不准贩入伊犁及塔尔巴哈台境内，以绝安集延私贩之弊。其大茶、斤茶，安集延外夷向不兴贩，亦系北商运卖，便于兵民，嗣后准其贩运。"至于大黄比茶叶更早进入中亚，乾隆曾以大黄制裁俄斯，曾三令五申禁止新疆大黄出口至俄罗斯。　⑬戎莽：指玉素普乱军。　⑭榆塞：《汉书·韩安国传》："后蒙恬为秦侵胡，辟数千里，以河为竟。累石为城，树榆为塞，匈奴不敢饮马于河。"后因以"榆塞"泛称边关、边塞。锋镝：犹锋镝。借指兵器或战争。　⑮讼师：指帮人办理诉讼事务的人。　⑯疏勒：位于新疆维吾尔自治区西南部，喀什地区西北部。作者自注："本年七月，安集延布鲁特复陷喀城。喀城，古疏勒国。"　⑰西贾：西洋商人。作者自注："晋商所购彝茶向运新疆，售于安集延，转售西洋各国。"　⑱皲（jūn）瘃（zhú）：手足受冻坼裂，生冻疮。　⑲岷山：自中国甘肃省南部延伸至四川省西北部的一褶皱山脉。"况今"两句作者自注云："夷舶在粤东购茶，近年不尚武彝，多从江西转购，其茶出自章贡及两湖者。"　⑳圯谷：溪谷。这句作者自注："邑有力者自贩茶至上海、粤州，为洋行吞噬，子母俱失。"　㉑褐不完：短褐不完。短褐，粗布短衣，古代贫贱者或僮竖之服。完：完整。粗布短衣还破旧不完整。形容生活贫苦，衣衫破烂。语本《韩非子·五蠹》："糟糠不饱者不务粱肉，短褐不完者不待文绣。"　㉒这句作者自注："小户摘茶不售，售亦贱值，日益贫困。"　㉓谆勖：恳切勉励。　㉔希风：企慕，效法。忠惠：蔡襄赠谥忠惠。

煮雪

孙家谷

抟沙手向竹炉煎①，凤饼含膏细细研。
白地香销琼叶碎，绿瓷春滚乳花圆。
残痕欲醒梨云梦②，妙悟须参蜡味禅③。
不是人间烟火气，党家空自说婵娟。

——选自孙家谷《诗稿》

【作者简介】孙家谷（1791—1832），原名字楼，字曙舟，号幼莲，鄞县人。道光二年（1822）进士，以知县分发山西，补襄陵知县。五年秋，充乡试同考官。不久因丁母忧而归，服丧期满而卒。少负诗名，与陈仅、胡湜等唱和。著有《襄陵诗草》等。

过山家

孙家谷

□月鹧鸪雨，满山荞麦花。
偶寻樵子路，已到野人家。
傍屋安云碓，沿村响水车。
短童呼客至，瓦瓮注残茶。

——选自孙家谷《诗稿》

不寐

王吉人

人影恋长檠，茶铛寂沸声。
春愁三月闰，夜雨五更晴。
世事易今古，文章难老成。
永怀谁共遣，斜月隔窗明。

——选自王吉人《万壑松风楼诗集》卷一

【作者简介】王吉人（1797—1856），字兴曹，号云樵，宁海城区泊所塘（今属宁海县跃龙街道）人。道光十五年（1835）中顺天乡试，考授内务府景山官学教习。道光十八年，分发陕西候补知县，旋告归。咸丰二年（1852），翰林院编修徐树铭督学山东，礼聘其出任学职，后应山东学政徐树铭之聘再任学使。不久因患心疾辞归。著有《万壑松风楼诗集》《日吟小草》。

访浣尘上人

王吉人

白石苍苔一径斜，秋光此地浩无涯。
敲残疏磬归驯鸽，秃尽寒林响暮鸦。
门掩无人来看竹，诗成诸佛亦拈花①。
雏僧亦解留闲客，活火重烹谷雨茶。

——选自王吉人《万壑松风楼诗集》卷三

【注释】①拈花：拈花一笑，佛教语，指心领神会、心意相通。

柘溪竹枝词（七首选一）

王吉人

携筐去采雨前茶，采得头纲日未斜。
莫笑阿侬归太早，为郎相待斗新芽。

——选自王吉人《万壑松风楼诗集》卷七

题谢丈五亭遗照（二首选一）

王吉人

瓦炉活火沸茶声，脱帽科头坐晚晴①。

杨柳当门篱有菊，图中人似晋泉明^②。

杨柳当门篱有菊，图中人似晋泉明[②]。

——选自王吉人《万壑松风楼诗集》卷七

【注释】①科头：谓不戴冠帽，裸露头髻。　②泉明：指晋代陶渊明。因避唐高祖李渊讳而改"渊"为"泉"。

舫亭消暑八咏·茶船

王吉人

当窗日日注茶经，藉尔擎杯到小亭。
好把绿旗枪嫩点，载将俊味过中泠。

——选自王吉人《万壑松风楼诗集》卷八

王吉人《万壑松风楼诗集》书影

西明纪游·建峒岙^①

黄澄量

地画东西岙，溪流贺监家^②。
建溪春色好，活火试新茶。

——选自谢宝书编《姚江诗录》卷三

【作者简介】黄澄量，字式筌，号石泉。余姚梁弄人。勤奋好学，博闻多艺，尤喜求书藏书，于嘉庆十二年（1807）创建五桂楼。著有《姚江书画传》等。

【注释】①建峒岙：在今余姚市梁弄镇贺溪村，当地人称之为建隆西岙。黄宗羲《四明山志》卷一云："建峒岙，有石屋、有石蟹泉，其山曰石井……其岭曰谢公，以安石得名。建峒产茶，而谢公岭尤为名品。"②溪：指贺溪，自建峒岙两山岙发源，即石井山泉水与谢公岭溪水合流而北去，流入四明湖水库。黄宗羲《四明山志》卷一云："贺溪，晋贺循寓此。"本诗以为是贺知章（贺监）寓此，当为误传。

探茗

吴桢

品在卢仝陆羽间，未逢谷雨便登山。
崎岖缓策鸠头杖^①，消息频探雀舌班。
此后倾筐凭少妇，从前煮雪记双鬟。
生平自笑耽茶癖，霁月和风数往还。

——选自倪勋编《彭姥诗蒐》卷十一

【作者简介】吴桢，字薪之，号云轩，象山人。嘉庆辛酉（1801）拔贡生。

自幼力学，喜好歌曲。暮年居别业，莳弄花卉，游咏其间。

【注释】①策：拄着拐杖。鸠头杖：杖头刻有鸠形的拐杖。

茶鼎

王信

地炉何处响飕飕，一卷茶经细讲求。

烟篆惯从空际袅，松风还向耳边谋。

须知柮榾残灰外①，自有旗枪活火留。

记得坡公监试日②，千秋韵事说杭州。

——选自王信《万卷楼诗遗稿》

【作者简介】王信，字千一，号近溪，慈溪黄山村（今属江北区慈城镇）人。嘉庆二十五年（1820）岁贡，选汤溪训导。著有《万卷楼诗稿》。

【注释】①柮榾：树根块。　②坡公监试日：《东坡先生年谱》熙宁五年条云："先生年三十七在杭州通判。……是年科场，先生监试，有《呈试官》诗及《试院煎茶》诗。"

采茶词

王信

山前山后绿云遮，春风春雨长嫩芽。

侬约小姑同伴去，沿山一路采新茶。

丽日和风春昼长，采桑未了采茶忙。

年来差喜当家惯，一卷桑经自较量①。

石泉槐火自年年，最爱旗枪谷雨前。

为语郎君滋味好，一瓯同与试新鲜。

——选自王信《万卷楼诗遗稿》

【注释】①桑经：即《桑苎经》，指唐陆羽著的《茶经》。

采茶歌

周铿华

越女采茶率连声合歌，而词多鄙俚，音非风骚。爰作数章，聊备一格，非敢拟唐人竹枝也。

春风吹绿北山茶，侬去采茶郎在家。
路遇邻姑方一笑，满头簪得野棠花①。

大家连臂爱春嬉，采遍新枝复旧枝。
笑煞山翁头似雪，无端也唱艳歌词。

去年阿母许乘槎，底事于今消息赊。
茶树年年高一尺，儿家桃李只无花。

隔林红袖试浓妆，知是谁家新嫁娘。
生长山中茶采惯，不须重学费商量。

一担新绿踏歌回，夹路香风花满开。
都道今朝好天气，侬家烟火出墙来。

茶子青青香可怜，年年三月试新泉。

平生怕说莲心苦，不道吴侬只爱莲。

——选自谢宝书编《姚江诗录》卷三

【作者简介】周铿华，一名文坛，字声金，号鲸舟，又号远斋，余姚泗门人。嘉庆间诸生。著有《远斋诗草》《远斋杂说》。

【注释】①野棠：野生的棠梨。

补芦江竹枝词（八首选一）

胡滨

去拣春茶两两行，斩新衫子试新晴。

近来学得高盘髻，只恐旁人看未明。

——选自王雷编注《蛟川竹枝词》

【作者简介】胡滨（1795—1857），字庆澜，号石泉，北仑区柴桥人。国子监生，尤好义举。能诗，尤工诗画。著有《缄石集》。

太白山人采茶歌

徐时楷

太白山中春风香，太白山下茶户忙。

邻家女儿理轻妆，出门拉队提篾筐①。

产茶之山高矫矫②，上山未半心彷徨。

一步一辍登平冈，冈背丛聚邻家娘。

大妇紫布衣，中妇青丝裳。

小妇不施粉，颜色生容光。

摘茶不盈掬，笑语论短长。

新芽迎露嫩且芳，一碧无际如垂杨。

云腴成荫护山庄，随手采取低如墙。

阿侬生少住山傍，年年来此路未忘。

识此一旗复一枪，明朝茶客能评量。

下山携手遵微行③，鹧鸪一声啼斜阳。

——选自徐时楷《滨湖轩遗诗稿》

【作者简介】徐时楷（1799—1834），字圣木，更字兆行，自号醒墨，鄞县人。徐时栋之兄。少治举业，终不得志。生性厚重，喜欢助人，率诸弟建成柳汀书院，奏名于朝，议叙盐运司主事。道光十三年（1833），县发生饥荒，时楷率诸弟出粟助县官赈恤，后因积劳成疾而卒。著有《滨湖轩遗诗稿》。
【注释】①簏（zhú）：古书上说的一种竹。　②蒋（qiāng）蒋：这里指高耸的样子。　③遵：沿着。微行：小路，小道。

大湖竹枝词①（八首选一）

鲍淦

沙井灵泉合地夸，只嫌偏不近人家。

挑来合把沦涟贮②，有客临门好煮茶。

——选自应可军编《宁海竹枝词》

【作者简介】鲍淦（1802—1877），谱名载辈，原名鲍申，号拙斋，宁海胡陈人。邑庠生，曾为鸿胪寺序班。工诗，与姚燮有唱和。著有《勤补轩吟稿》。
【注释】①大湖：村名，原名大胡，以胡姓居住成大族而得名。位于今宁海长街南面之平畈上。后出的鲍振《厉坪竹枝词》。对此诗略有修改。
②沦涟：水波，微波。这里指泉水。原误作"瀹涟"。

姚江竹枝词（三百首选一）

宋梦良

省识诗人品味清，春秋分采两般馨。
南黄茶叶胜山菊①，可补当年陆羽经。

——选自谢宝书编《姚江诗录》卷五

【作者简介】宋梦良，字竹孙，余姚人，诸生。主要活动于咸丰、同治年间。著有《步梅诗抄》。
【注释】①南黄：村名，在今余姚芝湖岭上。

谢友人惠茶

叶元堦

裹以温公具①，缄开玉露英。
尚留云气在，新试雪花轻。
烦念竟能涤，吟肠应更清。
从兹窗外竹，烟缕不时横。

——选自叶元堦《赤堇遗稿》卷一

【作者简介】叶元堦（1803—？）字心水，号仲兰，又号赤堇山人。慈溪鸣鹤人，著有《赤堇山人诗集》《杜诗说》。
【注释】①温公：司马光。朱弁《曲洧旧闻》记载，范镇与司马光结伴去嵩山游玩，各自带着茶。当司马光看到范镇盛茶的黑木盒时，不由得惊叹道：你竟然有这么漂亮的茶器。故作者以"温公具"表示简陋的茶叶包装。

甬上新竹枝词（六首选一）

陈劢

在城女罕识蚕桑，家境萧条苦备尝。
谷雨早过梅雨至，相逢都说拣茶忙①。

——选自陈劢《运甓斋诗稿》卷八

【作者简介】陈劢（1805—1893），字子相，号咏桥，又号甬上闲叟、二百八十峰樵者，清鄞县西门社坛巷（今属宁波市海曙区）人。道光十七年（1837）拔贡，授广西知县。道光二十年辞官归里，教授门徒。著有《运甓斋诗稿》及《续稿》。

【注释】①这句作者自注："自海国通商，贸茶者众，贫家妇女多以拣茶资生计。"此诗一作戈鲲化作。

春日即事（八首选一）

陈劢

万里商通海国槎，遍搜佳茗到山家。
一瓯我欲清诗思，谷雨前时买早茶。

——选自陈劢《运甓斋诗稿续编》卷四

寓斋杂述七绝句（选一）

姚燮

竹炉石铫试新茶，蟹眼声中泛碧芽。

却喜客来如陆羽，共凭小几看荷花。

——选自姚燮《复庄诗问》卷十二

【作者简介】姚燮（1805—1864），字梅伯，号复庄，又号大某山民，镇海人。道光十四年（1834）中举。鸦片战争爆发后，全家颠沛流离，后终岁奔走于甬、杭、苏、沪等地。著有《复庄诗问》等。

洞桥天王寺①

姚燮

孤佛对孤树，曲楼当曲阿。
微风野花落，暗院茗烟多。
习玩通禅悦，遥声得涧歌。
一墙山翠递，林势借嵯峨。

——选自姚燮《复庄诗问》卷二十五

【注释】①洞桥：今海曙区洞桥镇。天王寺：位于洞桥村西。旧号天王院，创建于唐咸通十三年（872）。明洪武十五年（1382）始定今名。

壶中天·茶船

姚燮

玉船横几，似仙莲拓瓣，供人清啜。一舸黄州词客去①，湖上蘋缘谁结。桃叶排铛②，鸥童试铫③，小载春池月。松床涛沸④，梦回帘水凉阔。　　须莫至正银楂⑤，碧山制在⑥，新样从伊夺。石瓮残梅香点后，慢误波心罗袜。药海吹笙，曲江读画，泛到鱼烟活。旗枪战午，邵阳遗事同说⑦。

——选自姚燮《疏影楼词·石云吟雅》

【注释】①黄州词客：指苏轼。苏轼曾贬官黄州团练副使，故称。②桃叶：晋王献之爱妾名。借指爱妾或所爱恋的女子。排铛：安排茶铛。③铫（diào）：一种带柄有嘴的小锅。　④松床：松木床。指简陋的床。　⑤至正：元代元惠宗的第三个年号。银槎：即银槎。朱彝尊《鸳鸯湖棹歌》注："朱碧山所制银槎，凿张骞于上，以七宝嵌之。"　⑥碧山：元代嘉兴银工朱碧山。《辍耕录》云："浙西银工之精于手艺者，朱碧山在嘉兴魏塘。"　⑦邵阳：在今湖南省西南部。

《历代名人绣像选》中的姚燮小像

长洋竹枝词（三十二首选一）

郭守民

饭团山下饭团多，午饁家家为插禾。

尚有布裙红小岘，香喉未了采茶歌。

——选自应可军编《宁海竹枝词》

【作者简介】郭守民（1807—1866），字性明，号愚山，宁海长洋人。咸丰十一年（1861）拔贡。著有《愚山集》。

采茶歌

诸观光

记得春光似去年，新茶最爱嫩晴天。
山头一半含香味，时俗争夸谷雨前。

露华风叶掇新枝，采采春光好采之。
谁道隔花莺语滑，阿侬随口唱歌儿。

山前山后绿阴丛，斜转山腰路已通。
个是谁家新姐妹，筥篮笑语入东风^①。

簌簌香尘汗欲污，春纤细摘破工夫。
箬荷裹得胡麻饭，生怕山头饿小姑。

枝枝节节叶婆娑，一阵香风一阵过。
归去语郎真个好，今年茶比往年多。

小鬟七岁亦随行^②，娇惯娘前作耍情。
未识阿娘辛苦事，摘花含笑弄轻盈。

嬉笑相逢话短长，姊家只隔妹家墙。
细鞋芳草晴山路，一阵莲钩碎夕阳。

半篮新叶半篮芽，薄暮门前柏树遮。
妾鬟蓬松郎莫笑，东风一路送侬家。

剩有余茶未采回，明朝趁早上山隈。
床前解罢红罗裙，鞋底香泥扑不开。

十分辛苦十分钱，赖有茶山作稼田。

恰把筐篮安顿好，春茶采过夏茶连。

——选自谢宝书编《姚江诗录》卷五

【作者简介】诸观光，余姚泗门人。诸生。著有《冷棍诗草》。

【注释】①筥篮：竹篮。　　①小鬟：小女孩。清李邺嗣咏投江女诗："小鬟抱弦调凤穗，娇若芙蕖半开蕊。"

采茶曲

周步瀛

石竹围边毛竹遮，二茶才过又三茶。

如何城里垂髫女^①，晓起妆成但采花。

谷马坑前水一湾，白龙洞口屋三间。

阿婆昨日天童去，茶味何如太白山。

——选自《四明清诗略》卷二十四

【作者简介】周步瀛，字丹洲，奉化人。道光十六年（1836）恩贡。

【注释】①垂髫：指儿童或童年。

过山村

周程

深树野人家，门前溪水斜。

绿迷当户村，红露隔墙花。

沙润蚁分垒，日喧蜂聚衙。

三朝谷雨后，处处煮新茶。

——选自《四明清诗略》卷二十四

【作者简介】周程，字配文，号瀛台，鄞县人。诸生，少失怙，奋志力学。中年授徒，于后进多所成就。性好吟咏，著有《亦处堂稿》。

春晚即事

王曰钦

清和候近日初长，高下随风燕子忙。

小阁摊书聊静坐，一瓯清茗一炉香。

——选自《四明清诗略》卷二十五

【作者简介】王曰钦，字仪表，号啸舫，镇海人。道光十八年（1838）岁贡。

谢朱总戎惠茶①

黄教镕

我生嗜酒更嗜茶，得茶争似得酒喜②。

岂惟浇此磊块胸，诗兴淋漓得满纸。

明窗风日正好时，一瓯花乳午睡起③。

复有良朋两三辈，高谈雄辩撼妙理④。

蛮州日日煮山茗⑤，但觉顽犷真堪鄙⑥。

却忆江南摘云腴，轻圆浮碗荐雪蕊。

我公念我殊成癖，亲手封缠敕分似⑦。

陋邦久无此绝品，来增家书致千里。

胡不收藏待佳客，惠然肯怜襶襶子⑧。

砖炉石铫公家具，试识古人学煎水。

寂坐枯肠未易禁，嗅香嚼味信清美。

寒宵灯火稍可亲，请勿饮酒但饮此。

——选自《竹桥黄氏宗谱》卷十六

【作者简介】黄教镕，字子冶，余姚人，自父始占籍汉阳。咸丰初年，应顺天乡试落第，遇太平军起义，代叔父守湖南永州，防御之余，与同僚赋诗较射。著有《远寄斋诗文集》。

【注释】①朱总戎：即总戎朱瀚（？—1857），原名时序，字寅庵，江西高安县（今高安市）人。世袭骑都尉，曾在军中任都司、游击、参将、沅州协（治今湖南芷江）副将等职。咸丰元年（1851）带兵入广西，与太平军作战。后因功升署长沙协副总兵，调署永州镇（治今零陵县）总兵。其后解永州之围有功，实授总兵。　②争似：怎似。　③花乳：煎茶时水面浮起的泡沫。俗名"水花"。　④摅（shū）：抒发。　⑤蛮州：指湖南永州。时作者代父守永州。　⑥顽犷：顽劣粗野。　⑦封缄：封缄缠缚。宋苏轼《和蒋夔寄茶》："清诗两幅寄千里，紫金百饼费万钱。吟哦烹嚼两奇绝，只恐偷乞烦封缠。"分似：分送。似，给予。宋黄庭坚《谢送碾壑源拣牙》诗："肯怜天禄校书郎，亲敕家庭遣分似。"　⑧襶（nài）襶（dài）子：指不晓事的人。

象原竹枝词（十首选一）

胡锡旗

敲棋围坐绿阴中，渴想茗调且唤僮。

取火只须山枣树，茶烟轻扬野炉风。

——选自应可军编《宁海竹枝词》

【作者简介】胡锡旗（1818—1878），谱名学砚，字翰元，号柳桥，宁海大蔡人。道光间诸生。著有《柳桥集》。

蛟川竹枝词（八首选一）

张本均

乡味春来分外嘉，寻芳频到野人家。
兼旬雨茁龙须笋，一夜雷惊雀嘴茶。

——选自王荣商编《蛟川耆旧诗补》卷二

【作者简介】张本均（1820—1881），字静泉，号郢荃，浙江镇海清泉（今北仑区小港衙前）人，乾隆四十年诸生，嘉庆三年补增生。著有《郢荃诗草》《郢荃笔记》。重辑《蛟川耆旧诗》六卷。

赋得泉绕松根助茗香，得根字五言八韵

黄家来

松下闲尝茗，诗情助许浑。
茶香滋美味，泉冽绕灵根。
云窟龙鳞庇，冰瓯蟹眼翻。
芳俱留舌本，清更瀹心源。
碗溢苓脂膏，炉煎竹火温。
头纲添隽爽，胸次涤尘烦。

石磴盘如此，风庭啜几番。

况兼杯酒兴，浮绿到柴门。

——选自《浙江乡试卷》

【作者简介】黄家来（1827—? ），字绥之，号小帆，又号瑞芝，鄞县人。宁波府学廪膳生，同治癸酉（1873）科拔贡。

秋闱报罢^①，援笔写恨，
不自知言之拉杂也^②（选一）

周茂榕

日高睡足一瓯茶，醒起无端感物华^③。

野火不燔留幸草^④，春风未到长唐花^⑤。

为萁莫慨南山豆^⑥，得枣还疑东海瓜。

我欲园池围半宅，租菱算橘足生涯。

——选自董沛编《四明清诗略》卷三十

【作者简介】周茂榕，字冶城，一字霞城，别号野臣，镇海人。咸同间廪贡生，用为训导。光绪间曾协修《镇海县志》。工诗，师法姚燮。著有《晚绿居诗稿》四卷。

【注释】①秋闱：乡试的别称。　②拉杂：混乱，没有条理。　③物华：自然景物。　④幸草：谓车轮轧过的草。因其屈伏地面，不易燔烧，故云。王充《论衡·幸偶》："火燔野草，车辙所致，火所不燔，俗或喜之，名曰幸草。"　⑤唐花：在室内用加温法培养的花卉。王士禛《居易录谈》卷下："今京师腊月即卖牡丹、梅花、绯桃、探春，诸花皆贮暖室，以火烘之，所谓堂花，又名唐花是也。"　⑥萁：豆秸。南山豆：化用陶渊明《归园田居》诗："种豆南山下。"

夏日漫兴

徐甲荣

危楼闲倚夕阳天，款客新茶拣雨前。

八尺风漪冰簟冷^①，绿藤花里枕书眠。

——选自徐甲荣《城北草堂诗稿》卷上

【作者简介】 徐甲荣（？—1879），字子青，鄞县人。光绪二年（1876）举人。太平军进入宁波时，避地东钱湖山中，日手一编。后讲学于月湖之旁。工诗，著有《城北草堂诗稿》。

【注释】 ①风漪：借指竹席。宋陆游《乙夜纳凉》诗："八尺风漪真美睡，故应高枕到窗明。"

郊行口号

徐甲荣

芦笋生时燕麦齐，茶歌声在竹林西。

行吟惊起沙头客，飞入绿阴深处啼。

——选自徐甲荣《城北草堂诗稿》卷下

蛟川竹枝词（十首选一）

黄廷议

南乡山谷产新茶，塔峙城湾味更嘉^①。

才过清明谷雨候，岩边溪畔女如花。

——选自王雷编注《蛟川竹枝词》

【作者简介】黄廷议，字秉高，号淡轩，廷诰从弟。监生。著有《月楼吟草》。
【注释】①塔峙：地名，现位于宁波北仑大碶街道。

蛟川竹枝词（三十四首选一）

佚名

东岳宫前晒鲞忙，客人论价聚茶坊。

须知泽国生民计，半是渔盐半稻粱。

——选自王雷编注《蛟川竹枝词》

柘溪竹枝词（五首选一）

戴日清

新芽刚长绿昌明，采摘归来趁晚晴。

试院茶声曾听未，石泉槐火为君烹。

——选自应可军编《宁海竹枝词》

【作者简介】戴日清，宁海大里柘坑戴人，生平不详。

春日即事

叶元尧

东风料峭不成眠，乍试寒温二月天。

曲院濛濛清昼里，养花疏雨焙茶烟。

——选自叶元尧《听秋吟馆诗稿》

【作者简介】叶元尧，字叔兰，号云亭，慈溪鸣鹤人，清诸生。著有《听秋吟馆诗稿》。

泉甘与茶宜

章鋆

莫羡中泠水[①]，泉甘地足夸。
寻源应号醴[②]，识味最宜茶。

——选自《鄞西高桥章氏宗谱》卷三

【作者简介】章鋆（1820—1875），字酏芝，号采南，鄞县人。咸丰二年（1852）状元，授翰林院修撰。后提督福建、广东学政，官至国子监祭酒。著有《望云馆文诗稿》。
【注释】①中泠：泉名，亦称南零。位于江苏金山寺外，相传其水烹茶最佳，有"天下第一泉"之称。　②醴：甜美的泉水。

试茶

卢以瑛

试味先试香，品茶一如荔。
茗碗手未将，清芬已满鼻。

——选自卢以瑛《访梅吟舍残稿》

【作者简介】卢以瑛（1822—1880），字梅岑，号英甫，鄞县人，幼承家学，补弟子员，屡试不售，弃而从事经济之学。世居甬江北岸（今属江北区），多与洋人接触，能通其语言。咸丰世受聘北号商船，负责海运官粮，力劝北号船主购买轮船抗击海盗。晚年逍遥于沪上，以吟咏为乐。遗著有《访梅吟舍残稿》一卷。

煮雪

卢以瑛

新春寒入野人家，晓起呼童煮好茶。
因恐热肠清未得，时将白雪嚼梅花。

——选自卢以瑛《访梅吟舍残稿》

茶壶题词

胡杰人

卧龙瑞草早搴芳，甘液华滋味共尝。
欲采春茶寻旧径，满壶正好送旗枪。

——选自胡杰人《剩馥吟》

【作者简介】胡杰人（1831—1895），字芝麓，慈溪坎墩人。能医，擅诗，著有《剩馥吟》。

山村竹枝词（三十一首选五）

杨竹生

洞桥闲坐看春波，野草丛中凫鸭多。
最是山村风景好，夕阳处处听茶歌。

曩昔采茶事最诚，供天供地供神明。
而今脚踏皆和假，坏了天童太白名。

山村四月摘茶忙，日夜爊青行处香①。
辛苦不堪皮骨瘦，天童街又立捐行②。

山村女子异城中，打扮衣妆带土风。
时值采茶归里去，鬓边花插种田红。

茶亭建立在横塘，来往行人集四方。
谁识后龛关帝像，请由温府到吾乡③。

——选自《四明杨氏族谱内外编》

【作者简介】杨竹生（1833—1900），名人慈，学名际春，又字敬熙、品仙，晚号太白逸叟。鄞县瞻岐（今属鄞州区）人。杨翰芳之祖父。清末贡生，工诗文。

【注释】①爊：同"炒"。　②捐行：征收赋税之所。　③温府：指浙江温州府。

造茶人索诗

王治本

一旗初茁两枪新，玉髓银丝制造匀。
记取翠峰云密处，绿芽争摘火前春。

——选自栎窗林编辑《高城唱玉集》

【作者简介】王治本（1835—1907），字维能，号黍园，晚号改园，别号梦蝶道人，今江北区慈城黄山人。光绪三年（1877），被日清社私塾广部精聘为汉语教师，赴日谋生，结识日本贵族大河内源辉声，双方的笔谈结集为《秦园笔话》十七卷。其后半生广泛结交日本文人，周游日本四大岛。著有《栖栖行馆诗稿》等。

甬江竹枝词（选一）

李圭

逐队呼群去拣茶，此中也有貌如花。
青蚨倍得归来晚①，笑对檀郎巧自夸②。

——选自《申报》同治十二年（1873）1月17日

【作者简介】此诗原署"白下痴道人小池"，经笔者多方考证，当即李圭。李圭（1842—1903），字小池，号公桓，江苏江宁（今南京）人。同治四年起，负责宁波海关文牍，后被调至常胜军办理文案。1865年6月，好博逊派任宁波海关，李圭随行，一直负责海关文案工作。光绪二年(1876)，美国建国百周年之际，他由海关总税务司派赴美国考察，回来后著《环游地球新录》，名噪一时，以通晓洋务著称。光绪七年（1881），英国阚斐迪邀请李圭在江北岸创办《甬报》。光绪十九年(1893)任海宁知州。

【注释】①青蚨：喻金钱。　　②檀郎：晋潘岳小字檀奴，后因以"檀郎"为妇女对夫婿或所爱慕男子的美称。

和陆黼笙《元旦咏雪十二叠前韵》
（十四首选一）

释敬安

见说名山别有年，松关清梦总难圆。

但偕屐破苔痕至，准备茶将雪乳煎①。

三径绿云蕉叶地，一帘红雨杏花天。

明春乐事知多少，尘榻高悬待二贤②。

——选自陆廷黻《镇亭山房诗集》卷十四附

【作者简介】释敬安（1851—1912），俗姓黄，字寄禅，湖南省湘潭县石潭村人。同治七年（1868）投湘阴法华寺出家，后行迹吴越，参禅学法十余年。光绪三年（1877）秋，在阿育王寺佛舍利塔前烧二指供佛，因号"八指头陀"。光绪二十八年起住持天童寺10年。曾任中华佛教总会首任会长。圆寂于北京，归葬于天童寺。著有《八指头陀诗文集》。

【注释】①雪乳：泉水。　　②尘榻：《后汉书·徐稺传》载，陈蕃为太守，在郡不接宾客，唯稺来特设一榻，去则悬之。稺不至则灰尘积于榻。后因以"尘榻"为优礼宾客、贤士之典。

凌虞山贰尹（镛）惠佳茗二种赋谢①

陆廷黻

一瓯新茗十分青，惠我芝兰品更馨。

香爇薰炉花落砚，小窗准拟补茶经②。

——选自陆廷黻《镇亭山房诗集》卷一

【作者简介】陆廷黻（1835—1921），字已云，号兴孙，又号渔笙，鄞县人。同治十年进士，散馆授编修。光绪八年，任甘肃学政。著有《镇亭山房诗集》。

【注释】①凌虞山：凌镛，江苏江都人，著名经学家凌曙之子。贰尹：少尹，从四品下，掌贰府州之事，故称。后亦作为县令副职县丞的别称。②准拟：准备，打算。

春兴

陆廷黻

春风吹绿到阶前，前度韶华又一年。
柑酒听莺新乐府①，裙钗扑蝶小游仙。
香秔粥和桃花煮②，活火茶宜谷雨煎③。
好是芸窗无一事④，闭门长对古人编。

——选自陆廷黻《镇亭山房诗集》卷一

【注释】①柑酒听莺：典出唐冯贽《云仙杂记》卷二引《高隐外书》："戴颙春携双柑斗酒，人问何之，曰：'往听黄鹂声。此俗耳针砭，诗肠鼓吹，汝知之乎？'" ②桃花：指桃花粥。 ③活火：有焰的火，烈火。 ④芸窗：指书斋。

采茶歌

陆廷黻

九十春光春已缺，采茶却逢谷雨节。
是日天气颇晴和，闺中姊妹纷绮罗。
东邻结伴西邻过，前山打鼓后山歌。
一旗一枪手自搓①，头纲已摘欣如何②。
归来笑向镜边坐，照见蓬松发髻坠。
呜呼！谁识采茶苦如我。

——选自陆廷黻《镇亭山房诗集》卷二

【注释】①一旗一枪：指幼嫩的茶叶。赵佶《大观茶论·采择》："凡芽如雀舌、谷粒者为斗品，一枪一旗为拣茶，一枪二旗为次之。余斯为下。"

②头纲：指惊蛰前或清明前制成的首批贡茶。

以它山泉煎天井茶^①

陆廷黻

它山之水清且涟，中有一潭梅龙眠^②。
清澈无底深渊渊，居人号为它山泉。
天井一山灌顶连^③，藤蔓缨络纷纠缠。
山岩产茶茶色妍，薄绡笼雾轻非烟。
宛与佳人添婵娟^④。
若与它山山水煎，饮之足令烦苛蠲^⑤。
坡公昔携小团月，久识惠山清清冽^⑥。
汲水烹茶一试之，水味自有淄渑别^⑦。
尚是人间第二泉，应让江心为第一^⑧。
它山僻在海东隅，远与中原相隔绝。
坡公屐齿所未经，此泉遂至久埋没。
若与惠泉相较量，不知谁甲复谁乙。
天井之茶亦殊品，鸿渐茶经在所忽。
山中不乏梁栋材，翳径蓬蒿老不出^⑨。

——选自陆廷黻《镇亭山房诗集》卷十八

【注释】①天井：山名，在今鄞州区龙观乡境内。万斯同《鄮西竹枝词》
云："天井山茶味自长，它泉烹酌淡而香。"　　②梅龙：梅梁。宋魏岘
《四明它山水利备览》卷下："梅梁在堰江沙中。鄞志谓梅子真旧隐大梅
山，梅木其上为会稽禹祠之梁，其下在它山堰，亦谓之梅梁。……它山堰
之梁其大逾抱，半没沙中，不知其短长，横枕堰址，潮过则见其脊，俨然
如龙卧江沙中，数百年不朽，暴流湍激，俨然不动。"宋张淏《会稽续志》
卷七"梅梁"条引《四明图经》云："大梅山……山顶有大梅木其上，则

伐为会稽禹祠之梁。……禹祠之梁，张僧繇图龙于其上，夜或风雨，飞入镜湖，与龙斗。后人见梁上水淋漓而萍藻满焉，始骇异之，乃以铁索锁于柱。"　③灌顶：《宝庆四明志》卷一二云："灌顶山，县西南七十里通远乡。"在今鄞州区龙观乡。　④婵娟：美妙的姿容。　⑤烦苛：指繁杂苛细的世事。蠲：除去。　⑥苏轼《惠山谒钱道人烹小龙团登绝顶望太湖》："独携天上小团月，来试人间第二泉。"惠山泉位于今江苏省无锡市西郊惠山山麓锡惠公园内，唐代大历十四年开凿，唐代张又新《煎茶水记》云："水分七等……惠山泉为第二。"　⑦淄渑：淄水和渑水，相传二水味各不同。　⑧江心：即中泠泉。　⑨翳：遮蔽，隐藏。

伏日即事

陆廷黻

家衕休嫌窄①，风来一线天。
小妻接席至②，少女枕昼眠。
竹簟纹如拭，茶炉响自煎。
足销三伏暑，俯仰亦欣然。

——选自陆廷黻《镇亭山房诗集》卷十八

【作者简介】①衕：胡同，小巷。　②接席：坐席相接。形容亲近。

叠韵和叶子川太守七十自述
（四首选一）

陆廷黻

万事通融面面圆，不为人后不为先。

主持风雅归吾辈，罗列儿孙慰晚年。

正欲栽花逢小年，偶思瀹茗汲新泉。

有时泥饮从田父，酒债何论斗十千^①。

——选自陆廷黻《镇亭山房诗集》卷十八

【注释】①斗十千：语出曹植《名都篇》："归来宴平乐，美酒斗十千。"唐代王维《少年行》也有"新丰美酒斗十千"之句。

再续甬上竹枝词（十二首选一）

戈鲲化

在城女罕识蚕桑，家境萧条苦备尝。

谷雨早过梅雨至，相逢都说拣茶忙^①。

——选自《戈鲲化集》

【作者简介】戈鲲化（1838—1882），字砚畇，一字彦员，安徽休宁人。同治二年（1863）前后，在美国驻上海领事馆任职，同治四年移居甬上，一直在英国领事馆任职，颇受中外双方的称赏。1879年7月2日，戈鲲化搭乘英国"格仑菲纳斯"号轮船，从上海启程，抵达美国纽约，随后转往波士顿，在哈佛大学从事中文教学，这是中国第一次向西方世界的大学派出教师。1882年2月14日下午在剑桥自己的家中逝世。所著《人寿堂诗抄》，多抒写其在移居宁波时期的所见所感，极受当时甬上诗家的敬重。

【注释】①此句原注："自海国通商，贸茶者众，妇女每以拣茶资生计。"

煎茶

张丙旭

闲行野中汲清泉，几种新茶好自煎。

榆落人钻深院火①，松高鹤避半庭烟。

云花滚处龙团展，雪浪翻时蟹眼圆。

留与老僧三两辈，一杯当酒共陶然。

——选自王荣商编《蛟川耆旧诗补》卷十二

【作者简介】张丙旭，谱名惠真，字璞生，镇海人。光绪二十四年（1898）以县试第一成诸生，二十八年副贡。以亲老家贫，赴京师谋食，积劳成疾，南归殁于金陵，年仅三十五岁。

【注释】①榆落人钻深院火：《周礼·夏官·司爟》"四时变国火"汉郑玄注："郑司农说以鄹子曰：'春取榆柳之火。'"本谓春天钻榆、柳之木以取火种，后因以"榆火"为典，表示春景。

游天童、灵峰诸寺①（四首选一）

莫矜

古庙笙歌会赛神，檀炉茶灶杂香尘。

便从太白山村过，购得龙团几两银。

——选自孙锵、江五民编《剡川诗钞续编》卷七

【作者简介】莫矜，字黎舫，一字瀛止，奉化人。诸生。有诗文稿二卷。

【注释】①灵峰：灵峰禅寺，在今北仑区。

茶妇行

陈继揆

东邻有少女，自幼嫁茶户。

上山摘头茶，头茶清且苦。

郎道茶味甘，少女默不语。

方知清苦心，并难喻侬汝。

西邻茶妇当春歌，东邻少女泣如雨。

——选自《四明清诗略》卷二十九

【作者简介】陈继揆，字舜百，号舵岩，镇海人。姚燮妹夫，与其从兄骏孙从游最早，称姚燮的入室弟子。同治六年（1867）并补甲子科举人。著有《拜经楼诗集》。

山北乡土集·物产总①

范观濂

关头茶叶数旄尖②，水埠杨梅松浦盐③。

范市黄瓜香味蕴④，凤浦萝卜脆还甜⑤。

——选自王清毅编《慈溪海堤集·外编》

【作者简介】范观濂，字莲州，镇海人。道光、咸丰间诸生。著有《山北乡风集》。

【注释】①山北：今称三北，即原余姚、慈溪、镇海三县之北部，今属慈溪市。　②关头：《光绪慈溪县志》卷六"狮山"下云："明时有长溪关，故名关头。"　③水埠、松浦：皆三北地名，俱在今慈溪市境内。④范市：在今慈溪市。　⑤凤浦：即今慈溪市龙山镇凤浦岙村。

山北乡土集·采茶

范观濂

相约春山采雨茶，美人颜色映山花。
荑尖轻巧牙尖嫩^①，遥讯盈筐趁暮霞。

莺啼燕语满山闻，雨后旗枪展绿云^②。
烘灶拼将人莫睡，合村深夜散清芬。

——选自王清毅编《慈溪海堤集·外编》

【注释】①荑（tí）：柔软而白的茅草嫩芽。《诗·卫风·硕人》："手如柔荑，肤如凝脂。"朱熹集传："茅之始生曰荑，言柔而白也。"喻指女子柔嫩的手。　②绿云：作者自注："茶名绿雪，就制成可饮者而言，在树时又不妨以绿云目之。"

蛟川竹枝词（选一）

叶佐黻

峰高太白有人家，谷雨前收雀舌茶。
但愿今年茶汛好，山花还算胜洋花。

——选自王荣商编《蛟川耆旧诗补》卷十二

【作者简介】叶佐黻，谱名棣博，字艇洲。北仑贝家碶下叶家（今属新碶街道大路村）人。清光绪十二年（1886）诸生。

采茶词

於翰

麦田篁岭聚成行，采得云英实小筐①。

笑把蒙头巾揭去②，匆匆归去又斜阳。

瞳瞳丽日映山椒③，起对菱花鬓自撩④。

相约邻家同入市，昨宵茶客进柴桥⑤。

——选自范寿金编《蛟川诗系续编》卷八

【作者简介】於翰，字墨林，号醉墨，今北仑区人。生平不详。

【注释】①云英：指茶叶。　②这句作者自注："采茶妇女畏日，以白氎巾蒙首障之。"　③瞳瞳：日初出渐明貌美丽。　④菱花：镜子。⑤柴桥：在今北仑区。民国《镇海县志》："瑞岩产茶既多，柴桥则有茶市，外洋邻省来此设庄购茶，其盛时销额可达二三十万缗。"

采茶曲

金亦巨

风光淡荡日徘徊，一路银苞拆露胎。

剩有山头高绝处，待侬归去唤郎来。

——选自范寿金编《蛟川诗系续编》卷八

【作者简介】金亦巨，字刚甫，号芝仙，原镇海县人。清诸生。

茶桶

王慕兰

最好春风啜茗时，色香味和入肝脾。
除烦漫羡琼浆滑，醒睡微嫌火候迟。

——选自王慕兰《岁寒堂诗集》卷二

【作者简介】王慕兰（1850—1925），奉化连山大堰（今大堰镇）人。举人王鳞飞之女。幼年随父入蜀，擅作诗词。年逾三十始与旅鄂同乡、湖北补用知县董兆荘结婚，一起回里。回里后因夫卧病不起，生活艰难，遂设学馆教授为生。1903年受聘奉化官立作新女学堂首任堂长，积极推行新学，主张男女平等，获县公署"巾帼丈夫"奖匾。1921年辞职归里，晚年仍任村中教职。著有《岁寒堂诗集》等。

踏青（三首选一）

王慕兰

层层楼阁万千家，小艇无人泊浅沙。
纵目归来无事事，自盛泉水试新茶。

——选自王慕兰《岁寒堂诗集》卷二下编

山居（二首选一）

王荣商

故国知何处，深山尚有家。

雁潭雷后笋^①，龙井雨前茶。

浅水浮荷叶，疏篱缀豆花。

更怜江海近，村市足鱼虾。

——选自《四明清诗略续稿》卷四

【作者简介】王荣商（1852—1921），字友莱，镇海高塘（今属北仑区）人。光绪十二年进士，由庶常授编修，官至侍读学士。著有《容膝轩文稿》。

【注释】①雁潭：康熙《定海县志》卷六："雁潭：县东南一百一十里。旱暵祷龙，雨泽随应。"今属北仑区春晓街道。

翁洲竹枝词^①（八首选一）

裘鸿勋

高低麦陇展新罗，令节关心谷雨过^②。

行尽斜阳人不见，满山风送采茶歌。

——选自裘鸿勋《二幛诗草》卷三

【作者简介】裘鸿勋（1854—1902），字尔昌，号鲁常，今江北区洪塘街道裘市人。光绪辛卯（1891）贤书，明年成进士。授福建司主事。丙申（1896）冬出为广丰令，卒于官。

【注释】①翁洲：今舟山。　②令节：佳节。

蛟川竹枝词（十二首选一）

倪邦宪

清明节后更喧哗，儿女提筐乐采茶。

携手同行街十字，相夸谷雨细萌芽。

——选自王雷编注《蛟川竹枝词》

【作者简介】倪邦宪(1859—1937)，名相孚，又名襄甫，字曙洲，号渔笠，又号一粟，镇海县蛟河村（今属镇海区）人。幼就读于乡里崇正书院。光绪二十二年（1896）考录府学岁贡，继被推举执掌崇正书院。中日甲午之战后，邦宪目睹清政府腐败无能，投入办新学运动，组织崇正诗社，宣传维新运动。光绪三十三年(1907)邦宪将倪氏学馆改办为启秀女学堂。晚年致力地方公益慈善事业。著有《淡虑斋文存》《淡虑斋诗抄》。

宁海竹枝词（十八首选一）

王梦赉

妇女逢春约采茶，弓鞋踏破岭头霞。
龙团雀舌香无比，试茗人还杂桂花。

——选自应可军编《宁海竹枝词》

【作者简介】王梦赉（1863—1904），谱名迪熙，号子云，别号执中，宁海城东塘心人。以《宁海竹枝词》见知于章太史。著有《乐吾轩集》。

蛟川竹枝词（十六首选一）

梅鼎恩

傍水依山数十家，田园开辟种桑麻。
关心谷雨清明节，整顿筠篮去采茶。

——选自王雷编注《蛟川竹枝词》

【作者简介】梅鼎恩，谱名敏瑜，字榜联，号伯严。光绪二十八年（1902）举人。

翰家岙竹枝词（八首选一）

鲍式奎

此处清泉樵客夸，却怜古井近人家。
女郎汲水宜提瓮，有客来时好煮茶。

——选自应可军编《宁海竹枝词》

【作者简介】鲍式奎，宁海胡陈翰家岙人，光绪间邑庠生。

灵峰雨后

虞清华

但得闲中意，僧房即是家，
披衣春数笋，对月夜斟茶。
坐卧山如画，商量围种花。
凿池新得镜①，胜似读南华。

——选自王荣商编《蛟川耆旧诗补》卷十

【作者简介】虞清华，一名瑞铿，字希曾，号西津，又号补斋，北仑大碶镇邬隘人。同治十三年（1874）诸生。热心乡里教育，与顾锡兰等请于县令，以灵峰寺香金分成充作灵山学堂经费。在灵峰香期期间，驻寺督收，公私出入，一尘不染，乡人称其廉。卒年六十二。著有《补斋诗草》。
【注释】①这句作者自注："池成自去年八月，名为佛镜。"

灵峰赋闲

虞清华

饱饭斋厨外，相逢事事嘉。

祭诗山麓酒，清睡井眉茶。

卧听鸟啼树，坐看僧种花。

野人来念佛，随意问桑麻。

——选自王荣商编《蛟川耆旧诗补》卷十

月宫山风景十咏①·青岭茶歌

黄宝琮

青岭采茶乐趣多，偕行弟妹与哥哥。

欢腾笑语皆天籁，莫唱油腔滑调歌。

——选自《鄞东钱氏宗谱》卷九

【作者简介】黄宝琮，鄞南人。光绪时登仕郎、候选儒学正堂。民国二十年（1931）曾编纂《鄞东月宫山钱氏宗谱》。

【注释】①月宫山：鄞州区塘溪镇东山村旧名。青岭：即青山岭，岭上多茶树。题下有主云："即青山岭也。岭上多茶树，采茶时歌声宛转可听，亦乐事也。"

月宫山风景八咏·青岭茶歌

王彭寿

巍巍青岭绕村庄，时到采茶人正忙。

嫩绿满筐当雨节，玲珑一曲老春光。

新腔远递红岩麓，余韵遥传华峇傍。

唱罢归来斜日里，压肩龙舌有浓香。

——选自《鄞东钱氏宗谱》卷九

【作者简介】王彭寿，鄞县甲村（今属鄞州区）人。光绪三十四年（1908年）初，王彭寿与王廷赓、应家珍等捐资创办鄞县私立甲南学堂。

次黄宝琮君《月宫山风景十咏》韵·青岭茶歌

钱宗棠

岭鸟春声宛转多，碧梧枝上乐鹦歌。
和来曲本妙无限，胜听卢郎七碗歌①。

——选自《鄞东钱氏宗谱》卷九

【作者简介】钱宗棠，鄞州区塘溪镇东山村钱氏族人。
【注释】①卢郎：指唐代诗人卢仝。

春风啜茗时（得时字五言六韵）

陈汉章

顶似醍醐灌，襟初淡荡披。
和风修茗事，小啜正春时。
芳信头香递，余甘舌本知。
香团红杏坞，烟飐绿杨枝。
品漫双旗门，清都两腋滋。
诗人醒待解，闲旷话花期。

——选自陈汉章《缀学堂诗稿》

【作者简介】陈汉章（1864—1938），初名得闻，字伯弢，号伯镂，象山东陈村人。光绪十一年（1885）得副贡，十四年中举人，次年会试不售。曾任京师大学堂、北京大学国学、史学、哲学等系教授，后又被聘为南京中央大学史学系主任、教授，晚年辞归故里。初受业于德清俞樾，继问业定海黄以周，毕生致力于经史之学，学术博洽，著作等身，遍及四部，今多编入《陈汉章全集》。

珠山茶歌

陈汉章

珠山山高似天都[①]，神人书剑疑有无[②]。

风云呵护语录濡，淑气旁薄钟扶舆[③]。

发茁旗枪春之初，撷瀹佳味胜醍醐。

樊子馈我双鹦壶[④]，两腋生风七碗茶。

数年渴病疗相如[⑤]，何须双井求云欤。

会当分植三千株，家家珍藏珠山珠。

——选自陈汉章《缀学堂诗稿》

【注释】①天都：安徽黄山高峰名。　②这句作者自注："俗传山顶有兵书宝剑。"　③旁薄：广大，宏伟。扶舆：犹扶摇。盘旋升腾的样子。　④樊子：樊家祯，系陈汉章妹夫。　⑤相如：司马相如。其人患有消渴疾。

茶（用尤韵五言二韵）

陈汉章

谁是余甘氏[①]，新茶味最幽。

碧云凝玉碗，绿乳满金瓯。

——选自陈汉章《癸酉窗稿》

【注释】①余甘氏：宋朝李郭《纬文琐语》云："世称橄榄为余甘子，亦称茶为余甘子。因易一字，改称茶为余甘氏，免含混故也。"

与杨微斋游姜家岙①，时余又将有处州之没②（四首选一）

冯开

拾叶䰞白石③，领略茶之芬。

濛濛一尺烟，飘作前溪云。

——选自冯开《回风堂诗前录》卷二

【作者简介】冯开（1873—1931），原名鸿墀，字阶青，又字君木，号木公、介青，原慈溪县城（今江北区慈城镇）人。光绪二十三年（1897）由拔贡官丽水县学训导，后以病归，讲学甬上。与陈训正、应启墀、洪允祥并称"慈溪四才子"。晚年讲学上海。著有《回风堂诗文集》。

【注释】①杨微斋：生平待考。姜家岙：在江北区慈城镇北门外。光绪《慈溪县志》卷七云："姜家岙：县北二里，山色森秀，泉水甘冽，游其地，若过山阴道上。"　②处州：今浙江省丽水市的古称。此诗作于光绪庚子年（1900）。　③䰞：应作"鬻"，古同"煮"。旧传神仙、方士烧煮白石为粮。晋葛洪《神仙传·白石先生》："（白石先生）常煮白石为粮，因就白石山居。"

谷雨茶

杨翰芳

曾未团苍璧，纷然作碎金。

乡风呼习惯，谷雨到如今。

清极汤无色，润来诗有音。

老亲藤杖下，几欲放长吟。

——选自《杨霁园诗文集》

【作者简介】杨翰芳（1883—1940），字蕤荫，号霁园、天流，鄞县瞻埼西岙人。二十岁中秀才，名列第一。后隐居家乡，以读书著述、设塾课徒为业。著有《黄林集》《傅港集》《五慎山馆联语》等。

翠微潭烹茶诗[①]

杨翰芳

寒泉出自蛰龙之幽宫，曲走百丈涧气空。

两山夹之石草碧，一秋老矣岸树红。

潦天瀑布旱幽咽，苍烟不合生其中。

何为乎云雾之空蒙，一缕拂拂从长风。

惊牧子，疑樵童。奔宿鸟，暖寒虫。

中间人声殷洪钟。

若有语者曰：两君自远来，云笑山颜开。

敝乡父老共追陪，携手响岩闻晴雷。

道逢幽涧留低回，巨石如掌泉如醅。

石炉烧灼黄叶堆，倏尔而熟各倾一杯，

洗此胸中江南哀。

——选自《杨霁园诗文集》

【注释】①翠微潭：在今海曙区鄞江镇贺家湾之响岩。下选张成《石潭烹茶》咏同一事，两者联读，可推断此诗作于民国三年（1914）。

中泠

杨翰芳

中泠幽雅惠山新，取次安排涤此身。
磨洗向来三寸舌，莫教专美陆茶神。

——选自《四明朱氏支谱内外编》卷二十二

石潭烹茶

张成

甲寅秋月望①，好客自远来。
落木山景幽，客心喜徘徊。
唱言寻幽涧，对此含茶杯。
诸翁气俱豪，新意一齐开。
振衣抱危石，行行亦快哉。
秋草碧时秋水多，涧水非茶可奈何。
因挥馆僮拾枯木②，堆石置壶形婆娑。
贱子有心愿从观，直上观时烹半过。
炉火翻水水欲溢，漫烟涨天天如雪。

诸客招我共酌饮，炊茶无功不敢列。

此事百灵应毕显，光怪蜿蜒来饮食。

君不闻江河南北作战场，愁云惨淡苦日黄。

请君快吸杯中物，从来佳兴不常得。

荡胸响岩千丈水，奠身南山双磐石，

聊以娱我远来客。

——选自张成《天机楼诗》

【作者简介】张成（1896—1942），字君武，号天机，别署苇间道人。初名大鉴，字月亭，号在鉴。鄞州区东钱湖镇人。从杨霁园学，耽诗歌，善吹笛，曾漫游各地十余年，一度客于军幕中。著有《天机楼诗》。

【注释】①甲寅：民国三年（1914）。　　②馆僮：书僮。

游永福禅院①

傅可堂

永福庵初至，顽僧正睡乡。

花岩寻故址，茶市辟荒庄。

明季额何在，谪仙诗未亡②。

沧桑兴废感，岂独一禅房。

——选自傅可堂《少有轩近体诗草》卷中

【作者简介】傅可堂，字家铨，镇海人。著有《少有轩近体诗草》。

【注释】①永福禅院：即永福庵，在今北仑区小瓶壶山下，与灵峰寺下院相邻。清陈景沛《镇海县志备修·寺观》："永福庵：在小瓶壶山下，系华岩故址，名瓶壶庙。明万历四十三年乙卯僧无径重建。天启二年改今额。"

②谪仙：这里指诗人李邨嗣（杲堂）。此联作者自注："李杲堂至庵听经，有诗存县志。"

山居杂诗（六十首选一）

金贤棠

明月不待邀，团团出东岭。

慰我寂寞怀，照此婆娑影。

屋矮人自高，泉喧夜逾静。

凉风微袭襟，秋意我先领。

忽闻长笛声，嘹晓亦清迥。

不知吹者谁，赏之以苦茗。

旷然如出尘，愁散□俄顷。

此景不可图，吟来味弥永。

——选自沈其光《瓶粟斋诗话》四编卷上

【作者简介】金贤棠，字雪塍，一署仿髡，晚号雪叟，镇海人。金士衍之子。工书嗜咏，频年游蜀。诗学东坡，深入其奥。著有《玄芽室稿》。

谚续（选一）

戴斌章

好女弗吃两家茶，从一而终只一家。

虽然别家比我好，宁吃咸齑咬东瓜①。

——选自戴斌章《寒蝉秋鸣草堂诗稿》

【作者简介】戴斌章，字宪文，号雪桴，原镇海郭巨乡（今属北仑区春晓镇）人。光绪三十二年（1906），肄业于宁波师范学堂，为陈屺怀所赏识。曾设教于慈西鸡山小学（今属余姚市），继任教镇海县立新仓小学，后为灵岩思本小学校长。好吟咏，著有《寒蝉秋鸣草堂诗稿》。

【注释】①东瓜：即冬瓜。

慈溪湖上竹枝词（六首选一）

蛰蚕

溪桥转角是侬家，矮矮泥墙向北遮。
忙过清明又谷雨，郎来正好吃芽茶。

【作者简介】蛰蚕，生平待考。从其所作《灵山杂咏》诗"薄有虚名愧不才，教鞭催老发皅皅"等句看，其人曾在今北仑灵山一带教书。

友人惠龙角山茶①，赋此报之

蛰蚕

近来诗思艰窘甚，搜括枯肠索不来。
妙句天成何处是，西山春雨一旗开。

龙角山头采雨前，色香味占武彝先②。
恨无缩地仙家术，汲取南零第一泉③。

故人交淡真如水，赠我云腴不在多。
长日灵山深竹里④，一瓯假尔涤愁魔。

愤时莫荷刘伶锸⑤，破睡应研陆羽经。

我已年来薄嗜欲，偏逢佳茗眼垂青。

——选自《钱业月报》1922年第8期

【注释】①龙角山：在今北仑区太白山一带。民国《镇海县志》卷四十二
《物产》"茶"条记载："泰邱乡新路吞龙角山茶，近人以为最佳，灵峰山次
之，塔峙、城湾又次之，其余各山均有所产，然止销内地。"　②武彝：即
福建武夷山。　　　③南零第一泉：即镇江中泠泉。　　　④灵山：即今北仑大
碶之灵岩山。　　　⑤荷：扛。刘伶锸：《晋书·刘伶传》："刘伶字伯伦，沛
国人也。……常乘鹿车，携一壶酒，使人荷锸而随之，谓曰：'死便埋我。'"

甬江竹枝词（十二首选一）

童苍怀

女工大半出贫家，清早起来去拣茶。
莫笑篷门装饰陋①，鬓边也插白兰花。

——选自《宁波周报》1924年第18期

【作者简介】童苍怀，又名童侃，
别署童隐，字仲慕、仰慕、仰慈，
别号爱楼，又自号石窗山民，鄞县
人。工诗书画，曾任《新华月刊》
名誉编辑，又襄《新闻报》笔政。
著有《血泪碑》《爱楼劝世丛谈》
等，主编《庄谐丛录》等。
【注释】①篷门：当作"蓬门"。

《新华月刊》1920年第1期刊登
该刊名誉编辑童爱楼照片

野行

张汝钊

春日游行好，垂杨夹岸斜。
野塘鸣活水，老树长新芽。
白板新茶店，青帘旧酒家。
村翁关岁事，叉手话桑麻。

——选自张汝钊《绿天簃诗词集》

【作者简介】张汝钊（1900—1969），字曙蕉，江北区庄桥马径村人。从小被乡里誉为"女才子"。26岁毕业于上海国民大学英文文学系。1928年，被聘任为宁波市图书馆首任馆长。1932年辞去宁波市图书馆职务，担任甬江女子中学教师。1950年，从天台宗根慧法师披剃，赐名"本空"。著有《绿天簃诗词集》《海沤集》等。

四门竹枝词百首（选一）

谢翘

豇豆煮茶节序新，一家团聚倍思亲。
春风原上飞钱纸，几个坟前拜岁人。

——选自《泗门古今》

【作者简介】谢翘（1891—1965），字琏昌，自号翼唐，余姚泗门人。17岁去汉口，受业于慈溪人魏拜云，工书法。早年加入姚江同声诗社，后与管雪斋、汪珠浦等在武汉结为"扶雅社"，中华人民共和国成立后加入上海乐天诗社。著有《景眺轩诗钞》《四门竹枝词百首》等。

茶赞

王玄冰

早年饮茶茶趣无，形似干菜旗枪粗。

瀹以老汤味涩枯，渴作牛饮真伧夫①。

年来嗜茶与前殊，饮之成癖居处俱。

以茶代烟日常需，一勺消渴唇吻濡。

半盏破睡神魂苏，品质提高实累吾。

已非龙井不欢娱，月费茶资超于书。

茶乎茶乎兴不孤，誓以七碗消居诸②。

——选自王玄冰《睫巢集》

【作者简介】王玄冰（1902—1979），鄞州横溪人。毕业于上海大同大学。早年任宁波《四明日报》编辑，抗战时期任鄞县私立正始中学教员，后任教于宁波商校和财政学校。著有《秋坨诗剩》《睫巢集》。

【注释】①伧夫：贫贱的粗汉。　　②居诸：《诗·邶风·柏舟》："日居月诸，胡迭而微。"孔颖达疏："居、诸者，语助也。"后用以借指日月、光阴。

连日畏寒，在公园茶厅曝日啜茗，细读山谷诗①

王玄冰

曝日公园里，茶厅啜早茶。

严冰封沼艇，冻雀啄橹花。

滚磉群儿戏②，斗棋游客哗。

低吟山谷句，傍午始还家。

——选自王玄冰《睫巢集》

【注释】①山谷：北宋诗人黄庭坚之号。　②碡：即碌碡，用于碾压的圆柱形畜力农具。

写兴（二首选一）

王玄冰

为怯春寒睡起迟，容颜腴瘠镜先知。

茶旗赛雪和糖瀹，薯粉搓圆杂饭炊。

事少关心除饮食，人仍好事寄诗词。

邻园早有梅花放，香过墙头侑一卮①。

——选自王玄冰《睫巢集》

【注释】①侑：在筵席旁助兴，劝人吃喝。卮：古代盛酒的器皿。

湖楼遣兴（选一）

王玄冰

东牖迎朝旭，西窗纳晚霞。

暖苔香入井，新笋怒钻笆。

紫砚乌丝字①，银瓯细乳茶②。

只愁诗思涩，孤负满庭花。

——选自王玄冰《秋黛庵诗录》卷五

【注释】①紫砚：名贵的端砚。乌丝：即乌丝栏。指上下以乌丝织成栏，其间用朱墨界行的绢素。后亦指有墨线格子的笺纸。　②细乳：茶中的精品。宋陆游《临安春雨初霁》诗："矮纸斜行间作草，晴窗细乳戏分茶。"

山头华村①

干人俊

泥罐沙锅满地堆，年年挑出换粮回。

莫言景德名瓷好，煨粥烹茶胜舶来②。

——选自干人俊《缑北百咏》

【作者简介】干人俊（1901—1982），字庭芝，号梅园，宁海凤潭乡下河村（今属默林镇）人。1920年毕业于杭州宗文中学，历任宁海县教育会会长、国民党宁海县党部青年部长。1932年毕业于上海复旦大学，后任广东虎门太平水陆花捐局长、杭州《之江日报》，继任宁海、天台、黄岩、杭州、宁波等地中学教员、教导主任、校长等职，兼任宁海修志馆编修、浙江通志馆特约采访。新中国成立初执教宁波四中，退职后定居宁波。著有《兔溪诗草》等。

【注释】①山头华村：今为宁海跃龙街道华山村。作者自注："县北五里，为沙锅泥罐产地。"　②作者自注："煮茶、粥比洋罐、洋铁锅味佳。"

主要征引书目

宁波茶通典·茶诗典

一、历代别集

唐·释皎然：《杼山集》，影印文渊阁《四库全书》本。

唐·郑谷：《云台编》，影印文渊阁《四库全书》本。

唐·皮日休、陆龟蒙：《松陵集》，影印文渊阁《四库全书》本。

唐·徐夤：《徐正字诗赋》，影印文渊阁《四库全书》本。

宋·释遵式：《金园集》，《卍新纂续藏经》本。

宋·释重显：《祖英集》，影印文渊阁《四库全书》本。

宋·晁说之：《景迂生集》，影印文渊阁《四库全书》本。

宋·史浩：《鄮峰真隐漫录》，影印文渊阁《四库全书》本。

宋·楼钥：《攻愧集》，《丛书集成初编》本；文渊阁《四库全书》本。

宋·刘应时：《颐庵居士集》，《四明丛书》本。

宋·陈造：《江湖长翁集》，影印文渊阁《四库全书》本。

宋·高翥：《菊礀集》，影印文渊阁《四库全书》本。

宋·高似孙：《疏寮小集》，影印文渊阁《四库全书》本。

宋·郑清之：《安晚堂诗集》，《四明丛书》本。

宋·袁燮：《絜斋集》，影印文渊阁《四库全书》本。

宋·史弥宁：《友林乙稿》，影印文渊阁《四库全书》本。

宋·孙应时：《烛湖集》，影印文渊阁《四库全书》本。

宋·陈著：《本堂集》，文渊阁《四库全书》本。

宋·舒岳祥：《阆风集》，影印文渊阁《四库全书》本。

许红霞辑著：《珍本宋集五种》，北京大学出版社，2013年版。

元·戴表元撰，李军、辛梦霞校点：《戴表元集》，吉林文史出版社，2008年版。

元·袁桷：《清容居士集》，影印文渊阁《四库全书》本。

元·任士林：《松乡集》，明万历刻本、文渊阁《四库全书》本。

元·廼贤：《金台集》，影印文渊阁《四库全书》本。

元·张可久撰，吕薇芬、杨濂校注：《张可久集校注》，浙江出版社，1995年版。

元·释梵琦：《和三圣诗》，元刻本。

元·释梵琦：《西斋净土诗》，清末金陵刻经处刻本。

元·成廷珪：《居竹轩诗集》，影印文渊阁《四库全书》本。

元·刘仁本：《羽庭集》，影印文渊阁《四库全书》本。

元·袁士元：《书林外集》，《四库全书存目丛书》本。

明·宋禧：《庸庵集》，影印文渊阁《四库全书》本。

明·乌斯道：《春草斋诗集》，《四明丛书》本。

明·郑真：《荥阳外史集》，影印文渊阁《四库全书》本。

明·袁珙：《柳庄先生诗集》，《原国立北平图书馆甲库善本丛书》本。

明·方孝孺：《逊志斋集》，文渊阁《四库全书》本；徐光大校点本，宁波出版社，1996年版。

明·李堂：《堇山文集》，《四库全书存目丛书》本。

明·张琦：《白斋诗集》，《四明丛书》本。

明·黄润玉：《南山黄先生家传集》，《明别集丛刊》本。

明·倪宗正：《倪小野先生全集》，《四库全书存目丛书》本。

明·谢迁：《归田集》，影印文渊阁《四库全书》本。

明·杨守陈：《杨文懿文集》，《四明丛书》本。

明·范钦：《天一阁集》，《续修四库全书》本。

明·丰坊：《万卷楼遗集》，《北京图书馆古籍珍本丛刊》本。

明·杨文俪：《孙夫人集》，王孙荣点校本，上林书社2012年。

明·张时彻：《芝园定集》，《四库全书存目丛书》本。

明·沈明臣：《丰对楼诗选》，《四库全书存目丛书》本。

明·屠隆：《由拳集》《白榆集》，《四库全书存目丛书》本；《栖真馆集》，《续修四库全书》本。

明·吕时：《甬东山人稿》，《四库全书存目丛书》本。

明·孙堪：《孙孝子文集》，《慈溪市慈孝文献丛刊》本。

明·张钦：《碧溪诗集》，《原国立北平图书馆甲库善本丛书》本。

明·闻龙：《行药吟》，中国国家图书馆藏本。

明·李生寅：《李山人诗》，《四库全书存目丛书》本。

明·丰越人：《丰正元先生诗》，《四库全书存目丛书》本。

明·万达甫：《皆非集》，《四库全书存目丛书》本。

明·杨承鲲：《西清阁诗草》，《原国立北平图书馆甲库善本丛书》本。

明·沈一贯：《喙鸣诗集》，《四库全书存目丛书》本。

明·王嗣奭：《密娱斋诗集》，中国国家图书馆藏本。

明·戴澳：《杜曲集》，《四库未收书辑刊》本。

明·冯嘉言：《十菊山人雪心草》，《美国哈佛大学哈佛燕京图书馆藏中文善本汇刊》本。

明·张鸣喈：《山舍偶存》，浙江图书馆藏本。

明·万泰：《续骚堂集》，《四明丛书》本。

明·冯元仲：《天益山堂遗集》，乾隆八年刻本。

清·陆宝：《霜镜集》，《四库禁毁书丛刊》本；《悟香集》，《清代诗文集汇编》本。

清·谢泰宗：《天愚先生诗钞》《天愚山人诗集》《天愚先生文钞》，《清代诗文集汇编》本。

清·周志嘉：《西村草堂集》，中国国家图书馆藏本。

清·黄宗羲撰，沈善洪、吴光等编：《黄宗羲全集》，浙江古籍出版社，2005年版。

清·黄宗会：《缩斋诗文集》，印晓峰点校本，华东师范大学出版社，2009年版。

清·李邺嗣：《杲堂诗钞》《杲堂诗续钞》，《四明丛书》本。

清·周容：《春酒堂文存》《春酒堂诗存》，《四明丛书》本。

清·宗谊：《愚囊汇稿》，《四明丛书》本。

清·万斯备：《深省堂诗集》，《四明丛书》本。

清·万斯同：《石园文集》，《四明丛书》本。

清·范光阳：《双云堂诗稿》，《四库全书存目丛书》本。

清·陈锡嘏：《兼山堂集》，《四库全书存目丛书》本。

清·释等安：《偶存轩稿》，《四库未收书辑刊》本。

清·毛彰：《闇斋和杜诗》，康熙刻本。

清·周斯盛：《证山堂诗集》，《四库全书存目丛书》本。

清·郑梁：《寒村诗文选》，《四库全书存目丛书》本。

清·屠粹忠：《栩栩园诗》，《四库未收书辑刊》本。

清·李暾：《松梧阁诗集》，《四库未收书辑刊》本。

清·邵瑸：《情田词》，《四库全书存目丛书》本。

清·钱沃臣：《乐妙山居集·蓬岛樵歌》《乐妙山居集·蓬岛樵歌续编》，嘉庆刻本；《蓬岛樵歌》，林志龙点注，中华书局，2011年版。

清·范从彻：《采菊山人诗集》，天一阁藏本。

清·范震薇：《巢云轩诗草》，中国国家图书馆藏本。

清·郑性：《南溪偶刊》，《四库未收书辑刊》本。

清·郑竺：《野云居诗稿》，嘉庆五年刻本。

清·顾枫：《伴梅草堂诗存》，宁波天一阁藏本。

清·全祖望撰，朱铸禹汇纂：《全祖望集汇校集注》，上海古籍出版社，2000年版。

清·陈铭海：《句余土音补注》，《嘉业堂丛书》本。

清·倪象占：《铁如意诗稿》《九山类稿》，宁波天一阁藏本。

清·黄璋：《大俞山房诗稿》，《清代诗文集汇编》本。

清·邵晋涵：《南江诗钞》，《续修四库全书》本。

清·叶燕：《白湖诗稿》，《清代诗文集汇编》本。

清·叶炜：《鹤麓山房诗集》，嘉庆二十五年刻本。

清·郑勋：《二砚窝诗稿偶存》，宁波天一阁藏稿本。

清·周世绪：《瘦华庵诗稿》，中国国家图书馆藏本。

清·岑振祖：《延绿斋诗存》，《清代诗文集汇编》本。

清·冯登府：《拜竹诗龛诗存》，《清代诗文集汇编》本。

清·释汉兆：《竹窗剩稿》《妙香诗草》，《宁海丛书》本。

清·秦士豪：《凝神草堂诗存》，《清代诗文集珍本丛刊》本。

清·孙事伦：《竹湾遗稿》，宁波市图书馆藏本。

清·姚燮：《复庄诗问》，上海古籍出版社1988年版；《疏影楼词》，
浙江古籍出版社1986年版。

清·徐时栋：《烟屿楼诗集》，《续修四库全书》本。

清·徐甲荣：《城北草堂诗稿》，光绪二十四年刻本。

清·陈仅：《继雅堂诗集》，《清代诗文集汇编》本。

清·柯振岳：《兰雪集》，《清代诗文集汇编》本。

清·王宗燿：《愿学堂诗钞》，《清代诗文集汇编》本。

清·章鋆：《望云馆文诗稿》，清光绪十四年刻本。

清·陈福熙：《借树山房排律诗抄附刻》，道光十九年刻本。

清·陈得善：《石坛山房诗集》，《清代诗文集汇编》本。

清·李圣就：《菁江诗钞》，光绪三十四年东三省日报馆铅印本。

清·王信：《万卷楼诗遗稿》，甬上蜗寄庐藏本。

清·卢以瑛：《访梅吟舍残稿》，宁波市图书馆藏本。

清·裘鸿勋：《二幛诗草》，甬上蜗寄庐藏本。

清·王治本：《栖栖行馆吟草》，宁波天一阁藏稿本。

清·陆廷黻：《镇亭山房诗集》，《清代诗文集汇编》本。

清·梅调鼎：《注韩室诗存》，民国二十二年铅印本。

清·释敬安：《八指头陀诗文集》，2000年天童寺内部印本。

清·王慕兰：《岁寒堂诗集》，民国十五年铅印本。

［日］栎窗林编辑：《高城唱玉集》，明治二十年版。

张成：《天机楼诗》，民国排印本。

戴斌章：《寒蝉秋鸣草堂诗稿》，镇海区档案馆藏稿本（残破）。

杨翰芳：《杨霁园诗文集》，宁波出版社，2010年版。

王玄冰：《睫巢集》《秋黛庵诗录》，宁波图书馆藏影印本。

二、选集和总集

清·曹寅、彭定求等：《全唐诗》，中华书局2008年版。

宋·陈起：《江湖小集》，影印文渊阁《四库全书》本。

宋·陈起编：《江湖后集》，影印文渊阁《四库全书》本。

唐圭璋：《全宋词》，中华书局，2005年版。

傅旋琮等：《全宋诗》，北京大学出版社，1998年出齐。

清·胡文学：《甬上耆旧诗》，影印文渊阁《四库全书》本。

清·全祖望：《续甬上耆旧诗》，方祖猷、魏得良等点校本，杭州出版社，2003年版。

清·黄宗羲：《姚江逸诗》，《续修四库全书》本。

清·倪继宗：《续姚江逸诗》，《续修四库全书》本。

清·张本均辑：《蛟川耆旧诗》，咸丰七年刻本。

清·郑辰编：《慈溪郑氏诗辑残稿》，中国国家图书馆藏本。

清·董沛：《四明清诗略》，忻江明《四明清诗续略》，中华书局，1930年版。

清·范寿金辑：《蛟川诗系续编》，民国三年铅印本。

清·舒顺方、董琦辑：《剡川诗钞》，1915年宁波钧和公司铅印本。

谢宝书：《姚江诗录》，民国二十年中华书局仿宋体印永思居校本。

孙锵、江迥编：《剡川诗抄续编》，1916年宁波钧和公司铅印本。

程千帆主编：《全清词》（顺康卷），中华书局，2002年版。

张宏生主编：《全清词》（顺康卷补编），南京大学出版社，2008年版。

杨镰主编：《全元诗》，中华书局，2013年版。

三、方志和谱牒

宋·张津等：《乾道四明图经》，《宋元方志丛刊》本，中华书局，1990年版。

宋·罗浚等：《宝庆四明志》，《宋元方志丛刊》本，中华书局，1990年版。

宋·张淏：《嘉泰会稽续志》，影印文渊阁《四库全书》本。

元·袁桷：《延祐四明志》，《宋元方志丛刊》本，中华书局，1990年版。

清·董沛等：同治《鄞县志》，光绪三年刊本。

清·光绪《余姚县志》，《中国地方志集成》本。

清·光绪《慈溪县志》，《中国地方志集成》本。

清·光绪《宁海县志》，《中国地方志集成》本。

清·光绪《奉化县志》，《中国地方志集成》本。

洪锡范、盛鸿焘修：《民国镇海县志》，民国二十年排印本。

陈训正、马涯民等：《鄞县通志》，宁波出版社，2006年版。

陈汉章总纂：《民国象山县志》，方志出版社，2004年版。

清·臧麟炳、杜璋吉：《桃源乡志》，龚烈沸点校本，档案出版社，2006年版。

清·释宗尚编：《芦山寺志》，《中国佛寺志丛刊》本。

清·释实振编：《禅悦寺志》，《中国佛寺志丛刊》本。

清·赵霈涛：《剡源乡志》，《中国地方志集成·乡镇志专辑》本。

杨积芳：《余姚六仓志》，杭州大学出版社，2004年版。

清·徐兆康、施泽霖等纂修：《四明桂林徐氏宗谱》，光绪三十三年木活字本。

清·林维桎、林克瀚纂修：《北郭林氏宗谱》，宣统元年崇礼堂木活字本。

清·张汝衡等：《清泉张氏宗谱》，宣统元年刻本。

戴廷佑编纂：《鄞城施氏家乘》，宁波市档案馆藏1935年培远堂木活字本。

黄庆曾等：《竹桥黄氏宗谱》，民国十五年惇伦堂本。

朱骧辑：《四明朱氏支谱》，民国二十五年（1936）慎德堂木活字本。

汪培经纂：《鄞西高桥章氏宗谱》，民国二十三年（1934）有谷堂木刻活字印本。

杨存淇等：《镜川杨氏宗谱》，民国三十二年印本。

四、其他

宋·《虚堂和尚语录》，《禅宗语录辑要》本。

明·屠本畯《山林经济籍》，《北京图书馆古籍珍本丛刊》本，书目文献出版社，2000年版。

清·倪象占：《蓬山清话》，王德威等标点，中华书局，2011年版。

清·郑辰：《句章土物志》，宁波天一阁藏本。

沈其光：《瓶粟斋诗话》，民国刻本。

王清毅主编：《慈溪海堤集》，方志出版社，2004年第1版。

《泗门古今》，《余姚文史资料》第9辑。

附录

宁波茶通典

宁波茶文化促进会大事记（2003—2021年）

2003年

▲2003年8月20日，宁波茶文化促进会成立。参加大会的有宁波茶文化促进会50名团体会员和122名个人会员。

浙江省政协副主席张蔚文，宁波市政协主席王卓辉，宁波市政协原主席叶承垣，宁波市委副书记徐福宁、郭正伟，广州茶文化促进会会长邬梦兆，全国政协委员、中国美术学院原院长肖峰，宁波市人大常委会副主任徐杏先，中国国际茶文化研究会常务副会长宋少祥、副会长沈者寿、顾问杨招棣、办公室主任姚国坤等领导参加了本次大会。

宁波市人大常委会副主任徐杏先当选为首任会长。宁波市政府副秘书长虞云秧、叶胜强，宁波市林业局局长殷志浩，宁波市财政局局长宋越舜，宁波市委宣传部副部长王桂娣，宁波市城投公司董事长白小易，北京恒帝隆房地产公司董事长徐慧敏当选为副会长，殷志浩兼秘书长。大会聘请：张蔚文、叶承垣、陈继武、陈炳水为名誉会长；中国工程院院士陈宗懋，著名学者余秋雨，中国美术学院原院长肖峰，著名篆刻艺术家韩天衡，浙江大学茶学系教授童启庆，宁波市政协原主席徐季子为本会顾问。宁波茶文化促进会挂靠宁波市林业局，办公场所设在宁波市江北区槐树路77号。

▲2003年11月22—24日，本会组团参加第三届广州茶博会。本会会长徐杏先，副会长虞云秧、殷志浩等参加。

▲2003年12月26日，浙江省茶文化研究会在杭召开成立大会。

本会会长徐杏先当选为副会长，本会副会长兼秘书长殷志浩当选为常务理事。

2004年

▲2004年2月20日，本会会刊《茶韵》正式出版，印量3 000册。

▲2004年3月10日，本会成立宁波茶文化书画院，陈启元当选为院长，贺圣思、叶文夫、沈一鸣当选为副院长，蔡毅任秘书长。聘请（按姓氏笔画排序）：叶承垣、陈继武、陈振濂、徐杏先、徐季子、韩天衡为书画院名誉院长；聘请（按姓氏笔画排序）：王利华、王康乐、刘文选、何业琦、陆一飞、沈元发、沈元魁、陈承豹、周节之、周律之、高式熊、曹厚德为书画院顾问。

▲2004年4月29日，首届中国·宁波国际茶文化节暨农业博览会在宁波国际会展中心隆重开幕。全国政协副主席周铁农，全国政协文史委副主任、中国国际茶文化研究会会长刘枫，浙江省政协原主席、中国国际茶文化研究会名誉会长王家扬，中国工程院院士陈宗懋，浙江省人大常委会副主任李志雄，浙江省政协副主席张蔚文，浙江省副省长、宁波市市长金德水，宁波市委副书记葛慧君，宁波市人大常委会主任陈勇，本会会长徐杏先，国家、省、市有关领导，友好城市代表以及美国、日本等国的400多位客商参加开幕式。金德水致欢迎辞，刘枫致辞，全国政协副主席周铁农宣布开幕。

▲2004年4月30日，宁波茶文化学术研讨会在开元大酒店举行。中国国际茶文化研究会会长刘枫出席并讲话，宁波市委副书记陈群、宁波市政协原主席徐季子，本会会长徐杏先等领导出席研讨会。陈群副书记致辞，徐杏先会长讲话。

▲2004年7月1—2日，本会邀请姚国坤教授来甬指导编写《宁波茶文化历史与现状》一书。参加座谈会人员有：本会会长徐杏先，顾问徐季子，副会长王桂娣、殷志浩，常务理事张义彬、董贻安，理事

王小剑、杨劲等。

▲2004年8月18日，本会在联谊宾馆召开座谈会议。会议由本会会长徐杏先主持，征求《四明茶韵》一书写作提纲和筹建茶博园方案的意见。出席会议人员有：本会名誉会长叶承垣、顾问徐季子、副会长虞云秧、副会长兼秘书长殷志浩等。特邀中国国际茶文化研究会姚国坤教授到会。

▲2004年11月18—19日，浙江省茶文化考察团在甬考察。刘枫会长率省茶文化考察团成员20余人，深入四明山的余姚市梁弄、大岚及东钱湖的福泉山茶场，实地考察茶叶生产基地、茶叶加工企业和茶文化资源。本会会长徐杏先、副会长兼秘书长殷志浩等领导全程陪同。

▲2004年11月20日，宁波茶文化促进会茶叶流通专业委员会成立大会在新兴饭店举行，选举本会副会长周信浩为会长，本会常务理事朱华峰、李猛进、林伟平为副会长。

2005年

▲2005年1月6—25日，85岁著名篆刻家高式熊先生应本会邀请，历时20天，创作完成《茶经》印章45方，边款文字2 000余字。成为印坛巨制，为历史之最，也是宁波文化史上之鸿篇。

▲2005年2月1日，本会与宁波中德展览服务有限公司签订"宁波茶文化博物院委托管理经营协议书"。宁波茶文化博物院隶属于宁波茶文化促进会。本会副会长兼秘书长殷志浩任宁波茶文化博物院院长，徐晓东任执行副院长。

▲2005年3月18—24日，本会邀请宁波著名画家叶文夫、何业琦、陈亚非、王利华、盛元龙、王大平制作"四明茶韵"长卷，画芯总长23米，高0.54米，将7 000年茶史集于一卷。

▲2005年4月15日，由宁波市人民政府组织编写，本会具体承办，陈炳水副市长任编辑委员会主任的《四明茶韵》一书正式出版。

▲2005年4月16日，由中国茶叶流通协会、中国国际茶文化研究会、中国茶叶学会共同主办，由本会承办的中国名优绿茶评比在宁波揭晓。送达茶样100多个，经专家评审，评选出"中绿杯"金奖26个、银奖28个。

本会与中国茶叶流通协会签订长期合作举办中国宁波茶文化节的协议，并签订"中绿杯"全国名优绿茶评比自2006年起每隔一年在宁波举行。本会注册了"中绿杯"名优绿茶系列商标。

▲2005年4月17日，第二届中国·宁波国际茶文化节在宁波市亚细亚商场开幕。参加开幕式的领导有：全国政协副主席白立忱，全国政协原副主席杨汝岱，全国政协文史委副主任、中国国际茶文化研究会会长刘枫，浙江省副省长茅临生，浙江省政协副主席张蔚文，浙江省政协原副主席陈文韶，中国国际林业合作集团董事长张德樟，中国工程院院士陈宗懋，中国国际茶文化研究会名誉会长王家扬，中国茶叶学会理事长杨亚军，以及宁波市领导毛光烈、陈勇、王卓辉、郭正伟，本会会长徐杏先等。参加本届茶文化节还有浙江省、宁波市的有关领导，以及老领导葛洪升、王其超、杨彬、孙家贤、陈法文、吴仁源、耿典华等。浙江省副省长茅临生、宁波市市长毛光烈为开幕式致辞。

▲2005年4月17日下午，宁波茶文化博物院开院暨《四明茶韵》《茶经印谱》首发式在月湖举行，参加开院仪式的领导有：全国政协副主席白立忱，全国政协原副主席杨汝岱，全国政协文史委副主任、中国国际茶文化研究会会长刘枫，浙江省副省长茅临生，浙江省政协副主席张蔚文，浙江省政协原副主席陈文韶，中国国际林业合作集团董事长张德樟，中国工程院院士陈宗懋，中国国际茶文化研究会名誉会长王家扬，中国茶叶学会理事长杨亚军，以及宁波市领导毛光烈、陈勇、王卓辉、郭正伟，本会会长徐杏先等。白立忱、杨汝岱、刘枫、王家扬等还为宁波茶文化博物院剪彩，并向市民代表赠送了《四明茶韵》和《茶经印谱》。

▲2005年9月23日，中国国际茶文化研究会浙东茶文化研究中心成立。授牌仪式在宁波新芝宾馆隆重举行，本会及茶界近200人出席，中国国际茶文化研究会副会长沈才土、姚国坤教授向浙东茶文化研究中心主任徐杏先和副主任胡剑辉授牌。授牌仪式后，由姚国坤、张莉颖两位茶文化专家作《茶与养生》专题讲座。

2006年

▲2006年4月24日，第三届中国·宁波国际茶文化节开幕。出席开幕式的有全国政协副主席郝建秀，浙江省政协副主席张蔚文，宁波市委书记巴音朝鲁，宁波市委副书记、市长毛光烈，宁波市委原书记叶承垣，市政协原主席徐季子，本会会长徐杏先等领导。

▲2006年4月24日，第三届"中绿杯"全国名优绿茶评比揭晓。本次评比，共收到来自全国各地绿茶产区的样品207个，最后评出金奖38个，银奖38个，优秀奖59个。

▲2006年4月24日，由本会会同宁波市教育局着手编写《中华茶文化少儿读本》教科书正式出版。宁波市教育局和本会选定宁波7所小学为宁波市首批少儿茶艺教育实验学校，进行授牌并举行赠书仪式，参加赠书仪式的有徐季子、高式熊、陈大申和本会会长徐杏先、副会长兼秘书长殷志浩等领导。

▲2006年4月24日下午，宁波"海上茶路"国际论坛在凯洲大酒店举行。中国国际茶文化研究会顾问杨招棣、副会长宋少祥，宁波市委副书记郭正伟，宁波市人民政府副市长陈炳水，本会会长徐杏先等领导及北京大学教授滕军、日本茶道学会会长仓泽行洋等国内外文史界和茶学界的著名学者、专家、企业家参会，就宁波"海上茶路"启航地的历史地位进行了论述，并达成共识，发表宣言，确认宁波为中国"海上茶路"启航地。

▲2006年4月25日，本会首次举办宁波茶艺大赛。参赛人数有

150余人，经中国国际茶文化研究副秘书长姚国坤、张莉颖等6位专家评选，评选出"茶美人""茶博士"。本会会长徐杏先、副会长兼秘书长殷志浩到会指导并颁奖。

2007年

▲2007年3月中旬，本会组织茶文化专家、考古专家和部分研究员审定了大岚姚江源头和茶山茶文化遗址的碑文。

▲2007年3月底，《宁波当代茶诗选》由人民日报出版社出版，宁波市委宣传部副部长、本会副会长王桂娣主编，中国国际茶文化研究会会长刘枫、宁波市政协原主席徐季子分别为该书作序。

▲2007年4月16日，本会会同宁波市林业局组织评选八大名茶。经过9名全国著名的茶叶评审专家评审，评出宁波八大名茶：望海茶、印雪白茶、奉化曲毫、三山玉叶、瀑布仙茗、望府茶、四明龙尖、天池翠。

▲2007年4月17日，宁波八大名茶颁奖仪式暨全国"春天送你一首诗"朗诵会在中山广场举行。宁波市委原书记叶承垣、市政协主席王卓辉、市人民政府副市长陈炳水，本会会长徐杏先，副会长柴利能、王桂娣，副会长兼秘书长殷志浩等领导出席，副市长陈炳水讲话。

▲2007年4月22日，宁波市人民政府落款大岚茶事碑揭碑。宁波市副市长陈炳水、本会会长徐杏先为茶事碑揭碑，参加揭碑仪式的领导还有宁波市政府副秘书长柴利能、本会副会长兼秘书长殷志浩等。

▲2007年9月，《宁波八大名茶》一书由人民日报出版社出版。由宁波市林业局局长、本会副会长胡剑辉任主编。

▲2007年10月，《宁波茶文化珍藏邮册》问世，本书以记叙当地八大名茶为主体，并配有宁波茶文化书画院书法家、画家、摄影家创作的作品。

▲2007年12月18日，余姚茶文化促进会成立。本会会长徐杏先，

本会副会长、宁波市人民政府副秘书长柴利能，本会副会长兼秘书长殷志浩到会祝贺。

▲2007年12月22日，宁波茶文化促进会二届一次会员大会在宁波饭店举行。中国国际茶文化研究会副会长宋少祥、宁波市人大常委会副主任郑杰民、宁波市副市长陈炳水等领导到会祝贺。第一届茶促会会长徐杏先继续当选为会长。

2008年

▲2008年4月24日，第四届中国·宁波国际茶文化节暨第三届浙江绿茶博览会开幕。参加开幕式的有全国政协文史委原副主任、浙江省政协原主席、中国国际茶文化研究会会长刘枫，浙江省人大常委会副主任程渭山，浙江省人民政府副省长茅临生，浙江省政协原副主席、本会名誉会长张蔚文，本市有王卓辉、叶承垣、郭正伟、陈炳水、徐杏先等领导参加。

▲2008年4月24日，由本会承办的第四届"中绿杯"全国名优绿茶评比在甬举行。全国各地送达参赛茶样314个，经9名专家认真细致、公平公正的评审，评选出金奖70个，银奖71个，优质奖51个。

▲2008年4月25日，宁波东亚茶文化研究中心在甬成立，并举行东亚茶文化研究中心授牌仪式，浙江省领导张蔚文、杨招棣和宁波市领导陈炳水、宋伟、徐杏先、王桂娣、胡剑辉、殷志浩等参加。张蔚文向东亚茶文化研究中心主任徐杏先授牌。研究中心聘请国内外著名茶文化专家、学者姚国坤教授等为东亚茶文化研究中心研究员，日本茶道协会会长仓泽行洋博士等为东亚茶文化研究中心荣誉研究员。

▲2008年4月，宁波市人民政府在宁海县建立茶山茶事碑。宁波市政府副市长、本会名誉会长陈炳水，会长徐杏先和宁波市林业局局长胡剑辉，本会副会长兼秘书长殷志浩等领导参加了宁海茶山茶事碑落成仪式。

2009年

▲2009年3月14日—4月10日，由本会和宁波市教育局联合主办，组织培训少儿茶艺实验学校教师，由宁波市劳动和社会保障局劳动技能培训中心组织实施。参加培训的31名教师，认真学习《国家职业资格培训》教材，经理论和实践考试，获得国家五级茶艺师职称证书。

▲2009年5月20日，瀑布仙茗古茶树碑亭建立。碑亭建立在四明山瀑布泉岭古茶树保护区，由宁波市人民政府落款，并举行了隆重的建碑落成仪式，宁波市人民政府副市长、本会名誉会长陈炳水，本会会长徐杏先为茶树碑揭碑，本会副会长周信浩主持揭碑仪式。

▲2009年5月21日，本会举办宁波东亚茶文化海上茶路研讨会，参加会议的领导有宁波市副市长陈炳水，本会会长徐杏先，副会长柴利能、殷志浩等。日本、韩国、马来西亚以及港澳地区的茶界人士及内地著名茶文化专家100余人参加会议。

▲2009年5月21日，海上茶路纪事碑落成。本会会同宁波市城建、海曙区政府，在三江口古码头遗址时代广场落成海上茶路纪事碑，并举行隆重的揭碑仪式。中国国际茶文化研究会顾问杨招棣，宁波市政协原主席、本会名誉会长叶承垣，宁波市人民政府副市长、本会名誉会长陈炳水，本会会长徐杏先，宁波市政协副主席、本会顾问常敏毅等领导及各界代表人士和外国友人到场，祝贺宁波海上茶路纪事碑落成。

2010年

▲2010年1月8日，由中国国际茶文化研究会、中国茶叶学会、宁波茶文化促进会和余姚市人民政府主办，余姚茶文化促进会承办的中国茶文化之乡授牌仪式暨瀑布仙茗·河姆渡论坛在余姚召开。本会

会长徐杏先、副会长周信浩、副会长兼秘书长殷志浩等领导出席会议。

▲2010年4月20日，本会组编的《千字文印谱》正式出版。该印谱汇集了当代印坛大家韩天衡、李刚田、高式熊等为代表的61位著名篆刻家篆刻101方作品，填补印坛空白，并将成为留给后人的一份珍贵的艺术遗产。

▲2010年4月24日，本会组编的《宁波茶文化书画院成立六周年画师作品集》出版。

▲2010年4月24日，由中国茶叶流通协会、中国国际茶文化研究会、中国茶叶学会三家全国性行业团体和浙江省农业厅、宁波市人民政府共同主办的"第五届·中国宁波国际茶文化节暨第五届世界禅茶文化交流会"在宁波拉开帷幕。出席开幕式的领导有全国政协原副主席胡启立，浙江省人大常委会副主任程渭山，中国国际茶文化研究会常务副会长徐鸿道，中国茶叶流通协会常务副会长王庆，浙江省农业厅副厅长朱志泉，中国茶叶学会副会长江用文，中国国际茶文化研究会副会长沈才土，宁波市委书记巴音朝鲁，宁波市长毛光烈，宁波市政协主席王卓辉，本会会长徐杏先等。会议由宁波市副市长、本会名誉会长陈炳水主持。

▲2010年4月24日，第五届"中绿杯"评比在宁波举行。这是我国绿茶领域内最高级别和权威的评比活动。来自浙江、湖北、河南、安徽、贵州、四川、广西、云南、福建及北京等十余个省（市）271个参赛茶样，经农业部有关部门资深专家评审，评选出金奖50个，银奖50个，优秀奖60个。

▲2010年4月24日下午，第五届世界禅茶文化交流会暨"明州茶论·禅茶东传宁波缘"研讨会在东港喜来登大酒店召开。中国国际茶文化研究会常务副会长徐鸿道、副会长沈才土、秘书长詹泰安、高级顾问杨招棣，宁波市副市长陈炳水，本会会长徐杏先，宁波市政府副秘书长陈少春，本会副会长王桂娣、殷志浩等领导，及浙江省各地（市）茶文化研究会会长兼秘书长，国内外专家学者200多人参加会议。

会后在七塔寺建立了世界禅茶文化会纪念碑。

▲2010年4月24日晚，在七塔寺举行海上"禅茶乐"晚会，海上"禅茶乐"晚会邀请中国台湾佛光大学林谷芳教授参与策划，由本会副会长、七塔寺可祥大和尚主持。著名篆刻艺术家高式熊先生，本会会长徐杏先，宁波市政府副秘书长、本会副会长陈少春，副会长兼秘书长殷志浩等参加。

▲2010年4月24日晚，周大风所作的《宁波茶歌》亮相第五届宁波国际茶文化节招待晚会。

▲2010年4月26日，宁波市第三届茶艺大赛在宁波电视台揭晓。大赛于25日在宁波国际会展中心拉开帷幕，26日晚上在宁波电视台演播大厅进行决赛及颁奖典礼，参加颁奖典礼的领导有：宁波市委副书记陈新，宁波市副市长陈炳水，本会会长徐杏先，宁波市副秘书长陈少春，本会副会长殷志浩，宁波市林业局党委副书记、副局长汤社平等。

▲2010年4月，《宁波茶文化之最》出版。本书由陈炳水副市长作序。

▲2010年7月10日，本会为发扬传统文化，促进社会和谐，策划制作《道德经选句印谱》。邀请著名篆刻艺术家韩天衡、高式熊、刘一闻、徐云叔、童衍方、李刚田、茅大容、马士达、余正、张耕源、黄淳、祝遂之、孙慰祖及西泠印社社员或中国篆刻家协会会员，篆刻创作道德经印章80方，并印刷出版。

▲2010年11月18日，由本会和宁波市老干部局联合主办"茶与健康"报告会，姚国坤教授作"茶与健康"专题讲座。本会名誉会长叶承垣，本会会长徐杏先，副会长兼秘书长殷志浩及市老干部100多人在老年大学报告厅聆听讲座。

2011年

▲2011年3月23日，宁波市明州仙茗茶叶合作社成立。宁波市副

市长徐明夫向明州仙茗茶叶合作社林伟平理事长授牌。本会会长徐杏先参加会议。

▲2011年3月29日，宁海县茶文化促进会成立。本会会长徐杏先、副会长兼秘书长殷志浩等领导到会祝贺。宁海政协原主席杨加和当选会长。

▲2011年3月，余姚市茶文化促进会梁弄分会成立。浙江省首个乡镇级茶文化组织成立。本会副会长兼秘书长殷志浩到会祝贺。

▲2011年4月21日，由宁波茶文化促进会、东亚茶文化研究中心主办的2011中国宁波"茶与健康"研讨会召开。中国国际茶文化研究会常务副会长徐鸿道，宁波市副市长、本会名誉会长徐明夫，本会会长徐杏先，宁波市委宣传部副部长、副会长王桂娣，本会副会长殷志浩、周信浩及150多位海内外专家学者参加。并印刷出版《科学饮茶益身心》论文集。

▲2011年4月29日，奉化茶文化促进会成立。宁波茶文化促进会发去贺信，本会会长徐杏先到会并讲话、副会长兼秘书长殷志浩等领导参加。奉化人大原主任何康根当选首任会长。

2012年

▲2012年5月4日，象山茶文化促进会成立。本会发去贺信，本会会长徐杏先到会并讲话，副会长兼秘书长殷志浩等领导到会。象山人大常委会主任金红旗当选为首任会长。

▲2012年5月10日，第六届"中绿杯"中国名优绿茶评比结果揭晓，全国各省、市250多个茶样，经中国茶叶流通协会、中国国际茶文化研究会等机构的10位权威专家评审，最后评选出50个金奖，30个银奖。

▲2012年5月11日，第六届中国·宁波国际茶文化节隆重开幕。中国国际茶文化研究会会长周国富、常务副会长徐鸿道，中国茶叶流

通协会常务副会长王庆，中国茶叶学会理事长杨亚军，宁波市委副书记王勇，宁波市人大常委会原副主任、本会名誉会长郑杰民，本会会长徐杏先出席开幕式。

▲2012年5月11日，首届明州茶论研讨会在宁波南苑饭店国际会议中心举行，以"茶产业品牌整合与品牌文化"为主题，研讨会由宁波茶文化促进会、宁波东亚茶文化研究中心主办。中国国际茶文化研究会常务副会长徐鸿道出席会议并作重要讲话。宁波市副市长马卫光，本会会长徐杏先，宁波市林业局局长黄辉，本会副会长兼秘书长殷志浩，以及姚国坤、程启坤，日本中国茶学会会长小泊重洋，浙江大学茶学系博士生导师王岳飞教授等出席会议。

▲2012年10月29日，慈溪市茶业文化促进会成立。本会会长徐杏先、副会长兼秘书长殷志浩等领导参加，并向大会发去贺信，徐杏先会长在大会上作了讲话。黄建钧当选为首任会长。

▲2012年10月30日，北仑茶文化促进会成立。本会向大会发去贺信，本会会长徐杏先出席会议并作重要讲话。北仑区政协原主席汪友诚当选会长。

▲2012年12月18日，召开宁波茶文化促进会第三届会员大会。中国国际茶文化研究会常务副会长徐鸿道，秘书长詹泰安，宁波市政协主席王卓辉，宁波市政协原主席叶承垣，宁波市人大常委会副主任宋伟、胡谟敦，宁波市人大常委会原副主任郑杰民、郭正伟，宁波市政协原副主席常敏毅，宁波市副市长马卫光等领导参加。宁波市政府副秘书长陈少春主持会议，本会副会长兼秘书长殷志浩作二届工作报告，本会会长徐杏先作临别发言，新任会长郭正伟作任职报告，并选举产生第三届理事、常务理事，选举郭正伟为第三届会长，胡剑辉兼任秘书长。

2013年

▲2013年4月23日，本会举办"海上茶路·甬为茶港"研讨会，

中国国际茶文化研究会周国富会长、宁波市副市长马卫光出席会议并在会上作了重要讲话。通过了《"海上茶路·甬为茶港"研讨会共识》，进一步确认了宁波"海上茶路"启航地的地位，提出了"甬为茶港"的新思路。本会会长郭正伟、名誉会长徐杏先、副会长兼秘书长胡剑辉参加会议。

▲2013年4月，宁波茶文化博物院进行新一轮招标。宁波茶文化博物院自2004年建立以来，为宣传、展示宁波茶文化发展起到了一定的作用。鉴于原承包人承包期已满，为更好地发挥茶博院展览、展示，弘扬宣传茶文化的功能，本会提出新的目标和要求，邀请中国国际茶文化研究会姚国坤教授、中国茶叶博物馆馆长王建荣等5位省市著名茶文化和博物馆专家，通过竞标，落实了新一轮承包者，由宁波和记生张生茶具有限公司管理经营。本会副会长兼秘书长胡剑辉主持本次招标会议。

2014年

▲2014年4月24日，完成拍摄《茶韵宁波》电视专题片。本会会同宁波市林业局组织摄制电视专题片《茶韵宁波》，该电视专题片时长20分钟，对历史悠久、内涵丰厚的宁波茶历史以及当代茶产业、茶文化亮点作了全面介绍。

▲2014年5月9日，第七届中国·宁波国际茶文化节开幕。浙江省人大常委会副主任程渭山，中国国际茶文化研究会常务副会长徐鸿道，中国茶叶流通协会常务副会长王庆，中国农科院茶叶研究所所长、中国茶叶学会名誉理事长杨亚军，浙江省农业厅总农艺师王建跃，浙江省林业厅总工程师蓝晓光，宁波市委副书记余红艺，宁波市人大常委会副主任、本会名誉会长胡谟敦，宁波市副市长、本会名誉会长林静国，本会会长郭正伟，本会名誉会长徐杏先，副会长兼秘书长胡剑辉等领导出席开幕式，开幕式由宁波市副市长林静国主持，宁波市委

副书记余红艺致欢迎词。最后由程渭山副主任和五大主办单位领导共同按动开幕式启动球。

▲ 2014年5月9日，第三届"明州茶论"——茶产业转型升级与科技兴茶研讨会，在宁波国际会展中心会议室召开。研讨会由浙江大学茶学系、宁波茶文化促进会、东亚茶文化研究会联合主办，宁波市林业局局长黄辉主持。中国国际茶文化研究会常务副会长徐鸿道，中国茶叶流通协会常务副会长王庆，宁波市副市长林静国等领导出席研讨会。本会会长郭正伟、名誉会长徐杏先、副会长兼秘书长胡剑辉等领导参加。

▲ 2014年5月9日，宁波茶文化博物院举行开院仪式。浙江省人大常委会副主任程渭山，中国国际茶文化研究会副会长徐鸿道，中国茶叶流通协会常务副会长王庆，本会名誉会长、人大常委会副主任胡谟敦，本会会长郭正伟，名誉会长徐杏先，宁波市政协副主席郑瑜，本会副会长兼秘书长胡剑辉等领导以及兄弟市茶文化研究会领导、海内外茶文化专家、学者200多人参加了开院仪式。

▲ 2014年5月9日，举行"中绿杯"全国名优绿茶评比，共收到茶样382个，为历届最多。本会工作人员认真、仔细接收封样，为评比的公平、公正性提供了保障。共评选出金奖77个，银奖78个。

▲ 2014年5月9日晚，本会与宁海茶文化促进会、宁海广德寺联合举办"禅·茶·乐"晚会。本会会长郭正伟、名誉会长徐杏先、副会长兼秘书长胡剑辉等领导出席禅茶乐晚会，海内外嘉宾、有关领导共100余人出席晚会。

▲ 2014年5月11日上午，由本会和宁波月湖香庄文化发展有限公司联合创办的宁波市篆刻艺术馆隆重举行开馆。参加开馆仪式的领导有：中国国际茶文化研究会会长周国富、秘书长王小玲，宁波市政协副主席陈炳水，本会会长郭正伟、名誉会长徐杏先、顾问王桂娣等领导。开馆仪式由市政府副秘书长陈少春主持。著名篆刻、书画、艺术家韩天衡、高式熊、徐云叔、张耕源、周律之、蔡毅等，以及篆刻、

书画爱好者200多人参加开馆仪式。

▲2014年11月25日，宁波市茶文化工作会议在余姚召开。本会会长郭正伟、名誉会长徐杏先、副会长兼秘书长胡剑辉、副秘书长汤社平以及余姚、慈溪、奉化、宁海、象山、北仑县（市）区茶文化促进会会长、秘书长出席会议。会议由汤社平副秘书长主持，副会长胡剑辉讲话。

▲2014年12月18日，茶文化进学校经验交流会在茶文化博物院召开。本会会长郭正伟、名誉会长徐杏先、副会长兼秘书长胡剑辉、宁波市教育局德育宣传处处长佘志诚等领导参加，本会副会长兼秘书长胡剑辉主持会议。

2015年

▲2015年1月21日，宁波市教育局职成教教研室和本会联合主办的宁波市茶文化进中职学校研讨会在茶文化博物院召开，本会会长郭正伟、名誉会长徐杏先、副会长兼秘书长胡剑辉、宁波市教育局职成教研室书记吕冲定等领导参加，全市14所中等职业学校的领导和老师出席本次会议。

▲2015年4月，本会特邀西泠印社社员、本市著名篆刻家包根满篆刻80方易经选句印章，由本会组编，宁波市政府副市长林静国为该书作序，著名篆刻家韩天衡题签，由西泠印社出版印刷《易经印谱》。

▲2015年5月8日，由本会和东亚茶文化研究中心主办的越窑青瓷与玉成窑研讨会在茶文化博物院举办。中国国际茶文化研究会会长周国富出席研讨会并发表重要讲话，宁波市副市长林静国到会致辞，宁波市政府副秘书长金伟平主持。本会会长郭正伟、名誉会长徐杏先、副会长兼秘书长胡剑辉等领导出席研讨会。

▲2015年6月，由市林业局和本会联合主办的第二届"明州仙茗杯"红茶类名优茶评比揭晓。评审期间，本会会长郭正伟、名誉会长

徐杏先、副会长兼秘书长胡剑辉专程看望评审专家。

▲2015年6月，余姚河姆渡文化田螺山遗址山茶属植物遗存研究成果发布会在杭州召开，本会名誉会长徐杏先、副会长兼秘书长胡剑辉等领导出席。该遗存被与会考古学家、茶文化专家、茶学专家认定为距今6 000年左右人工种植茶树的遗存，将人工茶树栽培史提前了3 000年左右。

▲2015年6月18日，在浙江省茶文化研究会第三次代表大会上，本会会长郭正伟，副会长胡剑辉、叶沛芳等，分别当选为常务理事和理事。

2016年

▲2016年4月3日，本会邀请浙江省书法家协会篆刻创作委员会的委员及部分西泠印社社员，以历代咏茶诗词，茶联佳句为主要内容篆刻创作98方作品，编入《历代咏茶佳句印谱》，并印刷出版。

▲2016年4月30日，由本会和宁海县茶文化促进会联合主办的第六届宁波茶艺大赛在宁海举行。宁波市副市长林静国，本会郭正伟、徐杏先、胡剑辉、汤社平等参加颁奖典礼。

▲2016年5月3—4日，举办第八届"中绿杯"中国名优绿茶评比，共收到来自全国18个省、市的374个茶样，经全国行业权威单位选派的10位资深茶叶审评专家评选出74个金奖，109个银奖。

▲2016年5月7日，举行第八届中国·宁波国际茶文化节启动仪式，出席启动仪式的领导有：全国人大常委会第九届、第十届副委员长、中国文化院院长许嘉璐，浙江省第十届政协主席、全国政协文史与学习委员会副主任、中国国际茶文化研究会会长周国富，宁波市委副书记、代市长唐一军，宁波市人大常委会副主任王建康，宁波市副市长林静国，宁波市政协副主席陈炳水，宁波市政府秘书长王建社，本会会长郭正伟、创会会长徐杏先、副会长兼秘书长胡剑辉等参加。

▲2016年5月8日，茶博会开幕，参加开幕式的领导有：中国国际茶文化研究会会长周国富、本会会长郭正伟、创会会长徐杏先、顾问王桂娣、副会长兼秘书长胡剑辉及各（地）市茶文化研究（促进）会会长等，展会期间96岁的宁波籍著名篆刻书法家高式熊先生到茶博会展位上签名赠书，其正楷手书《陆羽茶经小楷》首发，在博览会上受到领导和市民热捧。

▲2016年5月8日，举行由本会和宁波市台办承办全国性茶文化重要学术会议茶文化高峰论坛。论坛由中国文化院、中国国际茶文化研究会、宁波市人民政府等六家单位主办，全国人大常委会第九届、第十届副委员长、中国文化院院长许嘉璐，中国国际茶文化研究会会长周国富参加了茶文化高峰论坛，并分别发表了重要讲话。宁波市人大常委会副主任王建康、副市长林静国，本会会长郭正伟、创会会长徐杏先、副会长兼秘书长胡剑辉等领导参与论坛，参加高峰论坛的有来自全国各地，包括港、澳、台地区的茶文化专家学者，浙江省各地（市）茶文化研究（促进）会会长、秘书长等近200人，书面和口头交流的学术论文31篇，集中反映了茶和茶文化作为中华优秀传统文化的组成部分和重要载体，讲好当代中国茶文化的故事，有利于助推"一带一路"建设。

▲2016年5月9日，本会副会长兼秘书长胡剑辉和南投县商业总会代表签订了茶文化交流合作协议。

▲2016年5月9日下午，宁波茶文化博物院举行"清茗雅集"活动。全国人大常委会第九届、第十届副委员长、中国文化院院长许嘉璐，著名篆刻家高式熊等一批著名人士亲临现场，本会会长郭正伟、创会会长徐杏先、副会长兼秘书长胡剑辉、顾问王桂娣等领导参加雅集活动。雅集以展示茶席艺术和交流品茗文化为主题。

2017年

▲2017年4月2日，本会邀请由著名篆刻家、西泠印社名誉副社

长高式熊先生领衔，西泠印社副社长童衍方，集众多篆刻精英于一体创作而成52方名茶篆刻印章，本会主编出版《中国名茶印谱》。

▲2017年5月17日，本会会长郭正伟、创会会长徐杏先、副会长兼秘书长胡剑辉等领导参加由中国国际茶文化研究会、浙江省农业厅等单位主办的首届中国国际茶叶博览会并出席中国当代文化发展论坛。

▲2017年5月26日，明州茶论影响中国茶文化史之宁波茶事国际学术研讨会召开。中国国际茶文化研究会会长周国富出席并作重要讲话，秘书长王小玲、学术研究会主任姚国坤教授等领导及浙江省各地（市）茶文化研究会会长、秘书长，国内外专家学者参加会议。宁波市副市长卞吉安，本会名誉会长、人大常委会副主任胡谟敦，本会会长郭正伟，创会会长徐杏先，副会长兼秘书长胡剑辉等领导出席会议。

2018年

▲2018年3月20日，宁波茶文化书画院举行换届会议，陈亚非当选新一届院长，贺圣思、叶文夫、戚颢担任副院长，聘请陈启元为名誉院长，聘请王利华、何业琦、沈元发、陈承豹、周律之、曹厚德、蔡毅为顾问，秘书长由麻广灵担任。本会创会会长徐杏先，副会长兼秘书长胡剑辉，副会长汤社平等出席会议。

▲2018年5月3日，第九届"中绿杯"中国名优绿茶评比结果揭晓。共收到来自全国17个省（市）茶叶主产地的337个名优绿茶有效样品参评，经中国茶叶流通协会、中国国际茶文化研究会等机构的10位权威专家评审，最后评选出62个金奖，89个银奖。

▲2018年5月3日晚，本会与宁波市林业局等单位主办，宁波市江北区人民政府、市民宗局承办"禅茶乐"茶会在宝庆寺举行，本会会长郭正伟、副会长汤社平等领导参加，有国内外嘉宾100多人参与。

▲2018年5月4日，明州茶论新时代宁波茶文化传承与创新国际学术研讨会召开。出席研讨会的有中国国际茶文化研究会会长周国富、

秘书长王小玲，宁波市副市长卞吉安，本会会长郭正伟、创会会长徐杏先以及胡剑辉等领导，全国茶界著名专家学者，还有来自日本、韩国、澳大利亚、马来西亚、新加坡等专家嘉宾，大家围绕宁波茶人茶事、海上茶路贸易、茶旅融洽、茶商商业运作、学校茶文化基地建设等，多维度探讨习近平新时代中国特色社会主义思想体系中茶文化的传承和创新之道。中国国际茶文化研究会会长周国富作了重要讲话。

▲2018年5月4日晚，本会与宁波市文联、市作协联合主办"春天送你一首诗"诗歌朗诵会，本会会长郭正伟、创会会长徐杏先、副会长兼秘书长胡剑辉等领导参加。

▲2018年12月12日，由姚国坤教授建议本会编写《宁波茶文化史》，本会创会会长徐杏先、副会长兼秘书长胡剑辉、副会长汤社平等，前往杭州会同姚国坤教授、国际茶文化研究会副秘书长王祖文等人研究商量编写《宁波茶文化史》方案。

2019年

▲2019年3月13日，《宁波茶通典》编撰会议。本会与宁波东亚茶文化研究中心组织9位作者，研究落实编撰《宁波茶通典》丛书方案，丛书分为《茶史典》《茶路典》《茶业典》《茶人物典》《茶书典》《茶诗典》《茶俗典》《茶器典·越窑青瓷》《茶器典·玉成窑》九种分典。该丛书于年初启动，3月13日通过提纲评审。中国国际茶文化研究会学术委员会副主任姚国坤教授、副秘书长王祖文，本会创会会长徐杏先、副会长胡剑辉、汤社平等参加会议。

▲2019年5月5日，本会与宁波东亚茶文化研究中心联合主办"茶庄园""茶旅游"暨宁波茶史茶事研讨会召开。中国国际茶文化研究会常务副会长孙忠焕、秘书长王小玲、学术委员会副主任姚国坤、办公室主任戴学林，浙江省农业农村厅副巡视员吴金良，浙江省茶叶集团股份有限公司董事长毛立民，中国茶叶流通协会副会长姚静波，

宁波市副市长卞吉安、宁波市人大原副主任胡谟敦，本会会长郭正伟、创会会长徐杏先、宁波市农业农村局局长李强、本会副会长兼秘书长胡剑辉、副会长汤社平等领导，以及来自日本、韩国、澳大利亚及我国香港地区的嘉宾，宁波各县（市）区茶文化促进会领导、宁波重点茶企负责人等200余人参加。宁波市副市长卞吉安到会讲话，中国茶叶流通协会副会长姚静波、宁波市文化广电旅游局局长张爱琴，作了《弘扬茶文化　发展茶旅游》等主题演讲。浙江茶叶集团董事长毛立民等9位嘉宾，分别在研讨会上作交流发言，并出版《"茶庄园""茶旅游"暨宁波茶史茶事研讨会文集》，收录43位专家、学者44篇论文，共23万字。

▲2019年5月7日，宁波市海曙区茶文化促进会成立。本会会长郭正伟、创会会长徐杏先、副会长兼秘书长胡剑辉、副会长汤社平到会祝贺。宁波市海曙区政协副主席刘良飞当选会长。

▲2019年7月6日，由中共宁波市委组织部、市人力资源和社会保障局、市教育局主办、本会及浙江商业技师学院共同承办的"甬江茶城杯"2019年宁波市"技能之星"茶艺项目职业技能竞赛，取得圆满成功。通过初赛，决赛以"明州茶事·千年之约"为主题，本会创会会长徐杏先、副会长兼秘书长胡剑辉、副会长汤社平等领导出席决赛颁奖典礼。

▲2019年9月21—27日，由本会副会长胡剑辉带领各县（市）区茶文化促进会会长、秘书长和茶企、茶馆代表一行10人，赴云南省西双版纳、昆明、四川成都等重点茶企业学习取经、考察调研。

2020年

▲2020年5月21日，多种形式庆祝"5·21国际茶日"活动。本会和各县（市）区茶促会以及重点茶企业，在办公住所以及主要街道挂出了庆祝标语，让广大市民了解"国际茶日"。本会还向各县（市）

区茶促会赠送了多种茶文化书籍。本会创会会长徐杏先、副会长兼秘书长胡剑辉参加了海曙区茶促会主办的"5·21国际茶日"庆祝活动。

▲2020年7月2日，第十届"中绿杯"中国名优绿茶评比，在京、甬两地同时设置评茶现场，以远程互动方式进行，两地专家全程采取实时连线的方式。经两地专家认真评选，结果于7月7日揭晓，共评选出特金奖83个，金奖121个，银奖15个。本会会长郭正伟、创会会长徐杏先、副会长兼秘书长胡剑辉参加了本次活动。

2021年

▲2021年5月18日，宁波茶文化促进会、海曙茶文化促进会等单位联合主办第二届"5·21国际茶日"座谈会暨月湖茶市集活动。参加活动的领导有本会会长郭正伟、创会会长徐杏先、副会长兼秘书长胡剑辉及各县（市）区茶文化促进会会长、秘书长等。

▲2021年5月29日，"明州茶论·茶与人类美好生活"研讨会召开。出席研讨会的领导和嘉宾有：中国工程院院士陈宗懋，中国国际茶文化研究会副会长沈立江、秘书长王小玲、办公室主任戴学林、学术委员会副主任姚国坤，浙江省茶叶集团股份有限公司董事长毛立民，浙江大学茶叶研究所所长、全国首席科学传播茶学专家王岳飞，江西省社会科学院历史研究所所长、《农业考古》主编施由明等，本会会长郭正伟、创会会长徐杏先、名誉会长胡谟敦，宁波市农业农村局局长李强，本会副会长兼秘书长胡剑辉等领导及专家学者100余位。会上，为本会高级顾问姚国坤教授颁发了终身成就奖。并表彰了宁波茶文化优秀会员、先进企业。

▲2021年6月9日，宁波市鄞州区茶文化促进会成立，本会会长郭正伟出席会议并讲话、创会会长徐杏先到会并授牌、副会长兼秘书长胡剑辉等领导到会祝贺。

▲2021年9月15日，由宁波市农业农村局和本会主办的宁波市第

五届红茶产品质量推选评比活动揭晓。通过全国各地茶叶评审专家评审，推选出10个金奖，20个银奖。本会会长郭正伟、创会会长徐杏先、副会长兼秘书长胡剑辉到评审现场看望评审专家。

▲2021年10月25日，由宁波市农业农村局主办，宁波市海曙区茶文化促进会承办，天茂36茶院协办的第三届甬城民间斗茶大赛在位于海曙区的天茂36茶院举行。本会创会会长徐杏先，本会副会长刘良飞等领导出席。

▲2021年12月22日，本会举行会长会议，首次以线上形式召开，参加会议的有本会正、副会长及各县（市）区茶文化促进会会长、秘书长，会议有本会副会长兼秘书长胡剑辉主持，郭正伟会长作本会工作报告并讲话；各县（市）区茶文化促进会会长作了年度工作交流。

▲2021年12月26日下午，中国国际茶文化研究会召开第六次会员代表大会暨六届一次理事会议以通信（含书面）方式召开。我会副会长兼秘书长胡剑辉参加会议，并当选为新一届理事；本会创会会长徐杏先、本会常务理事林宇晧、本会副秘书长竺济法聘请为中国国际茶文化研究会第四届学术委员会委员。

（周海珍　整理）

后记

我国历代文人留下的涉茶品茶之诗数量繁多，影响之大实不下于茶书。我平生虽无茶酒之癖，但颇留心古人吟咏茶酒之诗，曾数次指导本科生撰写古代茶诗的研究论文。我因长期研究浙东文化，阅览了大量的别集，其中不乏珍稀之本，抄录了千余首宁波历代文人所做茶诗，在不断研读中，体认到这些茶诗颇有价值。2004年，宁波茶文化促进会组织编写《四明茶韵》，我受命撰写了《禅林皆曰吃茶去》《甬人诗文茶韵长》二章，对宁波历代茶诗做了初步的梳理。2014年，我出版了《宁波历代饮食诗歌选注》，其中的《饮料篇·茶类》收录咏茶（包括杂茶）诗180余篇，体式多样，内容丰富。此书出版后颇受欢迎，索要者较多，宁波的茶诗亦借此机会为广大的读者所了解。2018年，宁波市书画研究会编写了《醉美宁波》，其后记称所录诗文主要参考了《宁波历代饮食诗歌选注》一书，其中《美酒香茶篇》收录若干茶诗，有的用现代画再现其意境，有的书写成书法作品供人欣赏，颇有创意。缘此之故，今年春，宁波茶文化促进会组织专家，经过多方论证，发起编纂《宁波茶通典》，其中《茶诗典》的编纂任务最终落到了我的身上。我一直认为宁波是历代茶文化的重镇，宁波文人创作的茶诗是宁波历代茶文化的重要载体，蕴含着可资后人挖掘的丰富价值，是一笔重要的文化财富，作为宁波茶文化促进会的会员，我负有广为宣传的责任。接到任务之后，我更为广泛地搜集文献，抄录茶诗茶文，并确定选录体例。

　　本书选录宁波历代诗人创作的古体茶诗和少量外地诗人咏及宁波饮茶的诗歌。本书优先选录能反映宁波茶情的诗歌，包括种茶、采茶、制茶、贡茶、煎茶、品茶、茶功、茶具、茶礼、茶俗、茶曲、茶叙、茶人、茶市等各个层面，咏及了太白茶、十二雷白茶、贡茶、珠山茶、角山茶等宁波传统名茶，及它山泉、瀑布泉、活眼泉等宁波名泉，细细读来，宁波的茶情茶风尽收眼底。同时笔者也选录了不少宁波诗人描写他地茶泉的作品，其中如宋代楼钥《次韵黄文叔正言送日铸茶》《谢黄汝济教授惠建茶并惠山泉》，明代屠隆《龙井茶歌》、王嗣奭《寒泉篇》等，都是比较重要的佳作。本书选录的诗歌，都做了必要的注释，期望能为读者扫清一些文字上的障碍。

　　本书的选注历时近一年，甘苦备尝，终于修成正果。选注期间，笔者奔波于宁波市图书馆、天一阁、宁波大学图书馆，解决了文献不足之苦，还多次得到姚国坤主编的热情鼓励。初稿形成后，竺济法等先生有所教正，后责任编辑亦帮助纠正了一些笔误，对此我表示衷心的感谢。由于学养不足，时间仓促，本书容有疏漏之处，敬请读者不吝指正。

张如安

2022年11月8日于宁波大学

图书在版编目（CIP）数据

茶诗典 / 宁波茶文化促进会组编；张如安编著. —
北京：中国农业出版社，2023.9
（宁波茶通典）
ISBN 978-7-109-31213-5

Ⅰ. ①茶…　Ⅱ. ①宁…②张…　Ⅲ. ①茶文化—文化
史—宁波②诗集—中国—当代　Ⅳ.①TS971.21②I227

中国国家版本馆CIP数据核字（2023）第194503号

茶诗典
CHASHI DIAN

中国农业出版社出版
地址：北京市朝阳区麦子店街18号楼
邮编：100125
特约专家：穆祥桐　　责任编辑：姚　佳　王佳欣
责任校对：张雯婷
印刷：北京中科印刷有限公司
版次：2023年9月第1版
印次：2023年9月北京第1次印刷
发行：新华书店北京发行所
开本：700mm×1000mm　1/16
印张：24.25
字数：325千字
定价：88.00元